高等院校医学实验教学系列教材
基础医学实验教材（丛书）

医学机能学实验教程

主　　编　王丹妹
主　　审　莫燕娜
副主编　董战玲　龙儒桃　王小蒙　吉丽敏　马丽杰
编　　委（按姓氏笔画排序）
马丽杰（内蒙古医科大学）　王小蒙（海南医学院）
王丹妹（海南医学院）　邓加艾（海南医学院）
龙儒桃（海南医学院）　吉丽敏（海南医学院）
朴伶华（海南医学院）　刘　嫱（海南医学院）
刘启兵（海南医学院）　闫庆峰（海南医学院）
李　霜（海南医学院）　李佩琼（海南医学院）
何　佟（海南医学院）　张子英（内蒙古医科大学）
张彩彩（海南医学院）　林明琴（海南医学院）
郑奕迎（海南医学院）　莫燕娜（海南医学院）
贾　皓（海南医学院）　夏芷萱（海南医学院）
翁启芳（海南医学院）　高　畅（海南医学院）
高凌峰（海南医学院）　董战玲（海南医学院）
虞道锐（海南医学院）　樊守艳（海南医学院）

科学出版社
北　京

内 容 简 介

本实验教程从加强实践教学创新、人才培养体系出发，以机能学实验教学内容为基础，面向机能学实验教学改革方向，结合医学生研究创新性实验项目和病例讨论编写而成。本实验教程包括绪论、医学机能学实验基本知识和基本实验操作、医学机能学实验项目、研究创新性实验、医学机能学虚拟仿真实验、附录等内容。本实验教程实用性强，内容丰富，图文并茂，从基本实验技能到研究创新性实验，采用循序渐进、逐级递进、虚实结合等教学模式，可提高学生的学习兴趣和学习效果，同时对医学生研究创新性、今后的科研发展和综合素质的提高有一定的帮助。

本实验教程适于医学及医学相关类专业本科学生使用。

图书在版编目（CIP）数据

医学机能学实验教程 / 王丹妹主编 . —北京：科学出版社，2022.7

高等院校医学实验教学系列教材　基础医学实验教材（丛书）

ISBN 978-7-03-072038-2

Ⅰ. ①医…　Ⅱ. ①王…　Ⅲ. ①实验医学－医学院校－教材　Ⅳ. ① R-33

中国版本图书馆 CIP 数据核字（2022）第 062165 号

责任编辑：王锞韫　胡治国 / 责任校对：宁辉彩

责任印制：吴兆东 / 封面设计：陈　敬

科学出版社出版

北京东黄城根北街 16 号

邮政编码：100717

http://www.sciencep.com

北京厚诚则铭印刷科技有限公司印刷

科学出版社发行　各地新华书店经销

*

2022 年 7 月第　一　版　开本：787×1092 1/16

2025 年 1 月第三次印刷　印张：13 1/2

字数：370 000

定价：59.80 元

（如有印装质量问题，我社负责调换）

基础医学实验教材（丛书）学术委员会

丛书前言

教材是解决培养什么人、怎样培养人、为谁培养人这些根本问题的重要载体。新医科建设对于教材建设提出了更新和更高的要求。为适应新时代医学人才培养的需要，建设有利于培养学生实践能力、临床能力和创新能力的实验教学体系，我们组织编写本套实验系列教材（丛书）。本套丛书的编写力图从实际应用出发，期望在继承基础医学实验教学体系和方法的基础上，在教学内容整合上有所突破，引导构建具有自身特点的实验教学体系。

本套丛书在整合基础医学各学科实验内容基础上，融合医学科研、医学统计学、实验动物学等学科的基本知识和技术，注重计算机、人工智能等信息技术的应用。丛书分为五个模块，包括《人体解剖学实验教程》《形态学实验教程》《医学机能学实验教程》《病原生物学与医学免疫学实验教程》《生物化学与分子生物学实验教程》。各模块内容尽量做到基础与临床、传统与现代、基本与创新训练相结合。

教材分三个层次设置教学内容：①基本知识和技术篇，包括基础医学实验基本知识、基本技术和基本方法，实验常用仪器的基本结构、原理、特点和使用方法，动物实验基本技能与方法等。②实验项目篇，包括基础性实验和综合性实验。基础性实验以基本技能训练为目标，选择性地保留一些传统经典实验项目，内容反映基本知识和基本理论，具有基础性、入门性、规范性的特点。培养学生严谨求实的科学态度及规范合理的操作习惯。综合性实验向多学科知识交叉融合，实验技术涉及面也较广。反映学科内或学科间知识与技术的综合与分析。学生在对各专科相关实验知识和方法有初步认识的基础上，强化动手能力、科学思维、对复杂问题分析和处理能力的培养。遵循从简到繁、逐步递进的原则。③拓展和创新项目篇，包括拓展性实验和研究创新性实验，培养学生创新思维能力和基本的医学科研能力，激发科研潜能，促进学生个性化发展。拓展性实验是在各模块经典、综合性实验基础上的拓展和延伸，对教学大纲有所突破，以开阔学生视野。创新性实验是在介绍医学科学研究基本知识和方法的基础上，以科研目标为导向，自主选题自主设计研究方案，进行科研能力的训练，培养学生兴趣，并力争获得创新成果。各校根据自己学科特点和研究方向灵活设计，没有定型的模板。另外，结合当今信息技术在教育教学中的广泛应用，以及 AI 技术的发展，教材设置独立的虚拟仿真实验板块，作为实体实验的预习或补充，理解实验目的和任务，模拟实验操作技术，熟悉实验步骤。难于开展实体实验的项目，通过虚拟仿真实验进行体验。

本套丛书具有综合性、实用性、创新性的特色，涵盖医学生基础医学全部的实验教学内容，可作为临床、预防、口腔、影像、检验、护理、药学、精神等医学专业本科生的基础医学实验教学教材，以及研究生和专科生的参考教材，亦可作为医务人员开展实验研究、规范技术训练的参考用书。

本系列实验教材由长期工作在教学和科研一线的教师编写而成，力求做到体系创新、理念创新及编写精练。感谢各编写人员的密切合作和辛勤工作。对在编写过程中支持和关注的同行专家也一并致谢！囿于水平的限制，难免存在疏漏和不当之处，恳请读者和同行专家提出宝贵意见！

丛书学术委员会

2021 年 7 月

丛书前言

前　言

机能学实验教学是基础医学课程的重要组成部分，其对医学生理论知识的巩固、科研思维及创新能力的培养等均起着非常重要的作用。机能学实验教学过程中贯彻“以学生为中心”的教学理念，创建自主学习实验模式，充分调动学生的学习积极性和主动性，密切联系临床实际，重点培养学生的动手能力和科学创新思维方式，提倡深入思考，逐步开展自主设计、自主实施、自主总结的研究创新性实验，培养学生终身学习能力，为培养“实用型”医学人才打下良好的基础。

为了适应21世纪高等医学教育教学改革的需要及机能学课程的发展，我们组织了海南医学院生理学、病理生理学、药理学教研室及机能学实验室的相关教师编写了这本教材。本教材内容包括绪论、医学机能学实验基本知识和基本实验操作、医学机能学实验项目、研究创新性实验、医学机能学虚拟仿真实验、附录等内容。本教材注重引入内容成熟、综合性强、实用性广的实验。同时，根据生理学、病理生理学和药理学的最新研究进展，适当更新或增加了内容。本教材将启发式教学和学生自主学习作为教学改革的重点，改革实验流程和授课方式，增加医学机能学虚拟仿真实验、学生研究创新性实验，以促进学生讨论、团队协作及加强实验总结等，进一步完善实验考核与评价。本教材的编排本着由浅入深、循序渐进的培养步骤，以机能学实验基本知识和基本技能训练为起点，让学生先熟悉一定的实验技术和方法，培养其对实验课的学习兴趣后再进入经典的或综合性的学习，让学生用严谨的科学态度、细致的观察能力和严密的逻辑思维方法对实验现象和实验中出现的问题进行科学、实事求是的分析，最后引导学生自己查阅文献进行实验讨论、创新性实验研究。

本教材在编写过程中，参与编写的教师们结合自身的教学经验，参阅大量参考文献，并利用课余时间不辞辛苦地进行编写，同时也得到海南医学院相关教学部门及领导的高度重视和大力支持，在此一并表示衷心感谢！感谢邓加艾教师（海南医学院）在本书的材料收集、内容整合、编辑、图片拍摄等工作中付出的辛劳与汗水！感谢何梦教师（海南医学院）、张瑞祝教师（海南医学院）在本书的图片拍摄等工作中付出的辛劳！

由于编者水平限制，本书的不足在所难免，恳请广大读者批评指正。

王丹妹

2021年3月于海口

前言

目　录

第一篇　绪　论

第二篇　医学机能学实验基本知识和基本实验操作

第三篇 医学机能学实验项目

第四篇 研究创新性实验

第五篇 医学机能学虚拟仿真实验

第一篇 绪 论

第一章 医学机能学实验概论

第一节 医学机能学实验课程的性质与任务

医学机能学实验（medical functional experiment）课程是一门观察和分析机体（包括人和动物）正常功能、疾病发生机制以及药物与机体相互作用规律的基础医学实验课程，也称为实验生理科学、实验机能学。其整合了生理学与病理生理学及药理学的实验项目、研究方法、技术操作等核心内容，强调学科之间的交叉融合，融入实验动物学、实验动物福利与实验动物伦理等基本知识，同时加强基础与临床的结合，增加人体机能学实验和临床案例分析等内容，为后期临床医学知识学习和技能训练打下良好的基础。

医学机能学实验课程是在实施基础医学实验室改革的基础上建立和发展起来的。20 世纪 90 年代中期，我国实施基础课实验室改革，为了实现资源共享，医药类院校整合实验教学资源，按实验方法学组建综合实验室，整合了生理学、病理生理学和药理学实验室，建立机能学实验室。在实现实验教学资源共享的基础上，各医药类院校先后设立了医学机能学实验课程。2005 年教育部启动实验教学示范中心建设，明确实验教学在人才培养中的地位，加强实验教学资源的配置，医学机能学实验课程也得以发展并日臻成熟。经过多年的探索与实践，在人才培养目标、课程体系、项目设置、教学手段、考核评价等方面，医学机能学实验课程都具有明显的特色。如今，医学机能学实验已成为基础医学的核心课程之一，并引领着基础医学系列实验课程的改革与发展。

医学机能学实验课程主要通过开展基础性、综合设计性和研究性等不同层次的实验教学，对学生进行系统、规范的实验技能训练和创新思维的培养，注重培养学生由实验推导结论的科学思维。该课程为学生提供理论联系实际、动手操作和分析思考的机会，尤其是研究性实验，从科研基本知识、自主选题并撰写项目申请书、项目答辩、项目实验、数据分析、论文撰写等方面对学生进行科研全过程的训练，提高学生的实践能力、创新意识和科研素养。课程同时将现代信息技术与实验教学融合，开展虚拟仿真实验，以虚补实、虚实结合，体现了实验教学的实践性、系统性、综合性、创新性、智能性。教学过程强调善待实验动物，培养学生医者仁心，敬畏生命的人文情怀，努力培育新时代高素质、“有温度”的医学人才。

（莫燕娜）

第二节 医学机能学实验课程的教学形式与手段

医学机能学实验课程是一门具有理论性和实践性的综合、独立课程，教学形式多样，既有理论教学又有实验教学；既有课堂教学又有指导性自主学习和讨论性学习；既有线下教学又有线上线下混合式教学。实验教学的手段既有动物实验又有人体机能学实验，动物实验既有整体实验又有离体器官实验。随着计算机技术、虚拟现实技术和网络技术的发展，特别是教育部推进国家虚拟仿真实验教学项目建设以来，各级医药类院校开发虚拟仿真实验教学项目，或引进虚拟仿真实验的教学系统，构建动物实验的虚拟现实环境，应用于机能学实验教学。因此，目前动物实验、人体机能学实验和虚拟仿真实验是医学机能学实验课程的主要教学手段。

一、动 物 实 验

动物实验是生命科学研究的重要手段。人和动物在生物学方面既有共性又有特性，通过对实验动物进行规范的科学研究，然后将获得的资料与人的生理功能、疾病表现进行比较、分析，帮助人们了解人体疾病、全面揭示疾病的性质和发展规律、有助于进行疾病的诊断及药物治疗的相关安全性评价，便于开发新药物，寻求新的诊疗方法。动物实验根据不同的研究水平分为整体动物实验，离体器官、组织实验和细胞分子实验。整体动物实验是指以活体动物为实验对象的一种实验研究方法。在机能学实验教学过程中，常通过建立实验动物疾病模型观察动物在各种状态下的形态结构、功能代谢变化，从而认识生命现象和机体功能、代谢变化规律，阐明疾病发生机制。例如，失血性休克实验，通过复制家兔或大白鼠的失血性休克模型，观察失血性休克时的血流动力学变化，探讨休克的发病机制。离体器官、组织实验是指从活体或刚处死的动物身上取下准备研究的器官或组织，放置在一定时间内能保持生理功能的环境中，按照特定目的进行的实验。例如，欲研究肠本身的基本生理特性，往往从活体动物身上取出肠段，在体外用一定配方配制的溶液灌注，研究某些离子、药物或酸碱对离体肠活动的影响。细胞分子实验是在细胞分子水平研究细胞生命活动的基本规律，从细胞、分子水平上探讨细胞的结构和功能。细胞、分子生物学技术是生命科学研究的重要技术，被越来越多地应用于机能学实验研究。医学机能学实验教学目前仍以整体动物实验与离体器官、组织实验为主。

动物实验根据实验时间的不同又分为急性实验和慢性实验。急性实验在短时间内完成，通常为 2 ～ 3h，不超过 1 天，一般无须严格的无菌操作，比较简单和方便。但实验观察时间较短，无法进行全面观察。慢性实验观察时间较长，根据实验的需要，可观察几周、几个月甚至更长。慢性实验可以比较全面、系统地观察和采集实验数据，有利于综合分析机体的功能、代谢等的变化。受到教学时间的限制，教学实验以急性实验为主。在学生科研项目设计中也可适当设计和开设慢性实验。

二、人体机能学实验

人体机能学实验是以人体作为研究对象，研究正常机体及其器官、组织、细胞等组成部分的生命活动规律的一种实验手段。临床的人体机能学实验以健康人或患者为对象，在严格控制实验条件的情况下，对新的药物、疫苗或新诊疗技术进行观察。临床的人体机能学实验受到极其严格的控制，实验过程要求符合医学伦理的规范。在教学实验中，人体机能学实验多以学生作为实验对象，在实验对象知情自愿、实验安全无创的条件下进行，如观察人体血压、心率、呼吸功能等生理指标，或观察在不同运动状态下、欣赏不同旋律音乐时人体相应生理指标的变化。近年来，随着人体机能学实验设备和软件的开发和应用，国内各医学院校在机能学实验教学中开展人体机能学实验项目的比例也逐渐升高。这既可使基础医学与临床医学形成更紧密的联系，让学生早期接触临床，拓展学生的专业知识，提高学生学习兴趣和学习效果，也可减少实验动物的使用，符合动物实验的减少（Reduction）、替代（Replacement）和优化（Refinement）的“3R”原则，体现保护动物、敬畏生命的科学精神和人文素养。

三、虚拟仿真实验

虚拟仿真实验教学系统是利用计算机模拟医学实验的操作过程，是伴随着信息技术的发展，以及教育部推进信息技术与教育教学深度融合应运而生的现代教学手段。虚拟仿真实验是传统医学实验教学的有益补充，也是实验教学改革有力的推动力量。机能学虚拟仿真实验无需实验动物和实验耗材，可以减少实验耗材的支出，减少实验动物的使用，更重要的是可以在线上随时随地学习，打破了时间和空间的限制。虚拟仿真实验教学系统应用于机能学实验教学，直观地演示实验操作过程，图文并茂，可激发学生的学习兴趣。然而，虚拟仿真实验虽有诸多优点，但因其缺乏实体实验中的“真实感”，并不能完全代替真实实验。在教学过程中需将两者有机结合起来，实现虚实结合，以虚补实，有效提高机能学实验的教学效果。

（莫燕娜）

第二章　医学机能学实验课程目的与基本要求

第一节　医学机能学实验课程教学目的

本课程的目的是通过相关实验原理的学习、实验方案的设计、实验技术的训练、实验数据的分析，培养学生的实验技能、科学素养和运用知识的能力。通过对实验结果的观察记录、分析讨论，不仅可以加深对相关理论知识的理解和应用，更重要的是可以培养学生通过分析实验结果，推导实验结论的科学思维。课程还设置人体机能学实验和临床病例讨论，可为后期的临床技能学习奠定基础。通过本课程教学，希望学生在实验技能、综合运用知识能力、品质素养方面达到以下目标。

（一）实验技能

1. 初步掌握动物实验研究的基本方法和实验操作的基本技能。

2. 初步掌握人类疾病动物模型的复制、离体器官和离体组织实验的基本原则与方法；初步掌握人体机能学实验的基本原则与要求。

3. 掌握医学机能学实验报告的书写方法。

（二）综合运用知识能力

1. 通过实验观察，结合生理学、病理生理学、药理学等医学机能相关学科的学习，加强学科间基本理论知识的综合运用。

2. 熟悉常用实验动物的种类与特点以及生理、生化指标的正常参考值。了解实验动物的选择方法。

3. 掌握医学实验设计的基本原则，熟悉医学实验设计的基本方法，熟悉医学科研论文的写作方法。并通过自主设计实验，综合运用相关知识和实验方法，提出问题、分析问题和解决问题。

（三）品质素养

1. 培养学生医者仁心，珍视生命、尊重生命，为培养良好的医德奠定基础。

2. 培养学生勤于动手、准确操作、敏于观察、科学分析问题的专业素养及敢于批判和创新的精神。

3. 培养学生自主学习、团结合作及实事求是的思想品质。树立理论来自实践的科学观点。

（莫燕娜）

第二节　医学机能学实验课程的基本要求

为了达到课程目标要求，培养学生良好的学习习惯，提高课程学习的效果，学生在课前准备、课中操作、课后分析等过程中需要达到如下要求。

（一）课前准备

1. 做好预习，完成预习报告。预习报告内容包括实验目的、实验原理、实验操作的流程图，设计实验结果记录表，对实验设计提出意见和建议等。

2. 在书写预习报告的过程中，要复习或预习相关学科的理论知识，预测可能出现的实验结果，以便在实验当中及时发现问题。

3. 预习实验项目所用到的操作技术，对操作过程的注意事项应做到心中有数，避免操作失误。

4. 设计并准备好实验原始结果的记录表，明确小组成员的分工，以便有序、高效地完成实验。

5. 充分理解实验设计的基本思路，尝试找出实验设计的不足，提出改进建议。

6. 提前 10min 到实验室签领实验用品，并检查实验用品是否齐全、完好。

（二）课中操作

1. 严格遵守实验室规则，保持实验室安静、台面整洁，尊重教师。

2. 小组成员按照预先的分工团结合作，有序进行实验，并注意在不同项目中轮换角色，使每个同学各项技能都得到训练。

3. 按照预习时设计的流程图逐步进行实验操作，注意操作的规范和准确。

4. 专心、仔细地观察实验过程中出现的每个现象；准确、及时、全面、客观地记录实验结果。不许在实验后单凭记忆来描述实验结果。

5. 珍爱实验动物，避免对实验动物造成非实验需要的损伤，原则上在动物麻醉的状态下进行实验，减少动物的痛苦。

6. 爱护实验设备和器材，注意节约药品和试剂。

7. 注意安全，严防触电、中毒或器械割伤、动物咬伤等事故发生。

8. 实验结束后，清洗、擦干、清点实验器械，整理实验设备和台面物品；实验动物尸体、存活动物、废弃物品分类集中放到指定地点，不得随意丢弃；做好实验室卫生，确保水、电、门窗安全方可离开实验室。

（三）课后分析

1. 及时整理实验结果，思考并判断实验结果的意义，对于非预期结果要分析其原因和意义。

2. 结合实验结果，复习或查阅相关学科的理论知识，对结果进行分析总结，独立撰写实验报告并按要求及时提交负责教师评阅。

（莫燕娜）

第三节　实验报告的内容和书写要求

实验报告是实验结果的一种表达形式，实验报告的撰写是实验研究的基本技能训练。通过撰写实验报告，将实验过程中获得的感性认识升华为理性认识。实验报告是每一次实验的总结，更是训练学生综合分析能力、逻辑思维能力和文字表达能力的重要手段。医学机能学实验报告的内容包括：目的、方法、结果、讨论等，与科学论文大同小异，撰写实验报告是学习科技论文写作的基础。参加实验的每一位学生，应当充分认识实验报告撰写的重要性，独立认真地完成实验报告。

（一）实验报告的格式（序号参照丛书序号编写要求）

1. 封面。

2. 学生的姓名、学号、年级、专业、班级、实验小班、组别，要求内容完整、字迹工整。

3. 实验报告内容。

4. 实验题目。

5. 实验小组成员。

6. 实验日期。

7. 实验对象。

8. 实验目的。

9. 实验步骤。

10. 实验结果。

11. 实验讨论。

12. 结论。

（二）实验报告的书写要求

在书写实验报告时，学生要做到：

1. 独立完成，不得抄袭。

2. 书写工整，文字精练，正确使用标点符号。

3. 内容规范

（1）实验题目：参考实验指导，题目有变化时要及时更改。

（2）实验小组成员：按实际参加实验的人员填写。

（3）实验日期：年、月、日。

（4）实验对象：种属、性别、体重、毛色、数量。

（5）实验目的：参考实验指导，书写简洁精练。

（6）实验步骤：用文字叙述或流程图的形式将操作步骤和观察指标表述清楚，既要完整、客观、准确又要简练地交代清楚，使人一目了然，不得照抄教材。如果实验方法有较大改动时，应详述。

（7）实验结果：是实验报告中的重要内容，包括：①描述实验中观察到的现象、动物反应状态的记录等；②实验过程中采集的原始资料（如肌肉收缩、呼吸、血压曲线，脑电、心电图形，检测的生理、生化指标数据等）。

在书写实验报告时，需要对观察和采集到的原始实验数据进行处理。根据实验目的将原始的结果进行系统化、条理化整理并进行比较分析。样本达到一定数量时还应进行统计学分析。实验结果一般有 3 种表述方式，要注意各种方式的规范表述。

1）文字叙述：用文字将观察到的、与实验目的有关的现象实事求是地进行表述。要注意条理性，如按照一定的时间顺序描述。

2）曲线图：实验过程中采集的肌肉收缩、呼吸、血压曲线等可用曲线图表示。实时采集的原始曲线，在记录过程中要在相应的位置及时添加标记。展示在实验报告里的记录曲线，应结合实验目的，从原始记录图中剪辑具有特征改变的部分曲线进行比较，并写上图序、图题和必要的文字说明；不同时点检测的生理、生化数据变化，也可用曲线图表示。

3）图表：为了便于比较、分析实验结果，更直观地反映观察的指标，常用表格或绘图表示实验结果。三线表是表述实验结果普遍采用的一种表格形式，通常包括顶线、底线和栏目线（顶线和底线稍粗），必要时可增加少量的辅助横线，但不能添加竖线；每一个表都要有表序和表题，说明一定的中心问题；一般将实验处理项目列在表内左侧的竖标目里，由上而下逐项排列。顶线和栏目线之间称项目栏，观察指标或不同时点按顺序由左至右写在项目栏里，并标注计量单位，见表 2-1。

表 2-1　喝咖啡前后人体心率、血压和瞳孔直径测量记录表

组别	心率（次 / 分）	血压（mmHg）	瞳孔直径（mm）
喝咖啡前			
喝咖啡后 10min			
喝咖啡后 25min			

在实验报告或科研论文中，根据实验数据的类型和相互关系，也常用照片、柱状图、散点图、饼图来表述实验结果。为得到最佳效果，有时会 2 种以上配合使用。需要注意的是，对图表和曲线图，不必再对其结果进行详细的文字描述，以免重复，但可以用文字对其要点和规律做概括性描述。

（8）实验讨论：是实验报告和学术论文的重要组成部分。实验讨论必须紧扣实验目的，围绕观察到的现象和实验数据的变化，进行深入的分析和探究。讨论的基本思路是概括性地描述在实验中观察到的现象，以实验观察记录的结果为论据，引用相关的理论知识对所得到的实验结果进行科学分析。说明为什么出现这些现象，产生这些现象的原因和机制，或发现了什么新问题。如果和预期结果一致，那么其论证了哪些已知的理论知识，分析推理要符合逻辑。如果与预期结果不符，包括出现异常现象或实验失败，也应客观地加以分析，不得以修改结果来迎合理论。切忌照抄教材上的知识，空谈理论。此外，实验报告中也可写一些本次实验的心得或提出一些问题及建议。

（9）结论：是针对本次实验结果所能证明的概念或论点的总结，是从实验结果和实验讨论中归纳出的概括性的判断。结论的撰写要求：①要结合相应项目的实验目的；②要简明扼要，做到文字准确、精练；③不要重复描述具体的实验结果；④不要随意推断和引申，没有充分依据的理论分析不要写入结论。

（莫燕娜）

第四节　课程考核办法

课程考核是检验学生学习效果的一种方式，更是引导学生养成良好学习习惯、激发学生学习积极性和主动性、培养自主学习能力的重要手段。医学机能学实验课程为独立设置的整合实验课程，注重培养学生的实践能力和创新思维。为发挥课程考核的导向作用，我们结合课程特点，建立了过程性评价和终结性评价的学生考核评价体系，从实验项目学习、创新探索、知识和技能掌握程度等，多维度、全过程制定考核标准，对学生进行考核。

（一）实验项目学习考核（55%）

1. 预习（10%） 印制统一的预习报告册，要求学生实验前预习并完成预习报告册的填写，内容包括实验原理及目的、实验步骤（设计操作流程图）、小组成员分工、实验的关键操作技术、实验结果记录表、对实验设计的意见及建议。

2. 课堂表现（15%） 考核形式为：教师评价 + 学生互评。

（1）教师评价：以整个实验小组为评价对象，授课教师根据各个小组的上课状态，团队协助情况、操作规范熟练程度、实验完成情况、实验台面用品整洁情况等对小组给予总评分。

（2）学生互评：小组成员根据授课教师对整个小组的考核结果进行组内互评。互评方案由各小组自定，要求小组成员对互评结果进行签名认可。

3. 实验报告完成质量（30%） 从是否按时提交实验报告，报告格式、实验结果记录和处理的规范程度，讨论分析是否正确，条理是否清晰，以及结论的表述是否正确和简练等方面进行评价。

（二）创新探索考核（15%）

创新探索考核由 3 部分组成。

1. 科研申请书撰写（5%） 每个项目要求每位同学都要参与科研申请书的撰写。授课教师对申请书质量进行评价。

2. 项目答辩及点评（5%） 每个项目组制作 PPT 汇报项目内容与答辩，其他小组同学提问、讨论，教师点评指导，同时根据学生答辩和讨论情况对每个同学进行评分。

3. 实验论文质量（5%） 从学生设计的项目中，选择 1 ～ 2 个可行性项目，以实验项目的形式，组织全体同学在课内开展实验，并提交实验研究论文。教师对论文书写质量进行评价。

（三）知识和技能的掌握程度考核（30%）

完成课程计划全部内容的学习后，期末对学生进行课程知识和技能掌握程度考核，重点考核课程常用实验技术的操作规范和熟练程度。

（莫燕娜）

第二篇　医学机能学实验基本知识和基本实验操作

第三章　实 验 动 物

实验动物是指经人工饲育，对其携带的微生物实行控制，遗传背景明确或来源清楚的用于科学研究、教学、生产、检定以及其他科学实验的动物。其具有较好的遗传均一性，对外来刺激有较强的敏感性、较好的重复性和一致的反应性。机能学实验研究常以整体实验动物、离体器官组织为主要研究对象，研究不同因素对生命活动的影响，复制或模拟人类疾病的发病机制、药物和机体相互作用及控制等方面的研究。医学生必须掌握实验动物的基本知识和基本技术。

第一节　实验动物的分类

一、实验动物的遗传学分类

大多数动物实验对实验动物的遗传特征都有较高要求，保证实验结果不受其遗传差异性干扰。如肿瘤移植实验，希望被移植的肿瘤不受宿主的排斥，故常选用纯种动物，即近交系动物。因此，按遗传学控制方法和基因纯合的程度，把实验动物分类为近交系、封闭群、杂交系和突变系 4 种不同的品系。

（一）近交系

近交系动物（inbred strain animal），又称纯系动物，是按血缘关系采用同胞兄妹交配或亲子交配，至少连续 20 代培育出来的动物品系。品系内所有个体都可追溯到起源于第 20 代或以后代数的一对共同祖先。现在，世界上至少已有纯系小白鼠 500 多种、大白鼠 200 多种、豚鼠 12 种、家兔 6 种，应用最广泛的是纯系小白鼠。

（二）封闭群

封闭群动物（closed colony animal），又称远交系动物，是指引种于某亲本或同源亲本的动物，非近亲交配方式，进行繁殖生产的实验动物群，在不引入外来新个体的条件下，至少连续进行随机交配繁殖 4 代的群体。

封闭群动物的特点：相对于近交系动物，其杂合性较高，但在群体内又具有相对较高的遗传基因稳定性，其特有的遗传特征不易丢失，适应能力和抗病能力较强、繁殖率高、反应性具有差异。因此，个体间的重复性、一致性相对于近交系动物差。某些发生基因突变的动物机体可发生某些异常或疾病，这些动物可作为医学研究的模型；也适用于实验教学、药物筛选、预试验、毒理安全试验、遗传病研究等。

（三）杂交系

由两个不同近交系动物杂交产生的后代，称为杂交系动物（hybrid colony animal），杂交系动物也称杂交一代动物或系统杂交动物。杂交一代是由两个不同的近交系动物杂交产生的第一代动物，常用 F1 来表示。其特点是：既保持着近交系动物的遗传特点（遗传均质性），又获得了杂交的优势，具有较强的生命力，繁殖力旺盛，生长快，体质强健，抗病力强等。其与近交系动物有着相同的实验效果，国际分布较广，广泛应用于各种实验研究，由于其研究结果重复性较好，便于国际交流。

（四）突变系

由于动物正常染色体的基因发生突变，具有各种遗传缺陷的品系动物，称为突变系动物（mutant strain animal）。同类突变品系的个体间具有同样的遗传缺陷或病症，如无毛、侏儒症、肿瘤鼠、高血压鼠等。这些品系动物已广泛应用于组织移植、肿瘤、遗传、免疫、生物制品和药品等相应疾病的各项医学研究中，有着极大的应用价值。

二、实验动物的微生物学特征分类

在动物的体表、黏膜和消化道内容物及饲养环境中，均存在着大量种类繁多的微生物和寄生虫。实验动物所携带的微生物、寄生虫都是在人工严格控制之下。为了保证动物实验的准确性、敏感性和可重复性，对实验动物的微生物控制除必须控制动物疾病外，还要控制动物的无症状性感染，以及对动物虽不致病，但可能干扰动物实验结果的病原体。目前，通过微生物学的监察手段，按照对微生物控制的净化程度，可将实验动物区分为以下 5 种。

（一）普通动物

普通动物（conventional animal）简称 CV 动物，也称常规动物，是指饲养在普通自然环境中，未经积极的微生物学控制，允许带有寄生虫和细菌，但不携带人畜共患病病原体的动物。CV 动物对实验的反应性较差，但价格低廉，仅供教学实验用，不适用于科研实验。

（二）清洁动物

清洁动物（clean animal）简称 CL 动物，亦称最低限度疾病动物，种群来自无菌动物、悉生动物或无特定病原体动物。其敏感性和重复性较好，适用于大部分的科研实验，也可供教学使用。

（三）无特定病原体动物

无特定病原体动物（specific pathogen free animal）简称 SPF 动物，是指机体内无特定的微生物和寄生虫的动物，但非特定的微生物和寄生虫是允许存在的，所以实际上就是指未患传染病的健康动物。

（四）无菌动物

无菌动物（germ-free animal）是指体表、体内均无任何微生物和寄生虫的动物。此种动物在自然界中并不存在，必须用人为的方法培育。在无菌条件下将动物剖宫产出，并在无菌、恒温恒湿的条件下，用无菌饲料饲养，成本高昂。

（五）悉生动物

悉生动物（gnotobiotic animal）又称已知菌动物，是指在无菌动物体内，人为植入一种或几种已知菌的动物。按植入菌类数量的差别，又可分为单菌动物、双菌动物和多菌动物。此种动物繁殖饲养条件复杂、价格昂贵，故不适用于教学，但对某些生物医学研究具有重要的意义。

目前，我国将实验动物分为四个等级：一级动物，即 CV 动物；二级动物，即 CL 动物；三级动物，即 SPF 动物；四级动物，即无菌动物和悉生动物。

（王丹妹）

第二节　实验动物福利与伦理

（一）动物福利与伦理的概念

实验动物福利（laboratory animal welfare）是指人为了保证动物在健康舒适的状态下生存，而人为地给实验动物提供的相应物质条件和采用的行为方式，以保证其处于生理和心理愉快的感受状态。实验动物福利最大原则就是将对动物的伤害降到最低，以最小限度的伤害来保护动物的健康。简而言之，动物福利即为活得舒适，死得安乐。

实验动物伦理（laboratory animal ethics）是我们在从事动物实验时必须考虑到动物的福利，人道伦理地善待动物。应尊重实验动物生命价值、权利福利，在动物实验中审慎考虑平衡实验目的、公众利益和实验动物的生命价值权利。

（二）遵循"3R"原则

动物实验为现代医学的发展做出了很大的贡献，实验给动物带来的疼痛、痛苦和死亡也是巨大的。为了从根本上解决这类问题，科学家一直都在朝这个方向而努力，在动物医疗应用的行为过程中，技术或手段越来越趋向道德化，英国的动物学家 Russell 和微生物学家 Burch 通过大量的调查研究，提出了科学、合理、人道地使用实验动物的理论。该理论的核心便是"3R"原则。

1. 减少（reduction）原则　要求尽可能减少实验动物的用量。即使用较少的动物获取同样多的实验数据，或使用一定数量的动物能获得更多的实验数据，甚至可以降低统计学要求，动物的使用量应该是能达到实验目的的最少数量，以减少动物所承受的痛苦总量。

2. 优化（refinement）原则　要求优化实验设计和改进操作程序，以减轻或减少给动物造成的疼痛和紧张，从而提高实验动物福利的方法。从科学的角度来说，只有给动物提供最好的、最接近它们自然生活环境的条件，才能让实验动物在生理上和心理上达到接近自然的状态，只有这样，科学实验才能最接近真实的结果。

3. 替代（replacement）原则　要求尽可能采用低等实验动物或非实验动物，以替代高等实验动物进行实验。

（三）实验动物的需求和福利

为了确保动物福利的实施，目前国际上普遍认可的是必须让动物享有"五大自由"，在生产、运输、饲养实验过程等环节，相关人员必须善待实验动物，尽职尽责。

1. 享有不受饥渴的自由——生理福利。
2. 享有生活舒适的自由——环境福利。
3. 享有不受痛苦伤害和疾病威胁的自由——卫生福利。
4. 享有生活无恐惧和悲伤感的自由——心理福利。
5. 享有表达天性的自由——行为福利。

（四）从事动物实验必须遵守基本的动物实验伦理

1. 爱护实验动物，不得戏弄或虐待实验动物。
2. 实验动物的饲养和运输过程应善待动物。
3. 在不影响实验结果的情况下，必须尽量减轻动物的痛苦。
4. 动物实验结束时，采用安乐死方法处理必须处死的实验动物。

（王丹妹）

第三节　医学机能学常用实验动物特性与用途

（一）青蛙与蟾蜍

青蛙和蟾蜍是教学实验中常用的小动物。其心脏在离体情况下仍可有节奏地搏动很久，可用于蛙心起搏点、蛙心灌流及心功能不全等实验。蛙舌与肠系膜是观察炎症和微循环变化的良好标本。蛙类坐骨神经腓肠肌是观察兴奋性、兴奋过程、刺激的一些规律以及骨骼肌收缩特点的良好标本。

（二）小白鼠

小白鼠生长较快，价格低廉、温顺易捉，操作方便，又能复制出多种疾病模型，是医学实验中用途最广泛和最常用的动物。广泛应用于药理、毒理、缺氧、肿瘤等研究。

（三）大白鼠

大白鼠性情不像小白鼠温顺，受惊时表现凶恶，易咬人。雄性大白鼠间常发生殴斗和撕咬。大白鼠具有小白鼠的其他优点，在医学实验中的用量仅次于小白鼠。广泛用于胃酸分泌、胃排空、水肿、炎症、休克、心功能不全、黄疸、肾功能不全等实验。

（四）豚鼠

豚鼠又名天竺鼠、荷兰猪。性情温顺，胆小，不咬人也不抓人。豚鼠可分为短毛、长毛和刚毛3种。短毛种豚鼠的毛色光亮、毛发紧密，生长迅速，抵抗力强。其余2种对疾病非常敏感。豚鼠对组胺敏感，并易致敏，常用于抗过敏药，如平喘药和抗组胺药的实验。又因其对结核杆菌敏感，故也常用于抗结核病药物的治疗研究。豚鼠也常用于离体心脏实验、钾代谢障碍、酸碱平衡紊乱等研究。

（五）家兔

家兔是实验生理科学最常用的动物之一，品种很多，性情温顺、怯懦、惊疑、胆小，喜安静、清洁、干燥的环境。家兔耳朵大，血管粗而清晰，便于注射和取血。颈部有单独的减压神经分支。家兔的消化系统与人差别较大，缺乏咳嗽和呕吐反射，故不宜用于这类问题研究，可用于血压、呼吸、利尿、钾代谢障碍、酸碱平衡紊乱、水肿、炎症、缺氧、发热、弥散性血管内凝血（DIC）、休克及心功能不全等实验。

（六）犬

犬的嗅觉很灵敏，对外环境的适应力强；血液、循环、消化和神经系统等均较发达，与人类很相近，因而广泛适用于许多系统的急、慢性实验研究，常用于血压调节、酸碱平衡紊乱、DIC、休克等大实验。但因其价格较高，教学实验使用受到一定限制。

（王丹妹）

第四节　实验动物的选择

根据不同的实验目的，选择使用相应的种属、品系和个体，是实验研究成败的关键之一。教学实验所用的动物数量较少，因而实验动物选择正确与否，则更为重要。

（一）种属的选择

不同种属动物的生理学特性不同，对于同一致病刺激物和病因的反应也不同。因此，在选用实验动物时，尽可能选择其结构、功能和代谢特点接近于人类的动物。

（二）动物品系的选择

同一种动物的不同品系，对同一致病刺激物的反应也不同。

（三）实验动物的个体选择

同一品系的实验动物，对同一致病刺激物的反应存在着个体差异。造成个体差异的原因与性别、年龄、生理状态和健康情况等有关。

1. 性别 实验证明，不同性别对同一致病刺激的反应不同，若已证明性别有影响，最好选用同一性别的动物。雌、雄性间有不同征象，通常根据征象区分性别（表 3-1）。

表 3-1 哺乳类动物性别判定的征象

征象	雄性	雌性
体型	体大；躯干前部较发达	体小；躯干后部较发达
性征	有明显的阴囊，生殖孔有性器官突起	有较明显的乳头，生殖孔无性器官突起
其他	肛门和外生殖器的间距较大，小白鼠的肛门与外生殖器之间长毛	肛门和外生殖器的间距较小，小白鼠的肛门与外生殖器之间有一无毛小沟

蛙类性别的辨认方法：动物被捉住下肢提起时，雄性蛙前肢作环抱状，雌性蛙前肢呈伸直状；夹住背部皮肤提起时，鸣叫者为雄性，沉默者为雌性。

2. 年龄 年幼动物一般较成年动物敏感。应根据实验目的选用适龄动物。动物年龄可按体重大小来估计。急性实验选用成年动物。慢性实验最好选用年幼一些的动物。减少同一批实验动物的年龄差别，可以增加实验结果的准确性。

3. 生理状态 动物的特殊生理状态，如妊娠、哺乳期机体的反应性有很大变化。在个体选择时，应该予以考虑。

4. 健康情况 实验证明，动物处于衰弱、饥饿、寒冷、炎热、疾病等情况下，实验结果很不稳定。健康情况不佳的动物，不能用作实验。

（王丹妹）

第五节 动物实验方案的优化和伦理审查

实验设计是科学研究必不可少的重要环节。没有良好的实验设计，实验的效果将明显降低，甚至得不到准确可靠的结果。而良好的实验设计应保证研究的先进性、实用性及结论的可重复性。动物实验优化设计应考虑到动物的福利并尽可能节约动物及遵循动物实验伦理原则。优化设计的目的是应用相对低等、最少量的动物，通过科学的流程和实验技术得到较理想的实验结果，减少由于实验给动物带来的痛苦和刺激，使得实验结果更加科学、准确。

动物实验的设计方案要交由各单位的伦理审查委员会进行评估后决定是否值得进行实验。我国 2006 年发布的《关于善待实验动物的指导性意见》对动物实验中如何正确使用实验动物进行了明确规定。

（王丹妹）

第六节 动物实验替代方法

随着社会进步和科学技术的发展，特别是生命科学研究领域中实验动物的使用量猛增，替代动物实验越来越引起人们的关注。动物实验替代方法是兼顾动物福利，同时满足科学发展需要的一种科学实验方法，其使动物实验的科学性得到提升与完善，是更为科学的研究手段。科学研究离不开动物实验，科学实验更需要动物实验替代方法。替代方法应用的目的不是全部取代动物实验，动物实验所具有的优点也不排斥动物实验替代方法的研究和应用，两者互为补充，协调发展。

狭义的替代指用新建立的不用动物的方法代替传统的活体动物实验，即所谓的代替替代，广义的替代不仅包括代替替代，还包括减少替代和优化替代。根据替代的程度，替代可分为"部分替代"和"完全替代"。"部分替代"指利用其他实验手段代替动物实验中的一部分或某一步骤，"完全替代"指用新的非动物实验方法取代原来的动物实验方法。根据是否使用动物或动物组织，替代可分为"相对替代"和"绝对替代"。"相对替代"指使用来自动物的原料或使用脊椎动物的细胞、组织及器官进行体外实验研究，或用低等动物替代高等动物的实验研究。例如，建立动物细胞系，搜集动物细胞、组织和器官；屠宰场原料的利用，非脊椎动物果蝇和线虫的使用。"绝对替代"则是完全不使用动物。如技术性替代方法——计算机模拟，可使在实验方案的任何环节都不涉及动物，还有体外方法——组织工程，亦可完全替代动物实验。能够完全替代动物的非动物实验模型和能够减少动物使用数量并减轻动物遭受疼痛和痛苦的替代方法，包含替代、减少和优化的"3R"原则，三者之间有时有重复或相互包含。

【思考题】

1. 如何通过哺乳类动物的外部特征来判定动物的健康状况？

2. 简述实验动物选择的基本原则。

3. 如何正确对待实验动物？

（王丹妹）

第四章 医学人体实验伦理

人体实验通常是指以人的活体为实验对象，对人体生理、病理、生化过程或者是假设的预防、诊断和治疗方案，用科学实验的方法，在控制与对照的条件下进行精密的观察和研究，以检验其结果，并在此基础上拓展成为普遍性的知识和广为接受的方法。由于人体实验对于医学的发展和人类的健康具有特殊的意义，又以最为宝贵的人体作为实验对象，就必然导致伦理价值上的问题，也就需要对人体实验作出科学的伦理评价和选择。

第一节 医学人体实验的意义及伦理问题

医学人体实验是医学存在和发展的必要条件，尤其是在近代实验医学产生之后，科学的人体实验更成为医学科研的核心和医学发展的关键。从医学的发展历史看，没有人体实验就没有医学，更没有建立在现代物理和生物学基础上的现代医学。因而，人体实验无疑对于医学的发展具有重大意义。也正因为对医学的发展和人类健康起了很大的作用，依靠人体实验得出的成果控制了危害人类健康的诸多病症，达到造福人类的目的，伦理学上赋予了人体实验以积极、肯定的评价。但是，背离医学目的和正义的动机，或违反伦理规范，或损害受试者利益，是为伦理学所坚决否定的。

第二节 医学人体实验的伦理评价

医学人体实验所面临的首要问题是什么样的人可以接受人体实验，什么样的人体实验可以进行以及如何进行人体实验，这也正是对人体实验应该进行伦理评价的基本问题。人体实验中人们往往最关注的是结果或效果，但伦理学的评价应当是一个综合评价的过程，一般来说，需要从实验的对象、实验者的动机、实验的方法和实验的结果四个方面进行综合评价。

第三节 人体实验的伦理原则

世界卫生组织和相关医学界、法学界专家等先后制定了《纽伦堡法典》《赫尔辛基宣言》《人体生物医学研究的国际准则》《关于对人体进行生物医学研究的国际原则建议案》等文件。2002 年，国际医学科学组织理事会与世界卫生组织又修改制定了《涉及人的生物医学研究国际伦理准则》，规定了涉及人的生物医学研究要遵守 21 项准则。现在，《涉及人的生物医学研究国际伦理准则》和《赫尔辛基宣言》已经成为各个国家、医学组织和个人所公认、遵循的人体实验研究的伦理学原则，人体实验应当坚持以下四个方面的伦理原则，以规范人体实验的具体行为和过程，使之符合医学伦理原则的要求。

一、医学目的原则

人体实验有利于医学和社会的发展。

这一原则要求：人体实验的目的必须正确而明晰，即人体实验的目的只能是为了研究人体的生理机制，探索疾病的病因和发病机制，改进疾病的诊疗、预防和护理措施等，以利于提高人类的健康水平以及促进医学科学和整个社会的发展。

二、知情同意原则

受试者享有知情同意权，知情同意是进行人体实验的前提。凡是采取欺骗、强迫、经济诱惑等手段使受试者接受的人体实验，都是违背道德或法律的行为。

这一原则要求：首先，必须保证受试者真实、充分知情，即实验者必须将实验的目的、方法、预期的好处、潜在的危险等信息告知受试者或其代理人，让其理解，并回答对方的质疑；在知情的基础上，受试者表示自愿同意参加并履行书面的承诺手续后，才能在其身体上进行人体实验。其次，正在参与人体实验的受试者，尽管他已经知情同意，但仍享有不需要陈述任何理由而随时退出人体实验的权利；若退出的受试者是患者，则不能因此影响其正常的治疗和护理。

三、维护受试者利益的原则

维护受试者的利益是指在人体实验中要保障受试者的身心安全。

这一原则要求：首先，必须以动物实验为基础，在获得了充分的科学根据并且确认对动物无明显毒害作用以后，才可以在人体上进行实验。其次，在人体实验的全过程中要有充分的安全防护措施，一旦在实验中出现了严重危害受试者利益的情况，无论实验多么重要，都要立即停止，并采取有效措施使受试者身心上受到的不良影响减少到最低限度。最后，人体实验必须有医学研究的专家或临床经验丰富的专家共同参与或在其指导下进行，并且运用安全性最优的途径和方法。

四、科学性原则

严谨是科研道德的基本原则，人体实验更强调严谨的科学态度。

这一原则要求：首先，人体实验的全过程都必须遵循医学科学研究的原理，采用实验对照和双盲的方法，以确保实验结果的科学性，经得起重复的验证。其次，在人体实验结束后，必须做出实事求是的科学报告，任何篡改数据、编造材料的行为都是不道德的。

第四节　人体实验的伦理审查

伦理审查委员会依据相关规定，对人体实验的设计、实施及其结果进行伦理审核、评判、批准、指导、监督等活动。

（王丹妹）

第五章　研究创新性实验的基本知识

第一节　医学研究创新性实验

科学研究（scientific research）是人类运用科学的方法认识客观事物、探索未知的过程。通过科学研究最终可获得新的启示，发现新的事实，阐明新的规律，建立新的理论或发明新的技术。医学研究创新性实验是运用科学的手段和方式，基于对人体生命的本质、结构、功能及其发生、发展客观规律的探索性实践活动，认识和揭示人体的各种生命现象，从而发现人体疾病的发生机制，发现疾病预防与治疗措施的过程。

一、医学研究创新性实验的特征

医学研究创新性实验具有一般科学研究的探索性、创新性、继承性和连续性的普遍特征。研究创新性实验也有其特殊的特征，有比其他科学研究更多的复杂性，其兼具自然科学和社会科学的属性。这是因为人体不仅具有生物学的属性，同时人体的生命现象也会受到生态、环境、社会因素等的影响。随着现代医学与其他学科之间的相互渗透，医学从单纯的“生物医学模式”向“生物 - 心理 - 社会医学模式”转变，医学研究的内容也在逐渐扩展，由原来的寻求治疗疾病的方法，到寻找疾病发生的原因，再到预防疾病、保护和促进人们身心健康。在医学科学研究中研究的对象是人，人的个体差异较大，影响因素较多，实验条件不容易控制，研究实验周期有的很长，也同时涉及医学伦理和基本道德的问题，极其复杂。

二、医学研究创新性实验的分类

1. 根据研究的性质分类　根据科学研究的性质，可以把研究创新性实验分为基础医学研究、临床医学研究和转化医学研究。基础医学是研究生命和疾病的本质及其规律的科学，是整个医学科学发展的基础。临床医学是对疾病进行诊断和治疗的科学。基础医学和临床医学不是绝对的基础科学和应用科学的关系，人们对疾病临床表现的认识和疾病规律的研究往往是相互需要和相互促进的，最终的目标是服务于疾病的防治。

2. 按照科技活动类型分类　联合国教科文组织关于“研究与发展”活动的分类，将医学科研分为三大类：基础研究、应用研究、发展研究。基础研究是揭示生命现象本质和机制的探索性和创造性研究活动。当基础研究具有一定的应用目标，是为某些疾病的预防、诊断、治疗的方法提供理论依据时，就属于应用基础研究。应用研究是为解决临床中疾病防治需要所做的新方法、新技术、新药、新医疗器械设计等的研究。发展研究也称为开发研究，主要是为了推广和开辟新的应用领域所做的研究。基础研究和应用研究增加了现有的科学技术知识，发展研究是推广新的应用（如新技术、新材料等）。三类研究互相补充，互相促进，也可互相转化。

3. 研究方法的不同分类　医学科学研究也可以分为实验性研究和调查性研究。

实验性研究用实验作为搜集资料、检验假说、获得新知识的主要手段。在实验室中进行的以实验动物、组织器官或细胞所做的实验是严格控制条件下开展的实践。而在临床诊疗中进行的实验研究，首先需要遵守伦理学原则，不能像对待实验动物那样对待患者，患者的病理生理状态和心理精神状态都会影响到观察结果，因而临床实验研究组间比较的精确性相比实验室研究更加受限，一般这种临床实验研究称为临床试验（clinical trial），而不称临床实验，但在设计临床试验时也要尽力符合实验设计的原则。

调查性研究按照调查时事件是否已经发生，分为前瞻性调查和回顾性调查。前瞻性调查一般在事件发生之前预先做好计划，按照预计可能的发生因素设置组别，比较各组发生的结果，有时也称“队列研究”(原因追踪结果)。回顾性调查是利用既往资料调查已发生事件的病因,有时也称“病例对照研究”（结果探究病因）。

（马丽杰）

第二节　医学研究创新性实验的基本过程

爱因斯坦曾说过:“提出问题比解决问题更重要。”科研过程就是提出问题、解决问题的过程。提出的问题是否可以立项，取决于该问题的科学性、创新性、先进性、实用性和可行性。一项完整的医学科学研究，包括提出研究问题→文献调研→科学假说的建立→科研设计→实验和观察→搜集、整理统计和分析数据→验证科学假说，形成科学概念和结论→撰写研究报告、论文或专著，对研究成果进行专利申请及转化的设想等。

一、选题与立题

科学研究就是提出假说和验证假说的过程。选定要研究的问题后，需要确立研究的题目，进行设计，制订计划。实际工作中，供研究的题目很多，从疾病的发生到防治有许多环节，各环节都有这样或那样的问题值得研究探索。科研选题之后需要查阅资料了解相关研究的现状，在立题之前，为了少走弯路，不重复研究他人已经解决了的问题，必须查阅大量文献资料，过程中结合专业知识可以适当调整立意，最终对某个领域的某个问题创立科学假说，并据此立题。

二、科研设计

科研设计就是对科学假说的验证过程。科研设计中研究者对研究项目的研究目标、研究内容、研究方法、研究技术路线和计划安排均需要在研究之前做好规划。科研工作能否取得成果以及成果的水平很大程度上取决于科学研究的设计水平。

研究目的是对假说的具体化。项目的研究目的要阐明研究所需解决的问题，研究是否有科学价值，是否有很好的经济和社会价值。根据研究目的的要求继续确立研究的内容，包括研究的受试对象、考核的内容。所确立的研究目的和研究内容在基础研究方面要能说明某一理论或机制;在应用研究方面要能说明创新点和改革方法;在发展研究方面要能达到一定的经济和社会效益。这样才能使整个研究工作得以有效进行。设计的优劣，直接关系到研究结果的成败。

三、制订研究方案

研究课题确定后，需要制订一个周密的研究方案，研究方案应该包括受试对象如何进行分组，处理的因素有哪些,观察的指标，研究资料的收集、整理与管理、分析，研究工作的总结，论文的撰写，有关研究成果、专利的设想等内容，做好组织安排，要求具体而明确，既要可信，又要可行。

四、研究的实施

科学研究经过缜密的设计后，在实施过程中同样需要精密组织，确保实验按照方案执行。在研究方案的实施中，研究对象、研究类型、研究规模、研究周期、研究条件等都是导致科研差异的可能因素。

研究者需要精密观察、严谨操作，耐心细致地开展实验研究。研究过程当中，要对实验现象有缜密的思考。研究中面对大量的事实、现象、实验数据、检查结果等信息时，研究者要不断地进行分析、判断、综合，以作出有利于研究目标的各种决策。研究期间所培养的创新思维能力和科学思维能力就是医学研究能力的核心。准确、完整地记录实验结果是得到科学结论的前提，要力求准确、可靠地记录原始数据信息。

五、数据的整理与总结

为了充分、有效地发挥数据的作用，必须对数据进行有效的管理，严格的数据管理是研究质量的又一重要保证。数据分析的目的是把隐含在一大批看起来杂乱无章的数据中的信息集中、萃取和提炼出来，以找出事物的内在规律。数据分析中的统计分析方法的选择，是以研究目的和资料的性质为依据，以统计理论为指导。对数据的分析（特别是大型资料）要有统计分析计划。

六、撰写研究报告和研究论文或著作

研究报告和研究论文，是科研工作的深化和总结，是从实践到理论的提炼，可以全面地概括研究工作的过程，充分反映研究的成果及价值，体现研究的水平。医学科研论文的质量，既反映了医学科研水平，也反映了医学发展动态，同时也可为后人进一步的研究发现和发明提供线索。

七、成果申请

医学科研成果包括认识人类生命现象、生存环境、疾病发生和发展过程或者防治疾病、增进健康的探索中所取得的有价值的、创造性的成果。将结果通过鉴定、验收、评估、评价或在刊物上公开发表以及专利申请等方式获得社会的承认或者实践的验证，可促进科学的发展，产生社会或经济效益。目前，我国医学科技成果分为：理论研究成果、应用技术研究成果、开发技术研究成果和软科学研究成果。

（马丽杰）

第三节 医学研究创新性实验的选题过程和原则

在开始进行科学研究时，可以先初步选定一个研究方向或者课题，如某一疾病尚未解决的病因、发病机制、诊断、治疗、预防等各个方面的问题。选题可以来自临床诊疗过程中遇到的现象、困惑或者亟须解决的问题，也可以来自文献查阅过程中的对某些争议或不明的问题的思考，也可以在学术交流过程中获得启发。

选题的一般过程包括提出问题、文献评述、形成假设和立项。提出问题是课题形成的萌芽阶段。问题提出后要充分查阅文献，也可咨询专家，详细了解国内外进展，确定研究性质、目的、意义、科学假设（或研究题目）。之后对立项进行选题的创新性、可行性论证。

选题原则包括以下几点：

（1）创新性原则：创新是科研工作的灵魂，是立题的基本依据和价值所在。创新性对于基础理论方面的研究来说，就是要求能有新发现，提出新见解，得出新结论；对于应用技术方面来说，则是要求能发明新技术、新产品、新工艺。

（2）科学性原则：选题必须要有科学依据，符合科学规律，不能主观臆造、凭空想象。只有遵循科学性要点，才能保证科研方向正确无误。

（3）重要性原则：科研选题首先要解决的问题应当是“为什么”。选题要有明确的意义，所选课题要有一定的理论或实用价值。

（4）可行性原则：选题一定要从实际出发，从主、客观两方面的条件来看课题进行的可能性。选题要突出特点，与社会发展和经济建设相结合。

（马丽杰）

第六章　研究创新性实验设计

在医学科学研究中，按实验进程可将完整的实验流程分为预备实验、决定实验和正式实验，而前两类实验是确保开展正式实验的前提。不管是预备实验、决定实验，还是正式实验，实验研究一般都包括受试对象、处理因素和实验效应三个部分，故称其为实验设计三要素。任何科学研究均须确定这三个基本要素，构成完整的实验设计，保证实验准确、顺利进行。

第一节　实验设计三要素

基础医学实验研究通常要根据实验目的向受试对象施加处理措施，在统计学上称其为因素（如给药、手术等）；记录不同的处理因素作用于受试对象所表现出的实验指标变化情况，称为实验效应，须通过多项检测指标综合评价实验效应。然后，运用合适的统计学方法，找到不同处理因素下实验效应的变化规律，从而揭示实验目的。

一、受试对象

受试对象是指研究人员根据研究目的施加处理因素的对象，亦称实验对象或研究对象。根据对实验因素的敏感性和反应稳定性决定选择受试对象的种类，在实验进行前还必须确保受试对象的同质性。例如，制备速发型过敏性呼吸道疾病动物模型时，不能选用医学实验常用的小白鼠，应优先选用豚鼠、家兔、犬及对过敏原高敏感的动物，选择对处理因素敏感的实验动物，才能判定处理因素对实验效应的影响。由此可见，正确选择受试对象十分重要，是实验成功的关键。大多数医学研究的受试对象是动物或人，也可以是组织器官、细胞、分子或基因等样品。

（一）人体的选择

以人体为研究对象的实验研究，称为人体观察或人体实验研究。人体也是临床科研中常选用的受试对象，人体实验研究是医学科研的重要手段，是医疗措施临床应用前的一个重要的中间环节。在基础理论研究和动物实验研究基础上，人体观察的实验设计须符合并通过生物医学研究机构的伦理审查。此外，人体观察还需考虑病种、健康状况、性别、地域、体重、家族史等一般情况，还需考虑社会因素（如职业、居住条件、经济状况等）和心理因素。既要确保研究对象的同质性，也要考虑受试对象的安全性，重点关注老年人、孕产妇、婴幼儿等特殊人群；还要尽可能排除混杂因素的干扰，严格规定纳入标准和排除标准。另外，临床试验需要先进行动物实验，再进行人体实验研究。任何临床试验必须在确保不危害受试者的人身安全与身心健康的前提下才能进行；如致畸、致突变、致癌等研究杜绝在人体上进行实验。并且，进行临床试验必须进行伦理学审查。

（二）组织器官离体实验

从动物体内或患者术中分离的组织器官，对其形态、生化、生理、药理等方面进行实验研究，称组织器官离体实验。所要研究的组织器官应尽量保持原有机能，因此对存活环境（如温度、营养成分、氧气、水、pH 等）要求与体内环境相似。常选用的离体组织器官有心脏、血管、肠段、子宫及神经肌肉标本等。如利用蛙心研究某种物质（激素、药物等）对心脏收缩功能的影响，既需要给心脏供氧，还需要将心脏保存在与体温相同的人工生理溶液中。不同动物的不同组织或器官都有各自适宜的营养环境，因此所需的人工生理溶液的配制成分也不同。

（三）细胞实验

细胞是生物体结构和功能的基本单位，也是生命活动的基本单位。以细胞作为受试对象的实验研究是最基本的实验研究模型。细胞学实验作为一种重要的生物技术，已广泛应用于免疫学、分子生物学、药理学、遗传学、肿瘤学、细胞工程等领域。细胞学实验的特点：体外操作，具有安全性和可重复性；可直接观察处理因素所致的效应；可连续、动态观察生物学现象；尤其适合研究信号通路中信号分子及信号转导的调控机制。经特殊分离方法从胚胎、外周血及组织器官分离的细胞在体外培养，该类细胞被称为原代细胞，相应培养技术称为原代培养技术。对原代细胞进行分散接种的过程，称为传代，经传代方式进行再次培养的细胞，称为传代细胞。

（四）分子实验

医学科学研究中，以分子为受试对象，从本质上揭示生命现象及疾病发病机制，为寻找治疗疾病的分子靶点提供理论基础和依据。

二、处理因素

处理因素指研究者根据研究目的施加于受试对象并引起直接或间接效应的因素，又称实验因素。科学研究中除处理因素外，其他能影响实验结果的因素，称为非处理因素，某些非处理因素可能掩盖或干扰处理因素的作用。在实验设计中应该尽可能消除非处理因素对实验效应的影响。如研究药物对小白鼠心功能的影响，由于小白鼠的窝别、周龄、疾病状态均会影响实验效应，因此在众多混杂因素存在的条件下，实验实施者无法判断是药物的作用还是小白鼠的个体差异影响实验结果，所以应尽可能消除混杂因素的作用，以判定药物对小白鼠心功能的影响。

三、实验效应

实验效应是处理因素作用于受试对象所致的反应和结果，通常由实验指标来反映，是医学研究的核心内容。正确选择检测指标评价实验效应，可以保证实验的科学性、特异性、准确性和客观性。如果指标的测定方法不当或选择不当，均不能准确地反映实验因素的作用，那么获得的研究结果就缺乏科学性。

（一）选择指标的原则

研究者应根据研究目的选择检测指标，这是确保实验成功的关键因素，应选择能说明问题的指标。某些效应（如检测细胞凋亡）采用单一指标不足以判断结果，往往需要采用至少两种的方法加以确认，指标间应该具有关联性，但是相似指标太多，浪费时间、精力和财力。检测指标选择时要遵循的原则概括如下。

1. 指标的客观性 选用指标要尽量客观，来源于设备或仪器测定的客观数据不易受主观因素的影响，如应用流式细胞仪分型，可以避免观察者对指标的主观判断。

2. 指标的灵敏度和特异性 实验指标应真实反映处理因素对实验效应的影响，即实验指标应具有特异性和灵敏度，便于鉴别假阳性及假阴性结果。指标的特异性指不存在处理因素时，所选择的检测指标不显示变化；指标的灵敏度指处理因素发生变化时，指标效应也发生相应变化。

3. 指标的精确性 包括精密度和准确度两重含义。体现所观察结果真实程度的指标，即准确度，主要受系统误差影响。

4. 指标的关联性 选择检测指标时，还应注意指标的关联性，即检测指标与实验目的应具有本质的相关性，能正确反映处理因素的效应。

（二）指标的种类

医学科研所采用的检测指标繁多，应用时须根据实验目的、指标性质和实验条件进行选择。根据不同的分类标准可以将指标分为不同的类型。下面按照两种分类依据介绍医学科学研究中检测指标的分类。

1. 根据统计学性质分类　根据指标的统计学性质，将其分为数值变量指标和分类变量指标。资料的类型及分布不同，所采用的描述指标和分析方法也不同。

2. 根据形态功能分类　根据指标所能反映的机体基本特征，可以从形态学特征、生理功能改变、生物化学变化等多角度选择检测指标，全面地阐述实验效应。

（三）处理与效应的关系

处理因素指研究者根据实验目的施加给受试对象的特定实验措施，而实验效应指处理因素作用于受试对象后所引起的反应，故处理因素的变化会引起实验效应指标的改变。例如，研究镇痛药的作用，镇痛药的对数浓度与效应呈“S”形关系，随药物浓度增加，所检出的指标也随之逐渐升高，直到产生最大效应。若实验为了研究药物效应，常选用半数有效量，因为在这个给药剂量，药效曲线的斜率最大，可灵敏地反映出研究因素对药效的影响。在医学科学实验中研究者需要结合文献及预实验结果来确定药物的合理用量。

（马丽杰　王丹妹）

第二节　研究创新性实验设计的基本原则

实验设计是医学科研中至关重要的环节，除须注意其创新性、科学性、规范性、逻辑性、伦理性、诚信度和可靠性等一般原则外，从统计学角度还须做到遵照对照、均衡、随机化及重复原则，最大限度地减少误差，保证实验的科学性。

一、对照的原则

鉴于实验效应除了受实验因素的影响外，还常常受非实验因素的影响，设立对照要求所比较的各组间除实验因素不同外，其他条件均应尽量均衡一致，消除非处理因素所致的误差，便于得出正确的科学结论。例如，感冒、口腔溃疡等具有自愈性的疾病，设立对照尽可能消除自愈对不同组实验效应的干扰，判断出疾病好转是实验因素的作用还是疾病的自然转归。但需要注意的是任何一个实验均应专门设立对照组，不得借用文献记载的以往结果或其他研究资料作为本研究对照，且对照的原则应贯穿于所有实验的每个环节。

（一）对照的形式

对照的形式有多种，可根据研究目的和内容加以选择，常用的有以下几种。

1. 空白对照　空白对照组不施加任何干预措施进行观察，反映研究对象在实验过程中的自身变化。

2. 实验对照　某些实验涉及重要的非处理因素，仅设空白对照不能说明组间差异主要由处理因素引起，需给对照组施加相对应的处理因素，即为实验对照。

3. 标准对照　指以现有正常值或标准值作为对照，以及在标准条件下进行观察的对照。

4. 自身对照　对照与实验在同一受试者身上进行。

5. 相互对照　尚未形成标准疗法的某种疾病的临床研究可采用相互对照。

6. 安慰剂对照　由于实验效应受到受试对象主观感觉的影响而导致客观指标发生变化，如血压升高、心率加快、皮疹、咳嗽等，导致实验结果并不能真实地反映处理因素的效应。为消除受试对象主观因素的影响，可以设立安慰剂对照。

7. 历史对照　拿当前的实验结果与历史上的同类实验的结果相比较，此为历史对照。目前，常见的不当对照主要表现为未设对照、对照组不能消除非处理因素、标准对照样本量太小、影响实验效应的对照组设立不全、重叠或多余对照。

（二）对照设置的方法

实际研究可根据情况设置不同的对照方案，如配对对照法和组间对照法等。

1. 配对对照法 配对对照可节省样本数，降低抽样误差，提高统计学效率。故有条件时应优先选用，包括自体配对与异体配对两种。

2. 组间对照法 组间对照是将条件基本一致的不同个体随机分组，分别接受对照处理与实验处理，比较两组或几组间差异，又称为平行对照，适用于不能应用配对对照的情况。其缺点是：由于存在个体差异，此法所需样本数较多。

二、均衡的原则

在对照原则的基础上，确保实验因素在各组间不受非处理因素的干扰和影响，要尽量使得实验组和对照组的非实验因素等同，考察处理因素对观察效应的影响，这就是均衡的原则。

三、随机化的原则

随机化是统计方法的基石，是对样本资料进行统计推断分析的前提。随机化是保证各组间非处理因素均衡一致的另一重要手段，其使不可控制的因素在实验组和对照组均匀分布。随机（randomization）是指在实验分组时，每一个受试对象都有同等的机会被分配到任何一个组中去，不受研究者主观因素的影响。随机原则是医学科研设计的重要原则之一。遵循随机化原则要做到随机分组、随机抽样和随机实验顺序。

四、重复的原则

通过对照和随机原则，能在很大程度上抵消非特异性因素对试验结果所造成的影响，但在实验过程中，很难排除偶然因素的影响，同一处理对不同的受试对象产生的效果不尽相同，只有在大量重复实验的条件下，该处理的真实效应才会显露出来。偶然因素影响实验结果，要避免类似错误的发生，须独立地重复相同的实验，以排除偶然因素的影响。

（张子英　王丹妹）

第七章　研究创新性实验申请书的撰写要点

科研项目申请书是科研课题的真实写照，表达申请者思想的主要形式，是科研设计的蓝本和实施研究的纲领，申请书的撰写质量，在科研中显得十分重要，是获得资助的关键，由于各个资助渠道不同，申请书的格式也有所不同，因此，申请者必须仔细研读资助项目基金申报指南、填表要求、经费资助与管理等相关政策，这是写好申请书的重要前提，然后申请者再严格按照申请书的各项要求认真仔细地填写。一位诺贝尔奖获得者曾说过，在他一辈子科研生涯中，痛苦的事情是写申请书。无论何级别、何类型的研究课题，都主要包括科研选题与课题名称、立论依据、研究内容与方法、研究目标等。一份好的申请书要充分表达出研究项目的必要性、先进性、可行性，还能反映出申请者的学术水平、严谨的科研作风、科研能力、综合分析能力。因此，有人把填写申请书比喻成像高考答卷一样，必须很好地审题，正确填写好每一项内容，不能答非所问，避免出现漏洞，填写内容应力求完整、精练，申请者对申请书中任何一个环节的疏忽都可能导致竞争的失败。

第一节　研究创新性实验申请书的撰写要求

申请书中的课题名称是点睛之笔，表述应准确、规范、简明（一般不超过25个汉字）、具体、新颖、醒目。选择课题名称时应以陈述式句型表述。文字精湛传神，引人入胜，反映出研究的内容、方法、水平、创新点及独特之处。使人读后产生想要读下去的欲望。英文名称应与中文名称对应。

（王丹妹）

第二节　简表与摘要撰写要求

简表是对整个申请书主要内容和特征的概括表达，反映申请课题的全貌，反映申请者对申请渠道的了解程度，反映出申请者严谨的科研作风，是给评审专家的第一印象。简表的内容一般包括研究项目的基本特征和申报特征，如项目的中英文名称、研究类型、申报项目类别、申报学科及代码、申请金额、起止年月、所用实验室等，简表的内容一般将输入计算机，组成科研课题管理的数据库，简表的填写虽相对比较简单，但亦非常重要，填写时必须仔细填写正确。

（一）研究项目

必须明确表述所研究的问题，简略介绍本课题采取什么研究方法，解决什么问题，达到什么目的，学术上、应用上有什么价值及有何社会经济效益，申报学科、学科归类、金额、时间等。

（二）申请者

按要求填写申请者的基本情况，如姓名、性别、出生年月、身份证号码、民族、专业技术职务、学位，所在单位的名称及代码、性质、隶属关系、地址等，项目组成员的构成及分工，研究内容和意义的摘要等。对于本科生来说，可根据实际情况如实填写，如没有专业技术职务亦未获得学位，应写明。

（三）项目组成员（研究队伍）

前3名副高不能同时有2个及以上的项目，身份证号码的准确性，分工的合理性，年龄、职业、专业搭配的合理性，参加时间以4～8个月/年为宜。本科生科研项目一般需3～5名学生，1或2名指导教师，分工必须科学、合理。

（四）摘要内容

摘要包括研究内容、预期结果、研究意义、应用前景等。研究内容：采取什么研究方法，解决什么问题，达到何目的；研究意义：理论上有什么指导作用，在学术上、应用上有什么价值等，对科技进步有何贡献以及有何社会经济效益或解决了哪些社会问题等。不同类型的课题，预期结果侧重点不同。基础性研究，主要突出理论上的贡献；应用性研究，主要是学术上、技术上解决了什么问题，而不是应用价值；开发性研究侧重于高效、低耗、实用及社会经济效益。摘要一般为 200 ～ 300 字。

（王丹妹）

第三节　立论依据撰写要求

立论依据是课题研究的主要部分，也是课题研究的重要依据。其是反映本课题的研究背景，提出假设（即为什么要进行此研究）。分析其对本学科发展有何贡献，学术价值与应用价值如何，需根据研究的类型不同而分别阐述。通过对国内外近五年主要研究的进展以及今后发展趋势的分析，着重阐述本学科尚未解决的问题，分析未解决的原因，在分析的基础上，提出本课题研究的思路，如何解决存在的问题而最终达到研究的目标。立题依据以 2 ～ 3 页为宜。具体书写要求如下。

（一）对研究核心的界定与解释

研究核心可能是概念、方法、理论、机制、病因、治疗方法、预防措施等。界定与解释要非常准确、简洁明了，简要说明研究的重要性或关注程度（注意：不要与后面的意义重复）、研究的发展趋势（注意：不要与下面的研究进展重复）。

（二）研究的目的

研究的目的一定要叙述清晰并且有一定新意，首先必须叙述清楚你是用什么理论证明你提出的观点，否则没有说服力。其次，在做文献综述及国内外研究水平的评价时也要真实、有根据，才能衬托研究的目的。最后注意文字上与后面的研究目标要有一定不同。研究目的可与研究核心一并叙述，也可放在研究意义前。

（三）国内外研究进展

查阅相关文献，没有研究报道，或有研究，但需要在某个层面进一步深入研究，或引出一系列有价值的值得探讨的问题。只有相关的基础性研究或没有研究报道；国外已有研究、国内再研究的一定要阐明国内研究的理由，如社会经济的差异、种族的差异等。

（四）研究内容

研究内容是申请书的重要组成部分，可较详细地阐述。要求具体、完整并且要紧扣主题，清晰地表达如何进行研究及解决所提出的问题，主要包括研究的范围、主要考核指标等。解决技术关键，研究内容的重点，阐明关键的技术特征及考核指标。通过研究，可解决哪些关键的技术问题，需紧扣研究目标，并详细、准确、具体地表述清楚。

（五）参考文献

参考文献一般国内需要 8 ～ 12 篇，国外需要 6 ～ 10 篇；实验研究最好列影响因子较高的杂志的论文；有研究基础的，可提供 1 ～ 2 篇课题组主要成员的论文（也可提供指导教师的相关论文文献）。

（王丹妹）

第四节 研究方案

（一）研究目标

研究目标可分为阶段目标和最终目标。要分阶段来阐述阶段目标（即研究计划），可根据课题的研究步骤和技术路线，对研究的内容作出阶段性安排。工作的内容及任务需具体、明确且可行，有明确的具体进度考核指标，严格按照研究设计开展研究，完成研究任务。最终目标（即学术技术目标），主要阐述课题研究对本学科的指导意义、学术和应用价值。本课题可解决什么社会问题，达到何种目标。

（二）研究内容和拟解决的关键问题

一般可把研究内容和拟解决的关键问题一起来写。研究内容分为几个方面，详细叙述要突出拟解决的关键问题，注意不要与研究方法重复。

（三）拟采取的研究方法

研究方法是课题的主体，是研究的核心部分，因此，研究方法是评审的主要内容，可反映出本课题的理论分析和总体思路的科研设计，对整个科研课题研究的成败起着关键的作用。因此，先简要叙述采用的主要方法。两种书写方式：以方法为主线，通过什么方法和考核指标进行观察，采取的技术路线、流程；以研究的内容为主线，即每项研究内容用哪种或哪几种研究方法完成，要求设计科学、严谨、合理、可行。

（四）技术路线与实验方案

技术路线是科研设计核心的重要部分，实质上就是研究步骤，非实验研究一般没有实验方案。技术路线一般用简要文字加框的图进行描述。按照研究程序进行研究，按研究步骤进行操作，每个程序和每一步骤做什么要写清楚，并注明可能遇到的问题和解决的办法。应符合科学性、合理性、创新性与可行性。

（五）可行性分析

可行性分析需结合课题组成员的研究基础、实验室具备的条件、现场条件、研究周期等进行全面分析。对所选用的理论支持、研究方法具有的特点或优势，在解决既定的科学问题上进行可行性分析。对于本科生来说，本课题应有理论（或文献）上的支持，表述时应突出课题组成员已掌握了本课题所需的实验技术，能完成课题研究。

（六）本研究的创新之处

本课题的特色与创新是课题研究内容的核心，围绕本课题的研究主题清晰地归纳为几个方面，创新是课题研究的灵魂，注意用词要恰当。

（七）年度研究计划及预期进展

注意时间进度安排的合理性。

（八）预期研究成果

清晰地归纳为几个方面：一是，要解决什么问题；二是，得出了什么学术论点；三是，预期达到什么样的研究结果。基础性研究，主要突出理论上的贡献，要有分量，能体现创新性成果，提供结果形式，根据不同类型的课题来提供结果形式，主要有发表研究论文、论著、专利。

第五节 研究基础与经费预算

一、研究基础

本课题组成员与本项目有关的研究工作积累和已取得的研究工作成绩相关的研究积累；已完成的重要项目、论文论著、获奖情况等；已具备的实验条件以及尚缺少的实验条件，拟解决的途径（包括：某单位或实验室可提供的条件、主要仪器设备、人力、技术的支持等）。

二、经费预算

经费预算恰当与否，关系到课题研究的成败。申请费用额度要根据课题研究需要进行科学预算，经费数目过大，会被认为不切合实际，评审不易通过；太少，则开展研究有困难。

1. 科研业务经费 主要部分，非实验室研究的此项占总经费一般在 70% 以上，可有劳务费，但不能超过 15%。

2. 实验材料费 实验室研究的此项费用占比较高，但费用依据要充分。

3. 仪器设备费 一般不能购置费用高的仪器，可有耗材费。

4. 实验室改装费 费用不能太高或没有。

5. 协作费 包括研讨会、鉴定会等费用。

6. 项目组织实施费 主要是管理费，占 5%。

（王丹妹）

第八章　研究创新性实验申请书讲评与答辩

科研申请书撰写格式参照国家自然科学基金申请书格式要求，每位同学都要参与科研申请书的撰写。学生以项目组（每个项目组成员 3 ～ 5 人）为单位撰写一篇申请书，每位同学可参与多个项目，但只能主持一个项目，以实验小班为单位，每个小班至少提交 6 份申请书。整个过程包括两方面：①授课教师对学生提交的申请书进行批改评分；每个项目组再根据授课教师的评分进行组内互评，互评方案由各项目组商定，并要求个人对互评成绩签名确认。②每个项目组按要求，制作 PPT 汇报项目内容并答辩，同一小班的其他组同学可以提问，课题组同学回答，最后教师做点评指导，同时根据学生答辩和讨论情况对每个同学进行评分。

一、学生设计性实验申请书评价要求

（一）设计性实验申请书的评价细则

申请书批改分值分配如下：

1. 课题的名称（分值 0.5 分，标准、准确、具体）。

2. 立论依据（分值 2.5 分，包括研究意义、国内外现状的分析是否清楚、推论的依据是否充分、符合逻辑和客观、特色或创新点等）。

3. 实验设计（分值 1.5 分，研究内容、方法、技术路线）。

4. 可行性分析（分值 0.5 分，实现研究目标的可能性）。

（二）关于学生设计性实验申请书抄袭的认定及处理

1. 抄袭认定　授课教师在批改申请书过程中，如发现项目雷同或抄袭，请收集好相关证据，并及时与项目负责人进行联系，沟通认定。如学生不认同抄袭行为，则请联系本课程 3 ～ 4 名授课教师进行二次讨论后认定。

2. 抄袭处理　本次活动作为一次正式实验教学活动，其处理将按照“实验生理科学”平时成绩考核办法进行。即发现抄袭行为，该项目组的实验申请书批改成绩为“0”分，学生汇报及答辩成绩亦为“0”分。

二、学生设计性实验答辩及讲评

（一）学生答辩

1. 形式　每个项目组制作约 10min 的 PPT 汇报项目内容与答辩（分值 5 分），其他同学及教师进行提问，之后教师对项目内容和项目汇报进行点评。

（1）项目内容：即申请书的内容（即课题的名称、立论依据、实验设计、可行性分析）与考评要素，并提相应的修改意见和建议。

（2）项目汇报：条理性、逻辑性、重点突出、语言表达清晰流畅、PPT 制作的简洁、条理性等方面。

2. 要求　请各位班级负责人或学习委员按授课计划的时间安排，提前一天将本小班的 PPT 发到教学秘书的邮箱。

（二）教师讲评

1. 形式　教师先简单介绍答辩的形式与要求，告知学生，教师在整个过程将对每位同学的表现进行评价；6 个项目负责人抽签确定汇报顺序后开始汇报，每个项目负责人汇报后其他成员可进行补充（约 10min），其他组同学提问（约 3min），教师提问、点评与建议（7 ～ 10min），总共约

20min。6 个项目依次汇报完成后教师进行总体小结与评价，同时要求每位同学提交一份心得体会与建议。

2. 要求

（1）授课教师提前对学生设计性实验申请书进行批改及评分（每份申请书满分 5 分），申请书书写的最后得分作为此部分每个同学的得分。然后授课教师再根据每个项目组答辩情况对每个成员进行评分（每人满分 5），最后得出每个同学的最终得分（满分 10 分）。

（2）授课教师在答辩及讲评过程中，必须指定一个同学在记录本（记录本于讲台上提前发放）上记录整个小班答辩及讲评的发言情况。

（3）授课教师在答辩及讲评过程中，在“设计性实验考核表 1”的“点评情况”一栏中记录每个项目的整体情况，选出 1 ～ 2 份具有可行性的项目，在“设计性实验考核表 1”中标注，以便下一阶段进行实验的实施。

（4）每个项目组成员按照同学提问、教师点评，认真修改完善申请书，有兴趣、有条件的项目组准备申报大学生创新性实验项目。

（王丹妹）

第九章　立项项目实验研究

科研项目立项后，就应开始着手实施实验研究。实验研究阶段是对设计方案的进一步完善，并予以实施的过程，包括预试验、正式实验、实验结果的处理及分析、论文撰写等。

第一节　预　实　验

在开题报告明确实验设计方案后，实验准备包括相关的理论知识、本项目所用到的实验技术知识点的复习，仪器设备的熟悉，实验动物、所需药品、试剂等的准备及相关参考文献的学习。

应按照实验设计方案和操作步骤，进行预实验。预实验是保证正式实验成功的重要环节，通过预实验可以摸索实验条件，并加以优化，提高实验效率和节约实验成本。因此，在正式进行实验之前，一定要先进行预实验，并在预实验过程中，做好各项实验的原始记录。

第二节　正式实验

正式实验要严格按照预实验摸索优化的实验条件和实验设计书拟定的实验方案开展。各项目组成员需明确各自在实验中的职责，做好团队合作。正式实验要严格按照预实验确定的步骤进行，及时、准确、真实、客观地记录实验结果。原始记录的方式可包括文字、表格、图形、照片及视频等。在实验过程中要仔细、耐心地观察出现的结果，并思考出现这些改变的机制及意义。

第三节　实验结果的处理及分析

观察和记录在科学实验中占有十分重要的地位。观察记录时要严谨、细致、实事求是，力戒主观性。因此，要求在实验中一定要重视原始记录。在取得完整原始记录后，首先要整理原始资料，对每次实验各组的数据进行系统分类，使之系统化、明确化、标准化，在对实验资料进行整理时，不能按主观臆断对实验数据随意取舍，必须实事求是。其次，进行统计指标的计算，算出各组数据的均数和百分率，对正常对照组、不同处理因素的各组资料进行归纳整理。计算出各组数据的均值、标准差或率等，并进一步进行相应的统计学显著性检验分析，制成统计表或统计图。最后，进行统计学的显著性分析，测量均数或百分数对估计总体的可信程度；比较两组及以上统计数据之间的差异是否显著，可得出一定的结论。

第四节　论文撰写

医学科研论文是交流和传播科学信息的基本方式，机能学实验研究结束后，对相应的实验数据进行统计学分析处理后，可得出一定的结论。通过对这些实验目的、具体实验设计、实验方法及结果的正确描述与表达，撰写完整的科学研究论文。科研论文的撰写不仅是对实验研究的直接记录和总结，亦为科学系统科研素质训练的组成部分，通过论文撰写，教师可了解学生设计方案的形成以及具体实施的过程，并考查学生书面表达的能力。

在科研论文的撰写中，要求严肃、精练、规范，在论文写作的过程中应遵循一定的原则与规范，论文投送相关医学专业杂志时，也应参考各学科相应杂志编辑部的要求进行撰写，包括标题、作者及作者单位、中英文摘要、关键词、正文（引言或前言、材料与方法、实验结果、讨论）及参考文献等内容。中文论文字数一般不超过4000字（不包括图、表和参考文献）。

（一）标题

论文的标题（title）是论文的冠冕，要尽可能准确地反映论文的主要内容、性质、创新之处，必须简明、清楚、规范、确切。标题应用最少的字概括，一般不超过30个字，并且标题的表达方式要能吸引读者，同时文题要相符，充分概括论文的要旨。标题不可缩写，避免使用非公用公知的缩略语、代号等。

（二）作者及作者单位

文章中应有作者（author）署名。汉语拼音采用如下写法：姓前名后，姓氏的全部字母均大写，复姓应连写。名字的首字母大写，双名中间加连字符，名字不缩写。外国作者的姓名写法遵从国际惯例。在整个科研过程中，对做出主要贡献者以及参加撰写论文并能对内容负责的人，按其贡献大小排列名次。多位作者时，姓名间加“，”分隔。不同单位的作者，应在姓名右上角注不同的阿拉伯数字序号。作者单位名称、邮政编码在首页左下方做脚注说明。

（三）摘要

摘要（abstract）是论文的核心浓缩内容，应能准确反映全文信息，要求紧扣主题，观点鲜明，逻辑和表达清晰，语言简练，重点突出。凡文章表示码为A、B、C三类的期刊，文章均应附中文摘要，其中A类文章还应附英文摘要。我国医学期刊大都将其简化为：目的、方法、结果和结论四部分，各部分冠以相应的标题，并采用第三人称撰写，不用“本文”等主语，文字要极其精练，不一定用完整句子，字数限于200～250字。英文摘要应包括文题、作者和单位，字数可放宽到400词左右。英文摘要应与中文摘要相对应。

（四）关键词

关键词（keyword）是反映论文的最关键、最主要内容的词或短语，对文章检索有重要作用。论著应在摘要下面标出2个关键词，每个关键词之间用“；”隔开，有英文关键词的应与中文关键词一一对应。关键词要求尽可能准、全，要求标出文章所研究讨论的重点内容，仅在研究方法中提及的手段不予标出。关键词是从文献的标题、摘要或正文中选出的，能反映文献实质内容的可作为检索入口的专业名词术语。

（五）引言

引言（introduction）是正文最前面一段纲领性、序幕性及引导性的短文，其目的是引导读者进入论文主题，帮助读者理解论文的内容。引言字数不宜过多，一般300～500字，英文论文字数多一些。引言的写法应当是文献概述式的，不应当是记录式的报道，主要讲清楚所研究问题的来源及本文的目的。所研究问题的来源可以从文献中来，也可以从临床实际工作中提取出来，需要在引言部分简明扼要地写清楚，使读者看了能一目了然地知道本文所研究问题的来源、意义及其研究目的。

（六）材料与方法

材料与方法（material and method），也称对象与方法，这部分主要说明实验的方法学依据，包括材料方法和研究的基本过程，并利于其他人重复与借鉴。

1. 受试对象 对人，应说明受试者的选择标准如年龄、性别、病情判断依据、病程长短、并发症、用药及疗程观察指标等，选择志愿者时应注明对照的合理性。对动物，则应说明来源、性别、年龄、体重、饲养条件、健康情况、麻醉（药品、剂量、途径）及手术方法。有动物模型时要简介复制方法。

2. 实验材料 实验中采用的化学药品与实验仪器应说明名称、来源、规格、批号等。生物材料（器官、组织、细胞等）应说明名称、来源、采样时间、保存或运输方法等。

3. 被试因素 应描述被试因素与受试对象的组合原则，对照设置、被试因素作用的方法、时间与强度等。

4. 观察指标与实验步骤 具体说明观察指标的种类、特点，处理过程和测定方法等，并按实验过程和先后顺序逐一介绍。

5. 统计学数据处理 说明统计量的表示方法如均数 ± 标准差（$\bar{x} \pm S$）；差异显著性的检测方法及其评定标准。必要时写明计算方法与统计软件名称、型号。

（七）实验结果

实验结果（results）是论文所要报道的核心内容，论文的意义、水平的高低、对读者有无价值等都在这里表现出来。需要将观察结果或实验结果实事求是地撰写清楚。结果部分要有逻辑性和针对性。

结果部分的表达方式可分为文字部分和图表部分（同学们往往只列图表，而忽略文字的描述）。文字表达和图表表达不要重复，文字表达应当是要点式叙述，可分几项撰写，每一项报告组数据，使读者一目了然；数据表达要完整，统计处理应报告绝对数，选择各种统计分析方法要正确。图表的表达应符合统计学的规定。

统计分析包括统计描述和统计推断两方面的内容。统计描述是按研究设计要求，计算相应的统计指标，选用适当的统计表或统计图来说明数据特征；统计推断是根据抽样原理，在概括样本信息特征的基础上，对所研究总体的特征进行推断。在统计学上有没有显著意义，通常以 P 值来表示，P 表示无效假设可以成立的概率，P 值越小，表示无效假设成立的可能性越小，此时，两组差异的统计学意义越大。一般 $P > 0.05$，认为无效假设不能推翻，差异无显著意义；以 $P < 0.05$，为差异有统计学意义；$P < 0.01$，差异有显著统计学意义。

统计表的结构应包括：标题、横标目（表达研究和观察项目）、纵标目（表达横标目的各个统计指标），纵标目列在表的左侧，横标目列在表的上端；标目内容一般应按顺序从小到大排列，指标的计算单位须注明，表内数字必须正确，小数的位数应一致；线条不宜过多，表的上下两条边线可用较粗的横线，一般采用三线表（顶线、表头线、底线），如有合计可再加一条线隔开，但不宜用竖线；说明不列入表内，可用“*”等符号标出并在表下面说明。

统计图比统计表更便于理解与比较，但统计图中不能获得确切的数字，所以不能完全代替统计表。图的标题应置于图的下端，图有纵轴和横轴，两轴应有标目，标目应注明单位，横轴尺度自左至右，纵轴尺度自下而上，尺度必须等距，数值一律由小到大，一般纵轴尺度必须从 0 点起始（对数图及点图等除外），图中用不同线条应注明，图的长、宽比例一般以 7 ∶ 5 为宜。常用的统计图有直条图、圆形图、百分直条图、线图、直方图、点图等。

（八）讨论

讨论（discussion）是对实验结果进行论证、分析，探讨、归纳概括事物的内在联系和客观规律。实现透过现象看本质，讨论阐明了什么问题，得到了什么规律，解决了什么理论和实践问题，以达到理论上的升华。因此，讨论部分可反映出论文的学术水平。讨论应表达以下内容。

1. 以作者的研究结果为依据，验证假说是否正确。应紧密结合本文研究所获得的重要发现，以及从中引出的结论进行讨论，而不是重复结果部分的内容。特别是要对新的发现、文献尚未报道的内容进行深入讨论，包括可能的机制。必须强调应紧密结合本文的结果进行讨论，且所作的推论必须恰当。

2. 与国内外类似的结果进行对比，阐明本研究的创新之处。突出创新点中所提出的未知问题，可列举本文实验结果从哪几方面支持该创新点。推导出创新的重要性，即有何重要理论意义与应用价值，但切忌推导过分外延。

3. 客观评价研究方法或结果的局限性与不一致性，应注意到任何研究在时间、空间和条件上的局限性，指出与本文密切相关的未解决问题及可能的解决途径。对意外结果或与假设不完全一致的结果应予以解释。

4. 阐述研究结果的理论价值和实际意义，体现研究结果的重要性。

（九）参考文献

参考文献（reference）往往代表研究的起点，反映出作者对该研究领域前沿的追踪程度，同时也为读者提供更多的相关信息。选择参考文献一般应遵循有效（主要选择期刊）、易获得以及新而精的原则。引用文献正确，除按论文格式中提到的《生物医学期刊投稿的统一要求》外，亦应认真阅读欲投稿期刊的"来稿须知"中对参考文献的具体要求。同时要保证引用参考文献信息的准确性、公正性及相关性。

第五节　研究创新性实验评分标准

设计性实验的总分为 15 分，撰写申请书 5 分，申请书答辩 5 分，完成实验并撰写论文 5 分。

【思考题】

1. 为观察某新药对急性肝衰竭的疗效，你认为应选用哪些指标比较合适？

2. 为观察某热带果实提取物对离体心脏功能的影响，你认为实验应分为几组比较合适？

（王丹妹）

第十章　动物实验基本操作技术

第一节　动物实验分类与类型

动物实验（animal experiment）指在实验室内，为了获得有关生物学、医学等方面的新知识或解决具体问题而使用动物进行研究的方法。动物实验须遵守实验动物福利及实验动物法规，由具备专业技术能力的人员或在其指导下进行。根据实验时间的长短及内容的不同，主要分为急性实验和慢性实验。

（一）急性实验

急性实验是实验教学中常用的一种实验方法，需要在较短时间内完成。其优点是实验操作比较简单、便捷，实验过程无须严格的无菌操作，急性实验亦有不足之处，如实验时间较短，导致实验项目观察不全面；麻醉情况、组织分离等均可使实验动物机能状态发生改变，从而影响实验结果。

（二）慢性实验

慢性实验是科学研究中常用的一种实验方法，实验观察时间较长，可达数天、数周或数月，甚至更长。其优点是较长时间、全面、系统的观察，有利于对实验动物状态及实验结果进行综合监控及分析。由于实验教学课时的限制（通常为 2 ～ 3h，一般不超过 8h），慢性实验在教学过程中一般较少使用。

另外，根据研究对象的不同，还可将动物实验分为整体实验、离体器官（组织）实验、细胞实验等。

（何　佟）

第二节　实验动物的编号、捉拿与固定

一、实验动物的编号

在动物实验过程中，为了分组及辨别的需要，应对实验动物进行编号标记。不同的实验动物及实验方法，其编号的方法亦不相同，常用的方法有染色法、耳孔法、挂牌法等。

（一）染色法

染色法是用化学染色剂在实验动物体表不同部位（如四肢、头部等）进行涂染，以染色部位、染色颜色的不同来区分实验动物，是最常用的一种编号方法，适用于实验周期较短的实验研究，适合大白鼠、小白鼠等被毛白色动物的编号。常用的化学染色剂有 3% ～ 5% 苦味酸（黄色）、5% 品红溶液（红色）等。此法的编号原则有：①根据实验动物被毛颜色的不同选择不同染色剂；②先左后右，从上到下，从前到后。如 1 号：左前肢，2 号：左腹部，3 号：左后肢，4 号：头部，5 号：背部，6 号：尾部，7 号：右前肢，8 号：右腹部，9 号：右后肢，10 号：不染。如实验动物数量超过 10 只，则可用两种颜色的染色剂配合使用，其中一种标记个位数，另一种标记十位数，可标记到 100 号（图 10-1）。

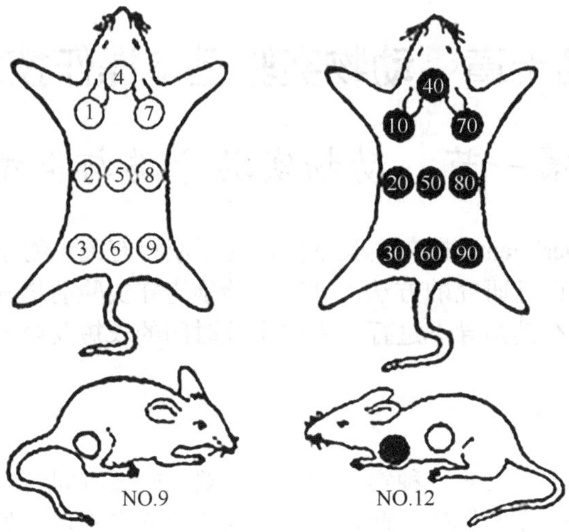

图 10-1　染色法实验动物编号

（二）耳孔法

耳孔法是在实验动物耳缘打出不同的孔或在耳缘剪出不同的缺口，根据孔的部位或耳缘缺口的多少来区分实验动物的编号方法，适用于大白鼠、小白鼠、豚鼠等小动物的编号。编号时须注意，应用消毒过的滑石粉涂抹局部，便于伤口愈合后的辨认。

（三）挂牌法

挂牌法是将编号烙印在金属牌上，在实验前挂在实验动物身上（如颈部、耳部、肢体）或笼具上的编号方法，适用于犬、猫、兔等大动物的编号。

二、实验动物的捉拿与固定

在动物实验过程中，实验动物的捉拿与固定是基本实验技能之一，掌握其基本操作要点是顺利完成动物实验的前提。

（一）家兔

1. 捉拿　家兔习性温顺，较易捉拿。捉拿时应先用右手抓住其项背部皮肤，轻轻提离兔笼，再以左手托住其臀部，使其重心在掌心上（图 10-2）。切忌抓提兔耳、提拉四肢，因兔脚爪锐利，实验人员易被抓伤。

图 10-2　家兔的捉拿方法

2. 固定　家兔的固定根据不同的实验内容而定，常采用兔盒固定和兔台固定的方式。

（1）兔台固定：如进行颈、腹部手术时，需将家兔以仰卧位固定于家兔手术台上。方法为先将 4 条塑料胶带系在家兔四肢的腕或踝关节以上，使四肢伸直，固定四肢；然后用线钩住兔牙并拉紧绑在兔台固定钩上，固定头部（图 10-3）。

（2）兔盒固定：如进行耳缘静脉注射、采血等，则可将家兔放入木制或铁制的兔盒内，使头部伸出兔盒前凹槽口，关紧盖子即可（图 10-4）。

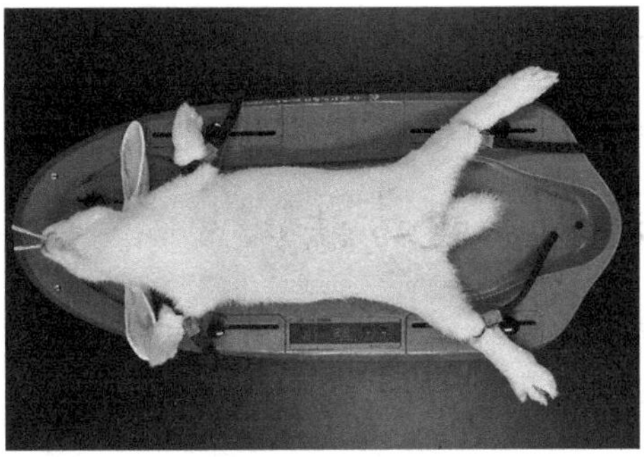

图 10-3　兔台固定方法

图 10-4　兔盒固定方法

（二）小白鼠

1. 捉拿　小白鼠较温和，一般不主动攻击人，但需提防被其咬伤。捉拿时先用一只手轻提鼠尾，将其置于鼠笼盖或粗糙的桌面上，小白鼠则会自行往前爬行，身体绷直，此时用另一只手的拇指、示指和中指抓住小白鼠两耳后项背部皮毛，将鼠尾及左后肢用环指及小指夹住（图 10-5）。

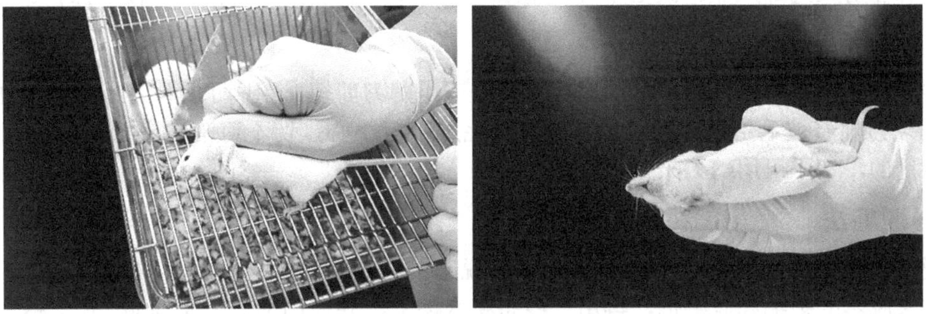

图 10-5　小白鼠捉拿方法示意图

2. 固定　操作时间较短，如腹腔注射，则可用捉拿方式进行固定；若操作时间较长，如手术等，则可麻醉后固定在软木板上。

（三）大白鼠

1. 捉拿　大白鼠较小白鼠性烈，牙齿锋利，需提防被其咬伤。捉拿时应戴厚的牛皮手套，一只手虎口将大白鼠压住并捉住其项背部皮肤，将头部和上肢固定在手中，手掌和其余手指的力量将鼠身握住，另一只手将其尾巴拉直，其操作过程与小白鼠的大致相同（图 10-6）。

2. 固定　固定方法与小白鼠基本相同。

（四）蛙

1. 捉拿　蛙类捉拿时用一只手将其握住，用示指和中指压住一侧前肢，拇指压住另一侧前肢，另一只手进行操作（图 10-7）。

图 10-6　大白鼠捉拿方法

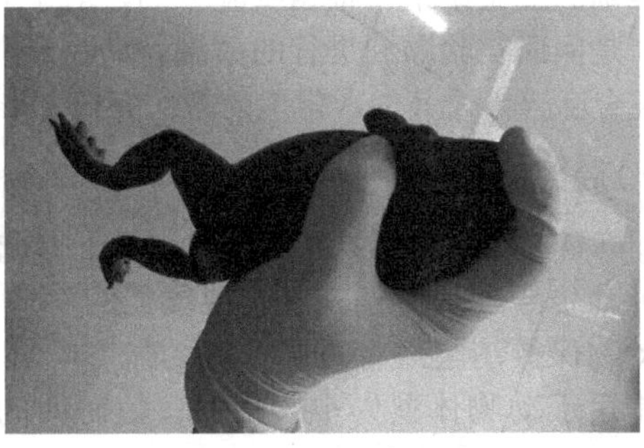

图 10-7　蛙类捉拿方法

2. 固定 将蛙类的脑和脊髓破坏，并用大头钉将其固定在蛙板上。

（何 佟）

第三节 实验动物备皮方法

在动物实验时，需要对实验动物进行注射、手术等操作，应去除相应操作部位的被毛，利于进行实验操作和观察，其原则是避免破坏皮肤的完整性。常用的去毛方法有以下几种。

（一）剪毛法

将实验动物固定好后，用粗剪刀紧贴皮肤依次剪去手术操作部位的被毛，但须注意剪毛过程中切不可提起被毛，以免剪伤皮肤。此方法常用于兔、犬等动物的颈部、腹部手术前的备皮。

（二）拔毛法

将实验动物固定好后，用拇指和示指将进行实验操作部位的被毛拔去，常用于兔、犬等动物的耳缘静脉注射及局部采血。拔毛亦可以刺激局部组织，有利于血管扩张，便于操作。

（三）剃毛法

将实验动物固定好后，将手术操作部位的被毛用剪刀剪短，用刷子蘸肥皂水将残余被毛刷湿，然后用剃须刀顺着被毛生长方向剃净被毛。剃毛过程应小心，切不可割破皮肤或血管，同时剃毛刀应是专用的，切不可用剪刀来代替。

（四）脱毛法

将脱毛部位的被毛剪短，用镊子夹棉球蘸脱毛剂在已剪被毛部位涂上一薄层，3 ～ 5min 后，用温水洗去脱落的被毛和脱毛剂，再用干纱布将水擦干，并在局部涂一层油脂（凡士林）即可。脱毛剂常用配方有：

（1）将硫化钠、肥皂粉、淀粉按照 3 ∶ 1 ∶ 7 的比例混合，加水调成糊状软膏。

（2）将硫化钠 8g 加水至 100ml，配成 8% 溶液。

（3）硫化钠 8g、淀粉 7g、糖 4g、甘油 5ml、硼砂 1g、水 75ml，配成糊状软膏。

（4）将硫化钠 10g、生石灰 15g，溶于 100ml 水。

（何 佟）

第四节 实验动物麻醉方法

在对实验动物进行手术、器官移植等相关整体动物实验手术中，通常需要进行有效麻醉。目的是减少疼痛和不适的感觉，使动物安静，便于进行实验操作，减轻全身性的应激反应，最终获得较为准确的实验结果。根据实验目的，对不同种类的实验动物选用恰当的麻醉药物、剂量和给药途径，是保证实验顺利进行的关键。动物麻醉的方法有全身麻醉、局部麻醉、针刺麻醉、低温麻醉及复合麻醉等。其中，常用的方法有局部麻醉和全身麻醉。

（一）局部麻醉

局部麻醉（简称局麻）是在药物作用下有选择性地短时间阻断周围神经末梢、神经纤维及神经干的冲动传导，从而使其分布或支配的对应组织产生麻醉区的一种麻醉方法。这种方法可以使实验动物保持清醒，对重要器官功能影响轻微，使动物更接近生理学状态，是较安全的麻醉方法。常用于动物体型为中大型的、短时间的表层手术实验。常用的局部麻醉药有普鲁卡因、利多卡因等。

1. 表面麻醉 局部麻醉药通过黏膜阻滞浅表部位的神经末梢，称为表面麻醉。常用于眼结膜、鼻腔黏膜、口腔黏膜、尿道等部位的手术，具体方法是将药物喷洒、涂抹、滴入手术部位。

2. 浸润麻醉 沿手术切口由浅至深注射麻醉药，药物浸润组织后麻醉感觉神经末梢，称为浸润麻醉。如用 1% 普鲁卡因药液沿手术切口做浸润麻醉：先将手术切口部位皮肤提起，针头注入皮下后，回抽针筒芯防止将麻醉药注入血管内，无血液回流时边注射边退针。如手术切口范围较大，可重复进行浸润麻醉直至覆盖整个切口部位。在手术过程中，可根据需要追加适量局麻药。

3. 传导麻醉 在神经干周围注射局麻药，阻滞神经传导，从而使其所支配的区域失去疼痛感，称为传导麻醉。

4. 椎管麻醉 将局麻药注入椎管内，从而阻滞脊神经的传导，令其支配的区域无疼痛感，称为椎管麻醉。

（二）全身麻醉

全身麻醉是使用麻醉药物经呼吸道吸入、肌内注射或静脉注射，促使动物产生暂时性的中枢神经系统抑制，表现为神志消失、肌肉松弛、呼吸频率变慢、疼痛消失及角膜反射消失等现象。全身麻醉常用于手术部位较深或较广泛的手术时。

1. 吸入麻醉 将麻醉药以气体或蒸汽的形态经呼吸道进入动物体内，从而产生麻醉效应，称为吸入麻醉。常用的麻醉药有乙醚、氟烷、氧化亚氮等。多用于大白鼠、小白鼠和豚鼠等体型较小的动物。

2. 注射麻醉 将麻醉药通过肌肉、腹腔或静脉注射入动物体内产生麻醉效应，称为注射麻醉。常用的麻醉药有戊巴比妥、苯巴比妥、乌拉坦、硫喷妥钠等。腹腔注射麻醉药操作较简单，但麻醉作用起效慢、麻醉程度不易控制。常用于啮齿类动物，如大白鼠、小白鼠及豚鼠等的麻醉。静脉注射麻醉作用起效较快，易发生麻醉过深而导致动物死亡，常用于中、大体型动物，如家兔、犬、猫等动物的麻醉。

（三）动物麻醉注意事项

1. 麻醉药的选择应根据不同动物种属、实验目的和实验手术要求进行。

2. 各麻醉药物作用时间、毒性有所差别，同时动物个体对麻醉药的敏感性和耐受性也有差异，体重与所需剂量并不成比例，因此介绍的剂量仅供参考使用，实际应用中需时刻关注动物表现，以判断麻醉剂的实际用量。

3. 静脉注射麻醉药物的速度，前 1/3 可稍快，后 2/3 应缓慢注射，防止麻醉过急导致动物反应强烈甚至死亡。在注射过程中观察动物的呼吸、对皮肤的夹捏疼痛反应、角膜反射、肌肉紧张程度等表现，一旦这些活动明显减弱或消失，即达到实验所需麻醉状态，即刻停止注射。

4. 动物麻醉后，体温容易下降，应注意保温。

5. 若麻醉过量，动物呼吸极慢甚至出现呼吸停止、心跳停止等临床死亡症状，应视不同情况对动物采取急救措施。如立即用双手有节奏地压迫和放松动物胸廓进行胸外按压，给予静脉注射肾上腺素、尼可刹米、5% 温热葡萄糖溶液等。

6. 如果实验过程中动物苏醒，可追加麻醉药，追加剂量不宜超过计算总量的 1/3。

（吉丽敏）

第五节 实验动物的给药途径和方法

在动物实验中，给药的途径、方法多种多样，可根据实验目的、动物种类和药物剂型、剂量而定。

一、经口给药

（一）口服法

把药物混入饲料或溶于饮水中让动物自行摄取；这种方法的优点是简单方便，缺点是不能保证动物服用剂量准确。一般用于动物疾病的预防、药物的毒性观察或制作某些与食物相关的人类疾病的动物模型。

（二）喂服法

药物为固体药物时常用该方法，喂食者用左手从背部向头部握紧动物（如豚鼠、兔等）并固定，拇指与示指分别压迫左、右嘴角迫使其张口，右手用镊子夹捏药物送到舌根处，关闭嘴唇，让其自动咽下。

（三）灌胃法

用灌胃器将液体药物灌入动物胃内，这种方法确保喂服药物的剂量准确，缺点是强制性的操作可能会对动物造成一定程度的机械性损伤。动物灌胃前一般应禁食 4 ～ 8h，根据不同动物的种类，选择合适型号的灌胃针头或灌胃管进行。操作前，用灌胃器大致测一下动物口腔到胃内的位置（最后一根肋骨后）长度，从而估计灌胃器即将插入的深度。小白鼠约 3cm，大白鼠约 5cm，家兔约 15cm。

1. 大、小白鼠灌胃法 按前述捉拿法用一只手固定动物，另一只手持灌胃针（用 1 ～ 2ml 注射器接上灌胃针头），将灌胃针先从鼠嘴角处插入口腔，压迫其上腭，使口腔和食管成一直线，轻轻转动针头刺激鼠有吞咽动作后，沿咽后壁徐徐将针头插入食管。若动物挣扎厉害，则退出灌胃针，等待动物安静后重新插入，当灌胃针抵达膈肌位置，即可慢慢推注药液，如果很通畅，说明药液顺利进入胃内，在这个操作过程中动物保持安静呼吸无异常；若动物强烈挣扎、不安，药液推注不通畅，则针头可能未进入胃内，须拔出重新操作，以免药液误注入气管造成动物窒息死亡（图 10-8）。

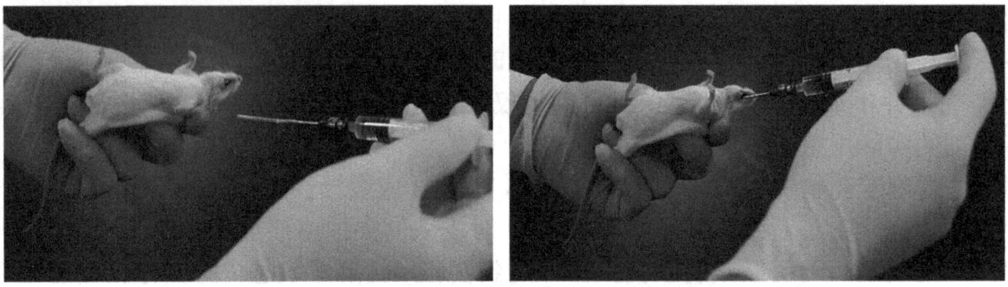

固定动物　　　　灌胃针插入食管

图 10-8　小白鼠灌胃法

2. 家兔灌胃法 给家兔灌胃时需要两人合作。一人就座，将一只手紧握家兔双耳固定头部，另一只手抓住前肢，同时将兔的躯体和下肢固定于两腿之间。另一人将木制兔用开口器横放在兔上下颌处，压住兔舌，然后将灌胃管（常用导尿管替代）从开口器的小孔沿上腭壁顺着食管进入胃内（15 ～ 20cm），操作过程动作要轻、慢并密切观察动物的反应。在给药前先检查灌胃管是否准确插入胃中，可将灌胃管的外端口置于水中，若有气泡逸出，说明误入气管，须拔出并重新插入，插好后将药液缓缓注入，为确保管内药液全部进入胃内，应再推注少量清水（2 ～ 5ml），随后拔出灌胃管，取出张口器。注意：使用灌胃管之前可先将插入端外表涂一层凡士林，这样利于插入而不损伤食管；在推注药液过程中，家兔没有挣扎，无液体从嘴角流出，伴有吞咽动作，灌注很通畅，则说明灌胃成功；灌胃量一般不超过 20ml（图 10-9）。

图 10-9 家兔灌胃法

二、注射给药

（一）皮下注射

注射时一手提起皮肤，另一只手持注射器将针刺入皮下，此时若针头容易摆动则证明针头已在皮下，推注药液后缓慢拔出注射针，用手指按压针口位置片刻，以防药液外漏。

皮下注射部位：大白鼠选背部或侧下腹部，小白鼠选项背部皮肤，豚鼠选背部、肩部或大腿内侧等皮下脂肪较少的部位，兔选背部或耳根部。

（二）皮内注射

在注射部位备毛、消毒后，用皮试针头（4 号针头）与皮肤成 30° 角刺入皮下，然后使针头向上挑起并稍微刺入，即可向内注药，随即可见皮肤表面鼓起一白色小丘。停留片刻再拔出针头以免漏药。

（三）肌内注射

选择动物肌肉发达、无大血管经过的部位，如两侧臀部或股部。用酒精棉球将注射部位消毒后，使注射器与肌肉成 60° 角刺入肌肉中，回抽针栓如无回血，则可注药。

（四）腹腔注射

腹腔内注射药物，动物吸收速度较快，注射剂量较大，是实验常用的给药途径之一。实验中大、小白鼠腹腔注射给药时，实验者一手捉拿、固定动物（详细方法见“实验动物的编号、捉拿与固定”一节），并将大、小白鼠的头部朝下，腹部向上，从而内脏移向横膈，另一只手将注射针头在下腹部腹白线稍左或右侧的位置，朝头方向刺入皮下，进针 3 ～ 5mm 后，再使针头与皮肤成 45° 角穿过腹肌，当针尖进入腹腔时，有落空感，然后固定针头位置保持不动，回抽未见血液、尿液或肠液，即可缓缓注入药液（图 10-10）。

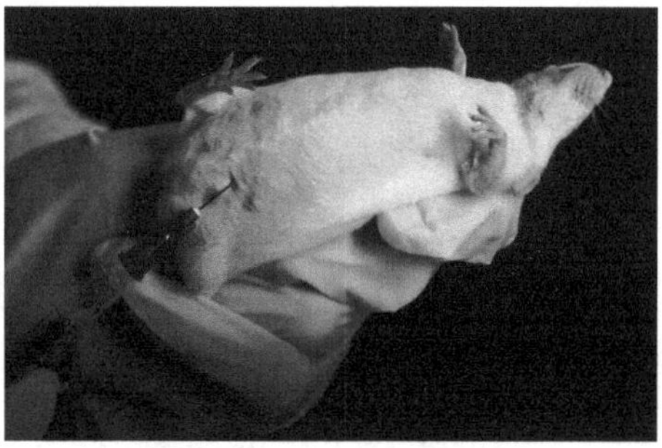

图 10-10 小白鼠腹腔注射

（五）静脉注射

1. 小白鼠和大白鼠常采用尾静脉注射 大、小白鼠尾部两侧各有一根静脉，注射前先把动物固定在暴露尾部的鼠固定器内，拔掉尾部静脉走向的毛，将尾部置于 45 ～ 50℃温热水中浸泡几分钟，亦可用酒精棉球反复涂擦，促使血管扩张、消毒、软化角质层。注射时，一只手拇指和中指捏住尾巴末端并转动使其侧面血管朝上，示指压住鼠尾，使血管更加扩张。另一只手持注射器连 4 号针头，从尾下 1/3 处成 30° 角进针，再将针头抬起，以与尾部平行的角度刺入血管。开始注药时应少量、缓慢推注，若局部发白、隆起说明未进入静脉，应拔出针头移往前方静脉部位重新穿刺。

大白鼠舌下静脉粗大，舌下静脉给药亦是常用的方法。动物麻醉后，用镊子拉出舌头，找到舌下静脉，直接注入所需药液。

2. 家兔一般采用耳缘静脉注射 先将家兔放置于兔固定盒内，拔去注射部位的被毛，用酒精棉球消毒、手指轻弹兔耳使静脉充盈。一只手示指与中指夹住静脉近心端，用拇指和环指配合绷紧、固定耳缘静脉远心端，另一只手持针从远心端刺入血管，将针头内进约 1cm，回抽一下血，如果推注无阻力，静脉内血液被药液冲走，无皮肤隆起、发白，即可放松示指与中指对静脉近心端的压迫，移动拇指于针头处固定，移开示指、中指，将药液匀速注入。将针头抽出时用棉球按压针眼片刻，以防出血。如推注药液遇到较大阻力，同时可见耳壳肿胀，则拔出针头往静脉近心端方向重新注射（图 10-11）。

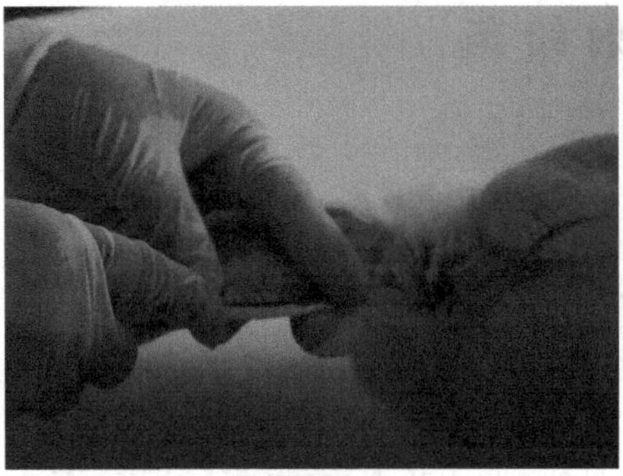
辨识耳缘静脉

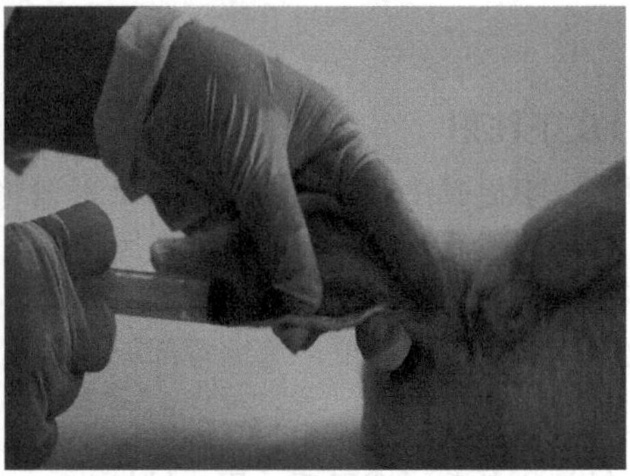
耳缘静脉注射

图 10-11　家兔耳缘静脉注射

3. 蛙一般采用腹静脉注射 蛙仰卧位固定，用剪刀沿腹中线稍左的位置剪开腹肌并翻转，可见腹静脉紧贴腹壁肌肉下行，将针刺入静脉即可。

（六）淋巴囊注射

蛙类皮下有多个淋巴囊，一般选较大的胸淋巴囊和腹淋巴囊进行注射。注射时针从蛙口腔底部穿刺入肌层进入胸淋巴囊注药，抽针后药液不易流出体外。

（吉丽敏）

第六节　实验动物的血液抗凝

医学实验过程中，常需要对动物进行全身抗凝，或采出的全血、血浆需要加入适当的抗凝剂进行抗凝。常用的血液抗凝剂的配制及使用方法有以下几种。

（一）肝素

肝素（heparin）能抑制血液中凝血酶的活力，阻止血小板凝聚，因而血液不发生凝固。常配制为 1% 的肝素生理盐水溶液使用。当用于动物体内全身抗凝时，选择静脉注射，剂量一般为兔 10mg/kg、大白鼠 3mg/kg。体外抗凝时，吸取 1% 的肝素生理盐水溶液 0.1ml 于容器中，100℃左右温度烘干，能抗凝 5 ～ 10ml 血液；也可将肝素生理盐水溶液湿润一下采血的容器管壁，从而使血液不凝。用于动脉插管抗凝时，配制浓度为 0.3% ～ 0.5% 的肝素生理盐水溶液。肝素注射液规格一般为 12 500U/2ml，相当于 100mg，配制 1% 肝素生理盐水溶液时可取 1 支肝素注射液（12 500U/2ml），加入生理盐水 8ml 即可。

（二）枸橼酸钠溶液

枸橼酸钠（sodium citrate）可使钙失去活性，防止凝血。一般配制成 3% ～ 5% 水溶液用于红细胞沉降率测定，0.1ml 可使 1ml 血液不凝。用在动脉插管抗凝时的浓度为 5% ～ 6%。因其碱性较强，抗凝作用较差，故在化学检验时不宜采用。

（三）草酸钾溶液

草酸钾（potassium oxalate）通过沉淀血凝过程中所必需的钙离子达到抗凝的作用。配制成 2% 草酸钾水溶液，每管加 0.1ml 可使 1 ～ 2ml 血液不凝。

（吉丽敏）

第七节 常用实验动物生物样品的采集

在实验生理科学研究中，常常需要对实验动物的生物样品进行采集并进行检验及分析。因此，掌握正确的样本采集、分离和保存技术十分必要。

一、血液的采集方法

（一）家兔

1. 耳缘静脉采血法 为最常用采血方法之一。此法一次最多能采血 5 ～ 10ml，从耳缘静脉远端开始逐渐向耳根方向进行采血。

2. 耳中央动脉采血法 由中央动脉的远端进行采血。此动脉易发生痉挛，采血前使其充盈。此法一次最多能采血 10 ～ 15ml。

3. 心脏采血法 仰卧位固定，在心脏搏动最强位置（一般在左胸第 4、5 肋间，胸骨左缘 3mm 处），左手拇指与示指绷紧取血部位的皮肤，右手拿注射器垂直刺入心脏，动作宜迅速，边刺入边回抽，直到抽出血液，针头不宜左右摆动，以免伤及心、肺等组织。一次最多能采血 20 ～ 25ml。

4. 颈总动脉取血法 可参见急性动物常用手术方法之颈总动脉插管术操作。

5. 股动、静脉取血法 可参见急性动物常用手术方法之股部手术操作。

6. 颈静脉取血法 将兔固定于兔箱中，倒置使兔头朝下，在颈部上 1/3 的静脉部位剪去被毛，用碘酒、酒精消毒，剪开一个小口，暴露颈静脉，注射器朝向心端刺入血管，即可取血。此处血管较粗，很容易取血，取血量也较多，一次可取 10ml 以上，用干纱布或棉球压迫取血部位止血。

（二）大、小白鼠

1. 尾尖采血法 将大、小白鼠固定并露出尾巴，用酒精或二甲苯擦拭尾尖，也可将鼠尾在 45℃温水中浸泡几分钟，使尾部血管扩张，擦干鼠尾，剪去 0.3 ～ 0.5cm 尾尖，向尾尖方向轻轻下抹，取血 1 ～ 2 滴，取血后用干棉球压迫止血。但收集到的血为混合血液。也可采用在三根尾静脉上（均由尾尖向尾根方向）交替切割的方式轮流采血，方便快捷，可反复取血。适用于用血量不多或采血次数较少时（每只鼠一般可以采血 10 多次）。采血量小白鼠每次约 0.1ml，大白鼠 0.3 ～ 0.5ml。

2. 鼠尾静脉刺血法 用 7 和 8 号注射针头刺入鼠尾一侧静脉，再拔出针头，可见血液滴出。

3. 鼠尾静脉穿刺法 取血量多，血液几乎不受污染。但操作困难，尽可能从尾端开始穿刺。

4. 眼眶后静脉丛（窦）取血法 取一次性玻璃毛细管，先在 1% 肝素溶液中浸泡，晾干后折断成 1.0 ～ 1.5cm 长。左手捏紧动物头部皮肤，并轻轻向下压迫颈部两侧，引起头部静脉血液回流困难，使眼球向外突出，眼球后静脉丛（窦）充血，右手持折断的玻璃毛细管，沿内眦眼眶后壁向喉头方向刺入。刺入深度小白鼠为 2 ～ 3mm，大白鼠为 4 ～ 5mm，当感到有阻力时再稍后退，血液即顺毛细管流出。小白鼠可采血 0.2 ～ 0.3ml，大白鼠可采血 0.4 ～ 0.5ml。取血后，去除颈部压迫，拔出毛细管，用消毒纱布压迫止血 30s。两侧眼睛轮流采血。可适用于大白鼠、小白鼠、豚鼠（图 10-12）。

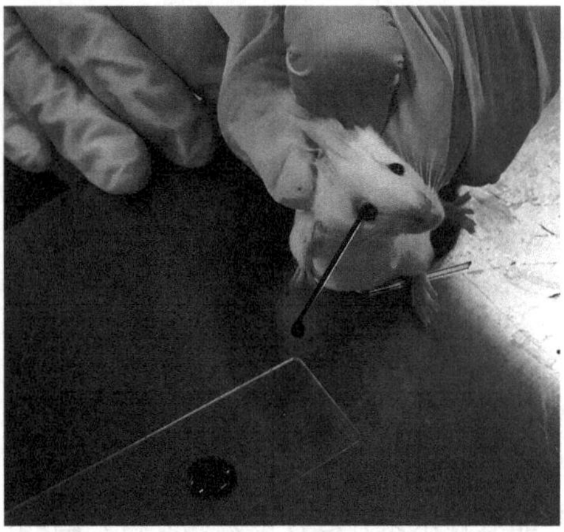
图 10-12 小白鼠眼眶后静脉丛（窦）取血

5. 摘眼球采血法 此法适用于大量采血。左手捏紧动物头部皮肤，并轻轻向下压迫颈部两侧，引起头部静脉血液回流困难，使眼球向外突出，眼球后静脉丛（窦）充血，右手用弯头眼科镊迅速摘除眼球，眼眶内很快流出血液。

6. 颈动（静）脉采血法 参见家兔颈动脉取血法。

7. 心脏采血法 参见家兔心脏采血法。小白鼠可采集 0.5 ～ 0.6ml 血液，大白鼠可采集 0.8 ～ 1.2ml 血液。

8. 腹主动脉采血法 将动物麻醉固定，切开腹部，用止血钳游离结缔组织，近心端用动脉夹阻断动脉血流后做动脉插管（一端连接三通管）结扎固定，松开动脉夹即可采血。可用注射器抽出血液，注意防止溶血。

（三）豚鼠

1. 耳缘取血法 拔除耳缘部位的毛，消毒后，用手术刀片割破耳缘，则血液可从切口自行流出。此法可采血 0.5ml。

2. 心脏采血法 在心脏搏动最强位置，用长的穿刺针刺入心脏进行采血。采血量 6 ～ 7ml。

3. 足背中静脉采血法 以一只手的拇指和示指拉住豚鼠的趾端，另一只手拿注射针刺入静脉，拔针后立即出血，呈半球状隆起。采血后干棉球压迫止血。可交替两后肢使用。

（四）犬

1. 后肢外侧小隐静脉或前肢内侧皮下头静脉取血法 常用取血法之一，取血前先用绳子捆住犬嘴并由助手固定（可用犬钳）其头部，在后肢胫部下 1/3 处或前肢上方背侧正前位剪去毛发，暴露外侧小隐静脉或头静脉，由助手抓紧后肢或前肢，阻断静脉回流，使静脉充盈，迅速刺入注射器并回抽针栓，如果成功刺入即可见血液流入针筒。一次可以采血 10 ～ 20ml。

2. 股动（静）脉取血法 同家兔股动（静）脉取血法。

3. 颈静脉取血法 同家兔颈静脉取血法。

4. 心脏取血法 同家兔心脏取血法。

二、尿液采集方法

（一）小型实验动物尿液采集方法

1. 代谢笼法 将动物放入笼内，可通过笼子底部的大小便分离漏斗将尿液与粪便分离。一般需要收集 5h 以上的尿液，最后取平均值。

2. 反射排尿法 提起小白鼠尾巴将其排泄的尿液用容器收集。适用于采集小量尿液时。

（二）大型实验动物尿液采集方法

1. 导尿法 动物麻醉固定，用合适型号的导尿管涂抹液体石蜡后从动物尿道插入，轻轻转动，当插入膀胱即可有尿液流出。

2. 输尿管法 动物麻醉固定，行输尿管插管术（详见本章第九节动物实验常用手术方法），尿液沿输尿管流出。

3. 膀胱插管法 动物麻醉固定、备皮，在腹部耻骨联合上缘做正中切口（3 ～ 4cm），切开皮肤及腹膜，暴露膀胱且外翻，在膀胱底部做一切口，将膀胱插管插入后结扎固定，尿液沿膀胱插管流出。

4. 穿刺膀胱法　动物麻醉固定，用左手的拇指与示指绷紧腹部皮肤，在腹部耻骨联合上缘用注射针头成 45° 向膀胱方向刺入，入皮后，缓慢刺入膀胱，边刺入边回抽，直到抽出尿液。

（高凌峰）

第八节　实验动物的处死方法

急性动物实验结束后，应将实验动物及时处死。我们要用仁爱之心对待动物，尽量减少动物死亡时的痛苦。

实验动物的处死方法有很多种，可以选择不同的处死方法。但无论采用哪一种方法，都应遵循安乐死的原则，即在不影响动物实验结果的前提下，使实验动物在短时间内迅速且无痛苦地死亡。

安乐死的方法有 2 大类：化学药剂法（吸入性药剂法与非吸入性药剂法）和物理性方法。安乐死时最好先抑制动物的中枢神经、使其失去知觉，解除疼痛感。因此，首选过量化学麻醉剂。因研究无法使用麻醉剂的，则选用物理性方法。

一、化学药剂法

常用的化学药物可分为吸入性药物及非吸入性药物。

（一）吸入性药物

吸入性药物如二氧化碳、氮气、乙醚、三氟溴氯乙烷、甲氧氟烷、异氟醚、安氟醚等，使用时需要有专用的雾化设备及可透视的密闭容器，以便于观察动物。部分药剂对人体有害，需在通风良好的环境下使用。适用于大小白鼠、家兔、豚鼠等体重小于 7kg 的小型哺乳动物安乐死，可同时对多个动物进行操作。

二氧化碳是实验动物常用的吸入性安乐死的药剂，吸入 40% 二氧化碳可达到麻醉效果，持续吸入二氧化碳几分钟可导致动物死亡。需在密闭的箱子及通风良好的环境下使用。

（二）非吸入性药物

非吸入性药物如巴比妥钠、氯化钾等，可采用静脉注射、腹腔注射和心脏注射。静脉注射是最佳选择。

1. 过量注射巴比妥钠　巴比妥钠是动物安乐死的首选药物，用于安乐死的剂量是麻醉剂量的 3 倍。目前应用广泛。

2. 氯化钾　处于深度麻醉中的动物可以利用快速注射氯化钾来完成安乐死。家兔注入 10% 氯化钾 5 ～ 10ml，犬类注入 10% 氯化钾 20 ～ 30ml。但未麻醉的动物禁止直接注射氯化钾。

二、物理性方法

1. 颈椎脱臼法　此法是将动物颈椎脱臼，离断脊髓致死。可以用两种方法，一种方法是用一只手拇指与示指用力向下按住鼠头；另一种方法是采用镊子压住颈部（图 10-13），同时另一只手抓住鼠尾用力向后拉，将脊髓与脑干离断，造成颈椎脱臼，鼠便立即死亡。一般此方法适用于体重 200g 以下的动物。多用于小白鼠的处死。

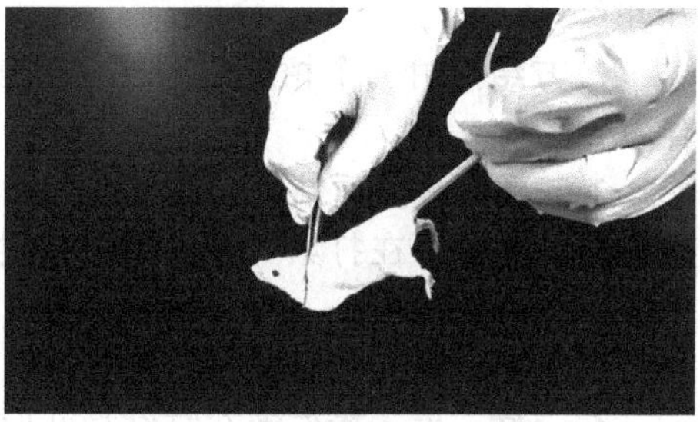

图 10-13　镊子压迫颈部处死法

2. 空气栓塞法　向动物的静脉注入空气 20 ～ 40ml，使动物血液中出现空气栓子，造成心脏冠状动脉阻塞，发生严重的血液循环障碍，动物很快死亡。犬可由前肢静脉注入 80 ～ 150ml 空气。空气栓塞法是最常用的处死方法。

3. 急性失血法 所有动物均可使用此法。在动物深度麻醉后，从颈总动脉或股动脉放血，人为造成大出血，导致动物休克而死亡。

4. 断头法 实验者戴上棉纱手套，用右手握住大白鼠头部，左手握住背部，露出颈部，助手用剪刀在鼠颈部将鼠头迅速剪掉，鼠立即死亡（此法残忍，不建议使用）。

5. 击打法 右手抓住鼠尾，提起，用木棒迅速击打头部，或者用力摔击头部，造成动物痉挛后立即死亡。多用于体重超过 200g 大白鼠的处死。也可用于家兔及豚鼠的处死。

6. 破坏枕骨大孔法 常用于青蛙（蟾蜍）的处死。用金属探针插入枕骨大孔，破坏大脑与脊髓的方法处死。在以蟾蜍为实验对象的操作过程中，要防止毒腺分泌物射入实验者的眼内。如果被射入眼内，则需立即用生理盐水冲洗眼睛。

（高凌峰）

第九节 动物实验常用手术方法

一、基本手术操作

（一）切开

切开是手术中的关键环节，先将手术部位的皮肤用两手指撑开使其状态绷紧，再用手术刀的刀刃以垂直方向切开，先切开皮肤及皮下组织，要按解剖层次逐层切开。

（二）止血

止血是手术时处理出血常用的手段，且对于术后的愈合起到非常重要的作用。下面介绍常见的止血途径：

1. 预防性止血 一般在术前 2h 左右内给予血液凝固性的药物，如 10% 氯化钠溶液等。

2. 术中止血

（1）压迫止血：用温湿生理盐水纱布稍稍压迫至不出血。

（2）钳夹止血：用止血钳或动脉夹夹住血管断端，止血后再取下。

（3）结扎止血：用温湿生理盐水纱布在出血点压迫、蘸吸后，再用丝线结扎止血。

（三）打结结扎

打结结扎法是手术的最基本技术之一，其贯穿手术的全程。结扎是否牢固可靠，与打结的方法有关。质量不高的结或不正确的结，可粗暴地牵拉组织，尤其是精细手术和涉及血管外科时，可导致结扎不稳妥、不可靠，术后线结滑脱和松结引起出血、继发感染及消化液泄漏等。以下简述几种常用打结法（图 10-14）。

1. 单结 是外科结扣的基本组成部分，易松脱，仅用于暂时阻断，而永久结扎时不能单独使用单结。

2. 方结 由两个相反方向的单结重叠而成，因其结扎后较为牢固而成为手术中最常用的打结法。

3. 三重结或多重结 完成方结之后再重复一个或多个单结，使结扣更加牢固。

4. 外科结 在打第一个结时结扎线穿绕两次以增加线间的接触面积与摩擦力，再打第二个结时不易松动或滑脱。

5. 假结 由两个同一方向的单结组成，结扎后易于滑脱。

6. 滑结 由于操作者在打结拉线时双手用力不均，一紧一松甚或只拉紧一侧线头而用另外一侧线头打结完成。

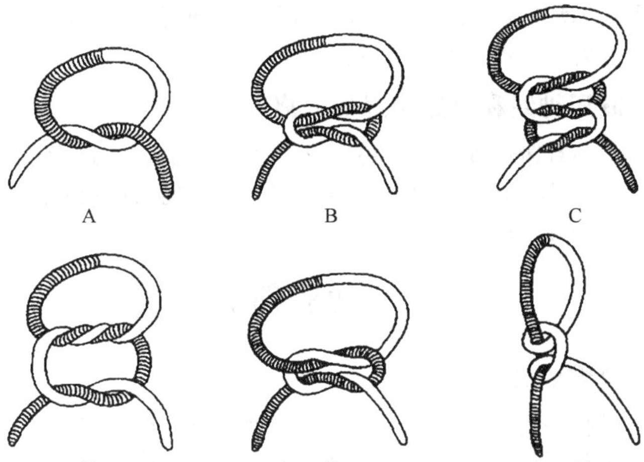

图 10-14　几种常用的打结法

A. 单结；B. 方结；C. 三重结；D. 外科结；E. 假结；F. 滑结

（四）分离

分离是手术过程最常用的手段，通过分离从而找到所需的目标。一般分为两种分离方法：

1. 锐性分离法　主要使用手术刀、剪刀等手术器械进行切割，主要用于皮肤、黏膜及较韧的组织分离。

2. 钝性分离法　主要使用止血钳、手指、玻璃分针等手术器械进行操作。

（1）肌肉组织的分离：顺其肌肉或纤维方向分离肌肉与其他组织。

（2）神经的分离：主要用玻璃分针，并按神经的走向进行分离。

（3）血管的分离：常用止血钳或者玻璃分针进行分离，应注意分离过程中遇到的血管分支。

二、家兔颈部手术

（一）气管插管术

家兔麻醉后，仰卧位固定后，剪去颈部的被毛，一只手撑开、固定皮肤，另一只手持手术刀在正中甲状软骨至胸骨上缘之间切开皮肤，用止血钳钝性分离法分离皮下组织，直至看到气管。再把气管从背后的软组织分离出来，穿丝线备用。在甲状软骨向心端 2cm 左右处用手术剪或手术刀切个倒 T 形切口，往近心端方向插入插管到气管中。并用备用线迅速结扎好，此处应注意：结扎要迅速，避免切口上渗出的血液沿气管流入肺中造成窒息。

（二）颈总动脉插管术

家兔麻醉后，仰卧位固定，在分离气管的基础上，继续用止血钳钝性分离斜行的胸锁乳突肌，直至见到血管神经鞘（内有颈总动脉神经丛等）。颈总动脉一般为有搏动感、粉红色的血管，将颈总动脉从鞘膜与神经丛中小心地分离出来。分离血管尽量长一些，并穿两条丝线备用。用一条备用丝线结扎血管远心端，近心端血管用动脉夹夹住以阻断血流，接下来用手术刀柄托起血管，在靠近血管远心端处用眼科剪剪一 45° 角小斜口，用动脉套管朝向近心端插入血管中，结扎固定好插管，并将结扎线再次固定在插管上，避免插管脱落，确认插管固定好后打开动脉夹。

（三）颈外静脉插管术

家兔麻醉后，仰卧位固定，用手术刀切开正中颈部皮肤后，用止血钳在皮下小心地向外侧分离颈外静脉。颈外静脉通常是粗大而壁薄呈暗红色的血管，分离好后穿两条丝线备用，用一条丝线在远心端结扎，用手术刀柄托起静脉，用眼科剪朝心脏方向剪一斜口，向近心端插入备好的插管，插管后连接静脉输液装置为下一步实验做准备。

（四）迷走神经、减压神经和交感神经的分离

家兔的血管神经鞘主要有迷走神经、交感神经和减压神经。其中，迷走神经最粗，交感神经次之，减压神经最细。用玻璃分针小心地分离血管神经鞘膜，先分离出迷走神经，穿线备用。再用同样的方法分别分离交感神经和减压神经。

三、家兔腹部手术

（一）膀胱插管术及输尿管插管术

将动物麻醉后，仰卧位固定于兔台，在耻骨联合处上方剪掉下腹部毛发，用止血钳或者钩镊提起两侧皮肤，用手术剪沿耻骨联合上方正中线剪开皮肤，长度 4 ～ 5cm。再用止血钳提起腹白线两侧肌肉，沿腹白线剪开腹壁肌肉，打开腹腔，找到膀胱并将其翻至体外。

1. 输尿管插管术 在膀胱底部两侧找到呈灰白色、条索状、质硬的输尿管，分离开周围软组织，在输尿管下穿两条丝线，将靠膀胱端结扎，使输尿管内尿液充盈。用眼科剪向肾脏方向剪开输尿管一小斜口，插入充满生理盐水的插管，可见尿液从插管内流出，结扎固定好插管，并在出口处放一个小烧杯接排出的尿液。

2. 膀胱插管术 在输尿管下方穿一条丝线，再将膀胱翻向头端，结扎膀胱颈，避免尿液从尿道流出，然后将膀胱翻向尾端，用止血钳夹住膀胱底部并对正部位，再用手术剪在血管较少处剪一开口，将装满生理盐水的膀胱插管插入膀胱，用丝线结扎固定，并在出口处放一个小烧杯接排出的尿液。

（二）导尿管插管术

家兔麻醉后，仰卧位固定于兔台，将已涂有液体石蜡的导尿管从家兔的尿道插入，然后向下缓慢推进，一般插入 6 ～ 7cm 即可进入膀胱。为了便于观察是否有尿液流出，最好使用透明的导尿管并可轻压家兔下部。雌性家兔的尿道和阴道共同开口于阴道前庭，导尿管进入阴道前庭后很容易通过阴道进入子宫。导尿管插管术最大的优势在于不需要开腹，对家兔无损伤，保持了泌尿系统的正常结构，对家兔的生理功能影响微小。

四、股部手术之股动脉插管术

在股三角区，由外至内分别为股神经、股动脉、股静脉。

动物麻醉后，仰卧位固定于台上，剪去腹股沟部位的被毛，用手指触摸到股动脉搏动最明显处，沿着其走行做皮肤切口（注意：此处动脉、静脉位置较表浅）分离皮下筋膜，暴露出股三角区。在此三角区内，由外至内分别为股神经、股动脉、股静脉。用血管钳或玻璃分针小心分离出长 3 ～ 4cm 的股动脉（有搏动感），远心端结扎，在近心端用动脉夹夹住，沿向心方向剪一“V”形切口，插入充满 0.3% ～ 0.5% 肝素生理盐水的插管，结扎固定好插管。

（虞道锐　王丹妹）

第十节　实验动物标本的制备方法

（一）离体心脏制备法

操作步骤：取青蛙或蟾蜍 1 只，用探针从枕骨大孔插入破坏脊髓后，仰位固定于蛙板上，先剪开胸前区皮肤，再剪去胸骨暴露心脏。用镊子提起心包膜，用眼科剪小心地剪开，使心脏完全暴露出来。结扎右主动脉，在左主动脉弓下穿一条细线，打一松结备用。用镊子轻夹起左主动脉，以眼科剪朝向心脏方向剪一“V”字形切口，右手将充满林格液的蛙心插管从切口处插入主动脉，使插管长轴与心脏轴一致，当插管进到主动脉球部后，即转向左后方，左手用镊子轻提房室沟周围的组织，右手小指或环指轻推心室，使插管进入心室，心脏收缩时可见血液在插管内上下移动。用滴管吸取林格液冲 1 ～ 2 次蛙心插管内的血液，然后扎紧松结，剪断两主动脉弓，轻轻提起蛙心插管，再在心脏背面静脉窦与前后腔静脉之间用线结扎，结扎后剪断血管，使心脏与蛙体分离，以滴管吸取林格液洗去蛙心插管内的血液数次，直到灌流液无色为止。然后将蛙心插管固定在铁支架上，用一端带有长线的蛙心夹夹住心尖，连在肌力传感器上。

（二）离体小肠平滑肌的制备

操作步骤：以实验动物家兔为例，首先用木槌猛击头部致其昏迷，立即剖开腹腔，在十二指肠及其邻近位置剪 20 ～ 30cm 肠段。用台氏液冲洗肠段，然后剪成数小段（每段长约 2cm），置于 4℃台氏液中备用。

（虞道锐）

第十一章　生物信号的采集、处理与分析

生物信号一般可分为两大类，一类是电信号：细胞电活动及肌电（动作电位和静息电位）、心电、脑电、眼电、皮电等；另一类为非电信号：血压、中心静脉压、呼吸、脉搏、心音、肌肉收缩等。

生物信号采集实验系统，是通过传感器采集的原始生物信号，通过生物机能实验数据采集软件，将模拟信号转换为数字信号传输到计算机内进行放大、滤波、显示、存储、分析等处理。主要用于观察生物体内或离体器官中探测到的生物电信号以及张力、压力、呼吸、脑电、皮电等波形，从而对机体在不同条件下所发生的功能变化加以记录与分析。

第一节　常用生物信号采集及其使用方法

一、生物机能实验系统的组成

本节以 BL-420N 生物机能实验系统为例进行介绍。

BL-420N 生物机能实验系统由计算机、BL-420N 系统硬件、生物信号采集处理软件三部分组成。BL-420N 生物机能实验系统机箱通过 UBS 接口连线与计算机相连。BL-420N 系统硬件为外置式的硬件机箱（图 11-1）。

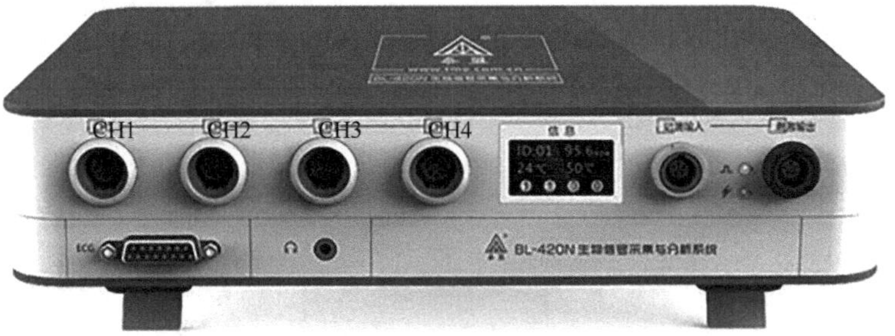

图 11-1　BL-420N 生物机能实验系统机箱

CH1、CH2、CH3、CH4：生物信号输入接口；信息显示屏：显示系统基本信息，包括温湿度及通道连接状况指示；记滴输入：记滴输入接口；刺激输出：刺激输出接口；刺激输出指示灯：显示系统发出刺激指示

二、生物机能实验系统的使用

1. 打开计算机。

2. 在 Windows 操作系统桌面上，用鼠标左键双击“BL-420N 生物机能实验系统”快捷图标即可快速启动该软件。

3. 启动实验方式　BL-420N 生物机能实验系统提供三种开始实验的方法，分别是从信号选择对话框、实验模块或者快速启动视图开始实验。接下来就简单介绍开始实验的三种方式。

（1）从实验模块启动实验（适用于学生的教学实验）：选择功能区“实验模块”栏目，然后根据需要选择不同的实验模块开始实验，例如，选择“循环”→“期前收缩 - 代偿间歇”，将自动启动该实验模块（图 11-2）。

实验模块通常根据教学内容配置，包括：采样通道数、采样率、增益、滤波、刺激等参数，方便快速进入实验状态。通常适用于学生实验。

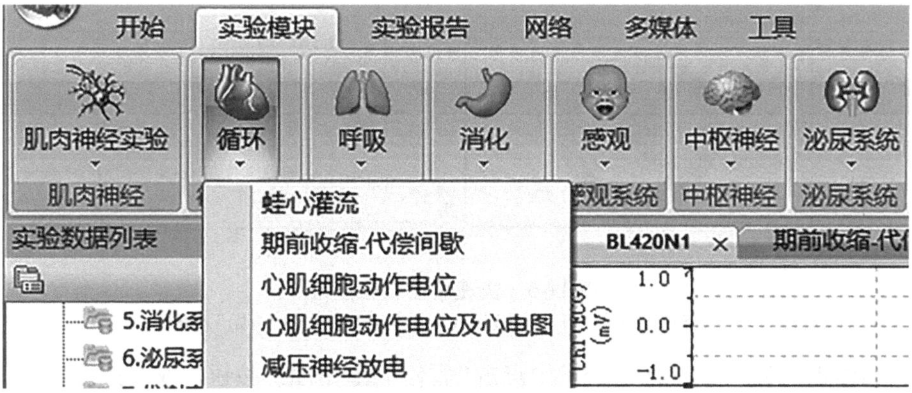

图 11-2　功能区中的“实验模块”启动下拉按钮

（2）从信号选择对话框启动实验（适用于科研实验或新的学生实验）：选择工具区“开始”→“信号选择”按钮，系统会弹出一个信号通道选择对话框，见图 11-3 和图 11-4。实验者可根据自己的实验内容，为每个通道配置相应的实验参数，可储存为自定义实验模块。主要适用于科研工作。

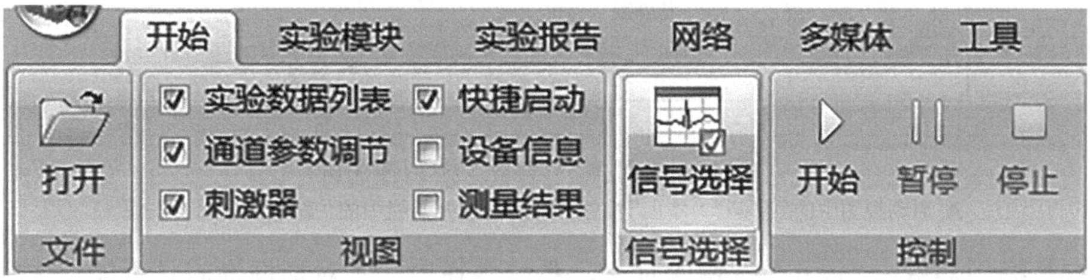

图 11-3　功能区开始栏中的“信号选择”功能按钮

图 11-4　“信号选择”对话框

（3）从快速启动视图开始实验（适用于快速打开上一次的实验参数）：可从启动视图中的“快速启动”按钮开始实验，或从功能区“开始”菜单栏中的“开始”按钮快速启动实验，见图 11-5。这两种方法完全相同。

在第一次启动软件的情况下，系统会采用默认方式，即同时打开 4 个通道启动实验。如果在上一次停止实验后使用快速启动方式启动实验，系统会按照上一次实验的参数启动本次实验。

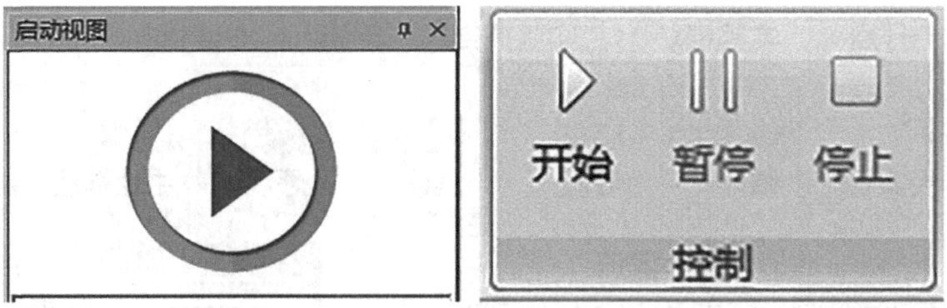

A　　　　　　　　B

图 11-5　快速启动实验按钮

A. 启动视图中的“开始”按钮；B. 功能区开始栏中的“开始”按钮

4. 暂停和停止实验　在“启动视图”中点击“暂停”或“停止”按钮，或选择功能区开始栏中的“暂停”或“停止”按钮，可完成实验的暂停和停止操作。这两种操作方式完全相同，见图 **11-6**。

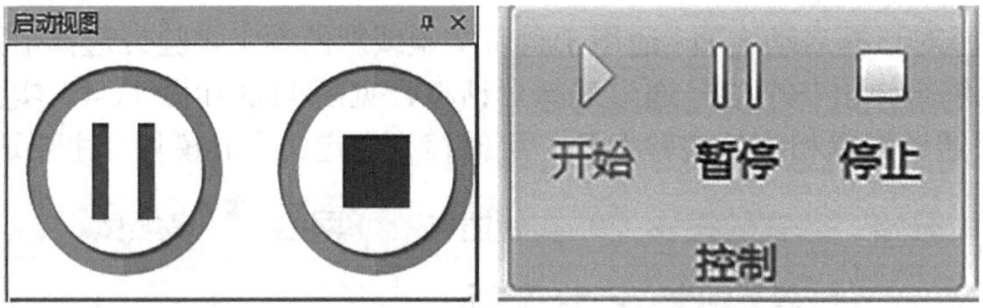

A　　　　　　　　B

图 11-6　“暂停”“停止”控制按钮区

A. 启动视图中的“暂停”“停止”按钮；B. 功能区开始栏中的“暂停”“停止”按钮

5. 保存数据　当单击“停止”按钮的时候，系统会弹出一个对话框询问是否停止实验，如果确认停止实验则系统会弹出“另存为”对话框让用户确认保存数据的名字。

6. 数据反演　数据反演是指查看已保存的实验数据，有两种方法可以打开反演文件：

（1）在“实验数据列表”视图中双击要打开反演文件的名字。

（2）在功能区的开始栏中选择“文件”→“打开”命令，在打开文件对话框中选择要打开的反演文件，然后单击“打开”按钮。可同时打开 4 个反演文件，见图 11-7。

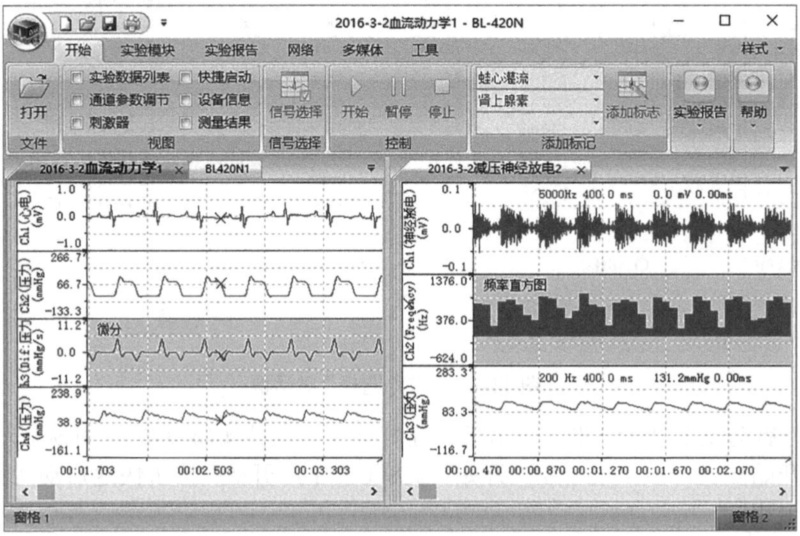

图 11-7　反演数据对话框

7. 实验报告功能　可以在功能区“开始”→“实验报告”分类中找到，这里包括7个与实验报告相关的常见功能，见图11-8。

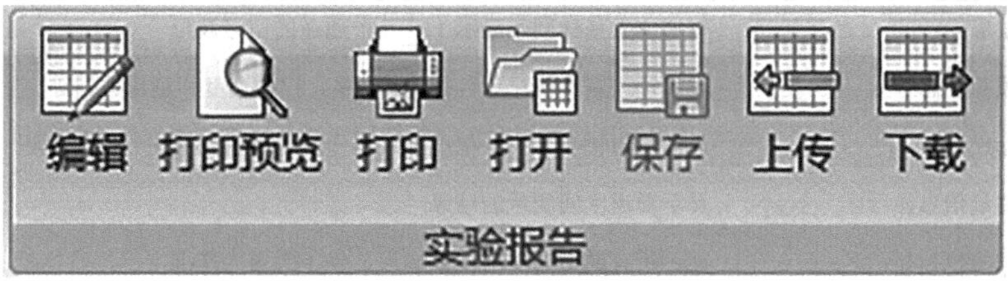

图11-8　“实验报告”对话框

8. 刺激器的使用　从功能区“开始”栏中的“刺激器”选择框可以打开刺激参数调节视图，有垂直与水平两种排列方式;刺激参数调节视图依次为4个部分:“启动刺激”按钮、刺激模式选择区、刺激参数调节区、刺激波形示意区，如图11-9。

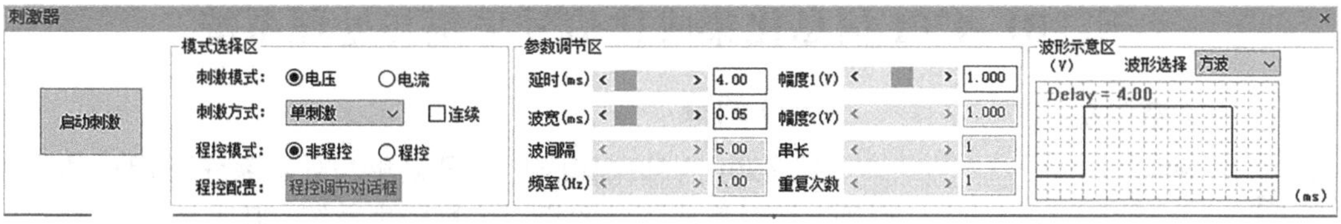

图11-9　水平放置的刺激器参数调节视图

（1）启动刺激：单击“启动刺激”按钮可以按照刺激器默认设置参数启动BL-420N生物机能实验系统硬件，向外输出刺激信号。

（2）刺激模式：是控制刺激器工作的基本参数，包括：电压、电流、程控、非程控、刺激模式及方式的选择等。

（3）参数调节区：可调节刺激的基本参数，包括：延时、波宽、幅度、频率等。

（4）波形显示视图：BL-420N系统软件波形显示视图是采集到生物信号的主要显示区域，主要由7个部分组成，包括：①波形显示区；②顶部信息区；③标尺区；④测量信息显示区；⑤时间坐标显示区；⑥滚动条及⑦双视分隔条，见图11-10、表11-1。

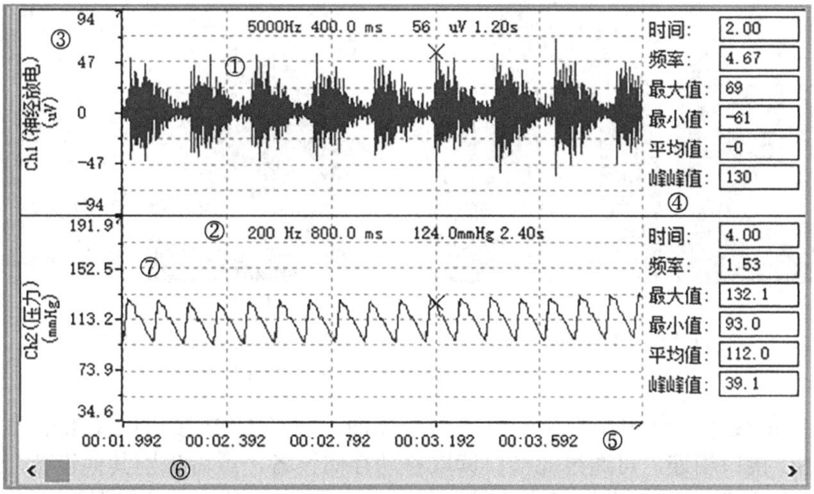

图11-10　BL-420N生物机能实验系统软件的波形显示视图

表 11-1 BL-420N 生物机能实验系统软件波形显示视图各部分功能说明

序号	区域名称	功能说明
1	波形显示区	以通道为基础同时显示 1 ～ n 个通道的信号波形
2	顶部信息区	显示通道基本信息，包括：采样率、扫描速度和测量数据等
3	标尺区	显示通道幅度标尺，幅度标尺用于对信号的幅度进行定量标识
4	测量信息显示区	显示通道区间测量的结果
5	时间坐标显示区	显示所有通道的时间位置标尺，以 1 通道为基准
6	滚动条	拖动滚动条定位反演文件中波形的位置
7	双视分隔条	拖动双视分隔条可以实现波形的双视显示，用于波形的对比

（高凌峰　王丹妹）

三、BL-420I 信息化集成化信号采集与处理系统

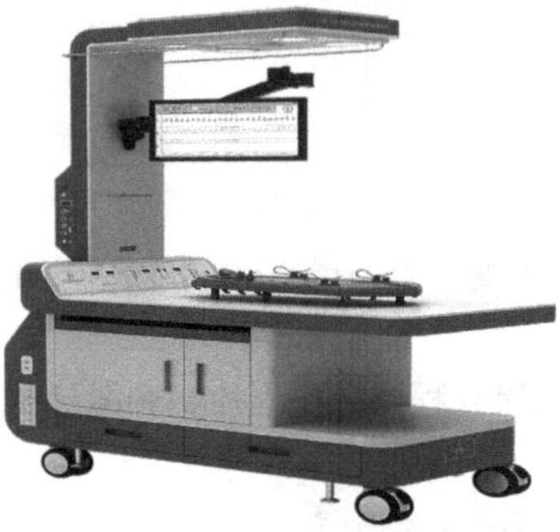

图 11-11　BL-420I 信息化集成化信号采集与处理系统

（一）组成

BL-420I 信息化集成化信号采集与处理系统采用一体化设计原则，同时集成了实验桌、生物采集系统、呼吸系统、测温系统、照明系统以及同步演示系统。设备存放区能尽可能多地收纳实验设备，防止实验时桌面混乱。实验台表面能防止酸碱盐等腐蚀性液体侵蚀，见图 11-11。

（二）使用方法

1. 仪器的开关机　向上拨动电源开关，即打开电源开关，使整个 BL-420I 平台通电。使用完毕后，向下拨动电源开关，即关闭电源，见图 11-12A。

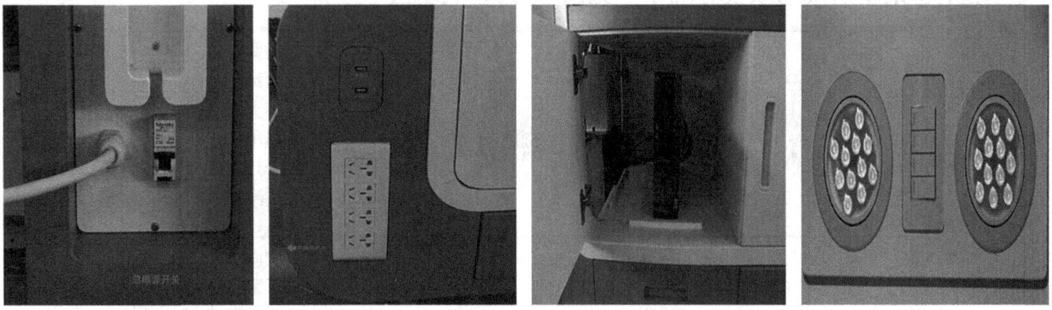

A　B　C　D

图 11-12　BL-420I 信息化集成化信号采集与处理系统的使用方法

A. 关闭电源；B. 外围设备连接插座；C. 实验电脑；D. 照明系统

2. 外围接口的使用　外围接口位于仪器平台侧面，包括 USB 接口以及市电插座。USB 连接口与电脑的 USB 接口相连，可通过此接口读取移动存储设备，或者识别其他设备，见图 11-12B。

3.BL-24 附件包及 BL-30 高级手术器械包的使用　位于实验平台底部的两个收纳抽屉，打开后即可看到整齐排列的实验附件及手术器械。

4. 电脑的使用　打开位于实验平台下方内侧的收纳柜，即可发现实验电脑，按下开机键，即可开机，见图 11-12C。

5. 照明系统的使用 按下照明系统的照明灯开关，四个开关分别控制四盏 LED 灯，照明开关旋转灯罩的方向，即可调节灯光照射方向，见图 11-12D。

6. 呼吸系统的使用 按下“启 / 停”按钮，呼吸系统开始工作，此时，将出气口和进气口的硅胶管与固定在动物气管上的气管插管相连。

（1）硅胶管分别与“呼气口”和“潮气输出”接口相连，见图 11-13A。

（2）选择需要进行人工呼吸的实验动物，家兔、大白鼠、小白鼠三者可选，见图 11-13B。

（3）按下“启 / 停”按钮，呼吸系统开始工作，此时，将出气口和进气口的硅胶管与固定在动物气管上的气管插管相连接，见图 11-13C。

（4）根据动物实际情况，调节潮气量、呼吸时比、呼吸频率。

（5）使用完毕后，点击“启 / 停”按钮，呼吸系统停止工作。

（6）使用呼吸机时，如果需要外接其他气体，如 95% 氧气和 5% 二氧化碳的混合气体，可将气体连接至“小动物呼吸机进气口”，如果未连接其他气体，则泵入动物肺部的是空气。使用完毕后，点击“启 / 停”按钮，呼吸系统停止工作，见图 11-13D。

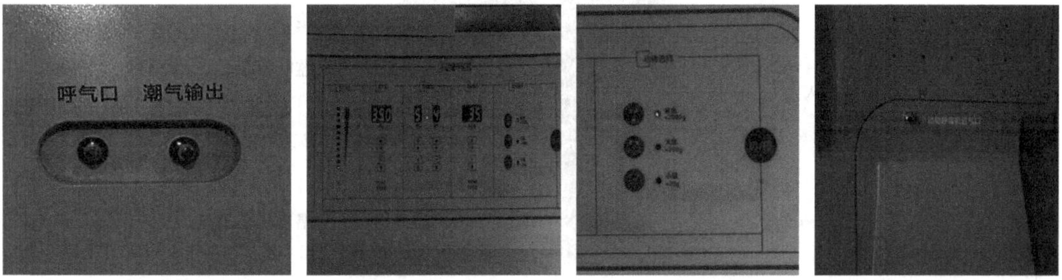

A B C D

图 11-13 BL-420I 信息化集成化信号采集与处理系统呼吸系统的使用方法

A. 管道连接；B. 设置 1；C. 设置 2；D. 外接其他气体

7. 温度检测系统的使用 肛温传感器轻轻地插入实验动物直肠内，实验动物肛温随即显示在测定温度的显示屏中。

8. 摄像系统的使用

（1）驱动的安装：驱动安装包的定位：进入“C727_Driver”文件夹，选择符合系统的驱动文件，如：64 位系统选择 C727_AVer_Drv_x64_V1.54.64.182_Install.exe 程序，32 位系统选择 C727_AVer_Drv_x86_V1.54.0.182_Install.exe 程序（图 11-14）。

名称	修改日期	类型	大小
C727_Driver	2017/3/15 15:25	文件夹	
Data	2017/4/26 17:51	文件夹	
Experiment_Pages	2017/3/15 15:25	文件夹	
Icon	2017/3/15 15:25	文件夹	

名称	修改日期	类型
C727_AVer_Drv_x64_V1.54.64.182_Install.exe	2016/1/8 11:42	应用程序
C727_AVer_Drv_x86_V1.54.0.182_Install.exe	2016/1/8 11:42	应用程序

图 11-14 摄像系统驱动安装包的定位

安装驱动：双击安装程序，进入安装过程的界面，等待程序安装完成，驱动安装成功。

（2）摄像系统的操作：按下摄像机的开关按钮，摄像机开始正常工作。操作者一只手松开摄像机固定支架上的调节螺钉，另一只手旋转高清摄像机至合适的角度后，再拧紧调节螺钉，固定摄像机。点击工具区中的“多媒体”→“视频”按钮，系统随即弹出视频设备选择对话框，点击视频设备名，在下拉菜单中选择“AVermedia HD Capture 1”即为高清摄像机，再单击“确定”按钮。系统弹出视频预览页面，可用鼠标放大或缩小页面。

(3) 视频的录制与保存：点击菜单栏当中的“录制”按钮，系统随即弹出录制的对话框，输入文件名后，点击“保存”按钮，即可设定录像保存位置及录像名。

(4) 视频的反演：点击工具栏当中的“播放”按钮。系统自动弹出对话框，选择好需要反演播放的文件，视频预览页面随即播放已经录制的视频。

(5) 输液挂架的使用：将输液袋悬挂至输液挂架上，可根据实验动物位置，水平移动输液袋。

(6) 信号采集与处理系统面板：见图 11-15。

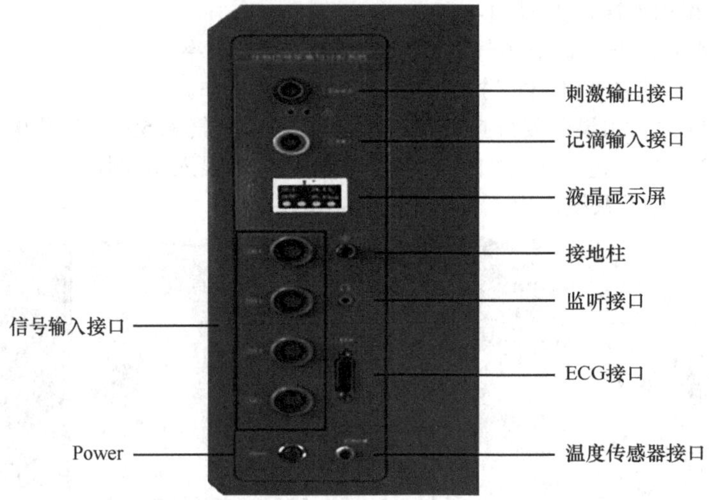

图 11-15　信号采集与处理系统面板

（王丹妹）

第二节　ADInstruments 人体生理实验系统

ADInstruments 人体生理实验系统是一种生物信号采集系统：本质上是一种智能外围设备，专门设计用于执行数据采集、信号调理和预处理。它包含自己的微处理器、存储器和专用模拟信号调节的放大器。传感器首先把要记录的信号（如血压、体温）转变成模拟电压信号，电压幅度随时间变化。这种模拟信号由硬件监测，经过放大和滤波等信号波形加工过程后，以规则的间隔时间对模拟信号进行采样，从而将模拟信号转变成数字信号，并将数字信号传到与之相连的计算机，进而可以使用记录分析软件在计算机上显示实验数据（图 11-16）。

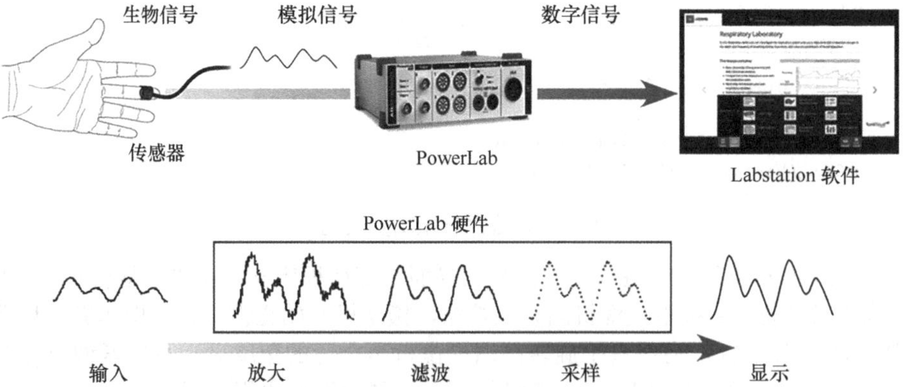

图 11-16　生物信号采集系统原理示意图

一、系统构成

系统由生物信号采集主机（PowerLab）、人体生理实验附件包构成。

（一）生物信号采集主机（PowerLab）

1. 系统　易于设置使用，可通过 USB 端口直接连接到 Windows 或苹果电脑。集成数据记录、生物电放大器、刺激隔离器、触发脉冲输入、4 个模拟输入通道、8 个数字输入通道、8 个数字输出通道和音频输出接口（图 11-17），可实现多主机连用功能。

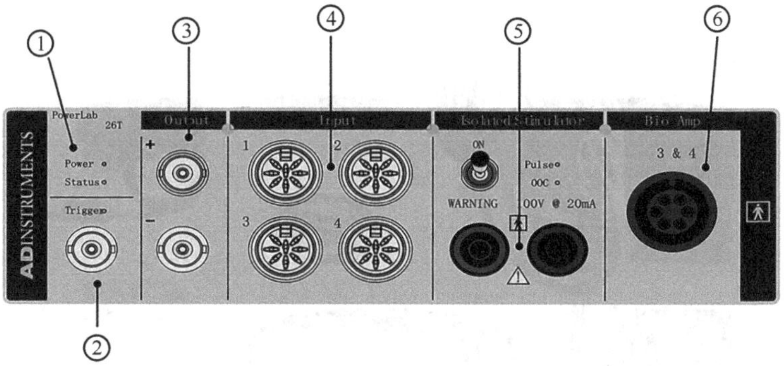

图 11-17　生物信号采集主机（PowerLab）系统

①电源指示灯；②触发输入；③模拟输出接口；④模拟输入接口；⑤刺激隔离器输出接口；⑥生物电放大器输入接口

（1）电源指示灯：PowerLab 电源接通时，灯变亮。

（2）触发输入：用于开始和终止记录。

（3）模拟输出接口：提供电压在 10V 以内的输出信号。

（4）模拟输入接口：指 PowerLab 的输入 1 和输入 2 接口，用于连接带 BNC 接头的传感器和其他仪器。

（5）刺激隔离器输出接口：用于将刺激电极连接到刺激隔离器。

（6）生物电放大器输入接口：用于连接生物电放大器电缆，可作为输入 3 和输入 4 的接口。

2. 安全标识　人体安全标识；不要直接连接到人（图 11-18）。

（1）接地：在没有接地的电源情况下，用于 PowerLab 接地。

（2）USB 接口：用于连接计算机到 PowerLab。

（3）数字输入接口。

（4）电源线接口。

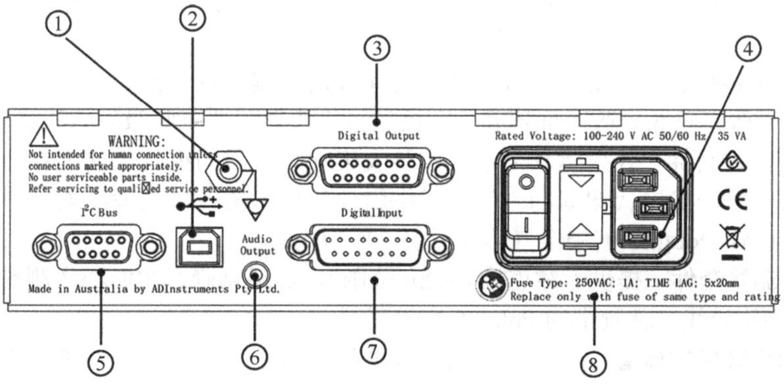

图 11-18　PowerLab 安全标识

①接地；② USB 接口；③数字输入接口；④电源线接口；⑤ I2C 接口；⑥音频输出接口；⑦数字输出接口；⑧电源保护装置

（5）I2C 接口：用于连接 PowerLab 到 ADInstruments 专用放大器。

（6）音频输出接口：标准“1/8（3mm）”耳机插孔用于输出来自生物电放大器记录的信号的声音。

（7）数字输出接口。

（8）电源保护装置（如果电源指示灯不亮考虑置换保险丝）。

（二）人体生理实验附件包

1. 人体生理学实验套件 用于记录一些关于人体受试者的生理学实验课。能够进行的实验包括但不限于通气率、握力、血压、心音、反应时间和需要机械刺激的反射。附件包括呼吸带传感器、握力传感器、血压计、心音传声器、按钮标记器、干接地带、DIN8 针插头 -BNC 导线（图 11-19）。

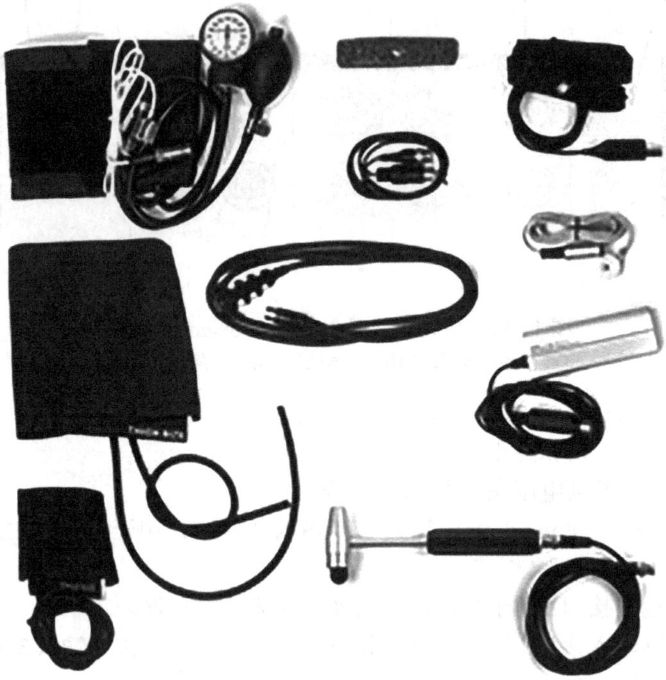

图 11-19 人体生理学实验套件（PTK30）

2. 反射实验套件 用于人体腱反射、反射和神经刺激实验。附件包括反射锤、测角器、杆状记录电极、带导线的刺激杆。

3. 人体呼吸实验套件 用于测量人体的呼吸流速，可得到呼吸参数，如每分通气量和潮气量以及 PIF、PEF、FVC 和 FEV_1。附件包括呼吸 Pod、呼吸流量头、一次性呼吸套件、流量计接头适配器。

4. 运动生理学实验套件 用于呼吸气体分析和代谢检测，以研究运动效果。附件包括气体分析仪、肺量计、呼吸流量头、呼吸面罩套件、流量计接头适配器、呼吸管、干燥剂盒。

5. 运动呼吸实验套件 包含运动生理学实验收集呼气所需的组件。使用肺量测定法和气体分析作为记录呼吸变量和确定代谢率的方法。其中附件包括流量计接头适配器、呼吸管、三通方向手动旋塞阀、接口管 Douglas 气袋至气体分析仪、K 型阀。

6. 无线心率测量套件 提供无线连接（1.2m 范围），实现精确、实时心率测量和分析。附件包括 Polar 接收器接头导线、带胸带的 Polar 心率发射器。

7. 教学心理生理学实验套件 适用于测量人体的心理生理反应。能够进行的实验包括但不限于脑电图、血压、皮肤电反应、皮肤温度（0 ～ 50℃）、通气速率和定向特定光强度。附件包括皮电反应放大器、皮电反应电极、温度 Pod、皮肤温度探头、呼吸绑带传感器、光亮度 Pod、血压计。

8. 皮肤电活动实验套件 用于人体皮肤电反应和皮肤温度记录。附件包括皮电反应放大器、皮电反应电极、温度 Pod、皮肤温度探头、皮肤温度实验套件、皮肤温度探头。

9. 眼电活动实验套件 用于记录水平和垂直眼球运动及位置。适合进行慢速追踪、扫视等实验。附件包括眼电 Pod、屏蔽导线、一次性贴片电极（100）。

10. PowerLab 其他附件（跟随机器附带） 脉搏传感器、生物电放大器导联线 & 屏蔽导线、杆状刺激电极等。

二、仪器及软件操作方法

使用 PowerLab 随附的 USB 电缆将背面板上的 USB 端口连接至计算机上的 USB 端口，或连接至与计算机连接的活动 USB 集线器（图 11-20）。

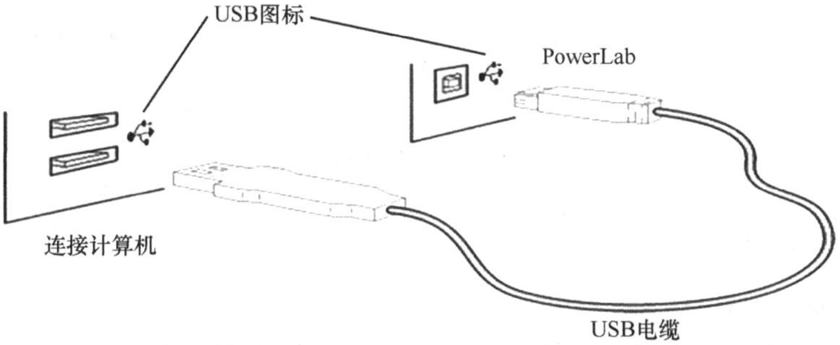

图 11-20 生物信号采集主机（PowerLab）连接到电脑示意图

USB 端口和电缆上应标有类似三叉戟的图标

1. 设置刺激隔离器 PowerLab 26T 具有正常和隔离输出，可以在软件中、在它们之间切换。刺激隔离器提供了软件控制的、隔离的、恒定电流的脉冲刺激，可用于人类受试者。在刺激隔离器前面板上的输出处产生刺激。激励与 PowerLab 采样率无关，无论 PowerLab 是否采样，都可以生成激励。使用“刺激器”对话框设置刺激。选择“设置”→“刺激器……”以显示“刺激器”对话框（图 11-21）。当设置刺激隔离器时，可以选择刺激应如何开始，选择预配置的刺激类型或模式。

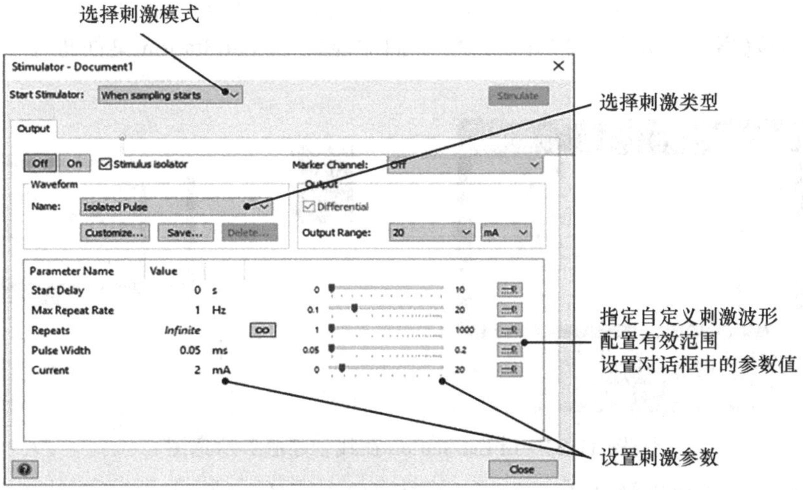

图 11-21 生物信号采集主机（PowerLab）设置刺激隔离器示意图

2. 设置生物电放大器 PowerLab 26T 具有两通道的 Bio Amp，内部配置为使用通道 3 和 4。Bio Amp 对话框允许软件控制 PowerLab 和 Bio Amp 中组合的输入放大器和滤波器。显示出现在通道输入上的信号，以便立即看到更改的效果。对话框中的设置更改后，单击“确定”以应用。从“通道”下拉菜单中选择“Bio Amp...”（或在“通道设置”对话框的“输入设置”列表中单击“Bio Amp...”）时，将出现“Bio Amp”对话框（图 11-22）。要快速设置许多通道，请单击对话框标题旁的箭头，或按键盘上的向右或向左箭头键，以移至相邻通道的等效对话框。这将跳过已关闭的通道。通道号显示在箭头旁边，通道标题（如果有）显示在对话框的垂直幅度轴中。

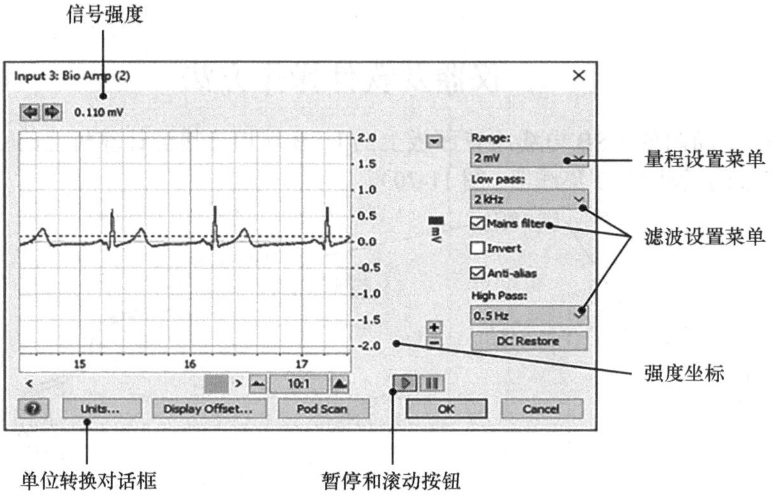

图 11-22 生物信号采集主机（PowerLab）设置生物电放大器示意图

三、软件（Lt LabStation）操作

1. 在线创建服务 教师确认使用在线创建服务的邀请。通过在线创建服务可以编辑和导出课程，并邀请其他教师进行创建。步骤如下：从 kuraCloud 收到一系列的邮件，针对受邀的每一个课程（例如：动物生理学、人体机能学或运动生理学等），都有一封邮件，请点击每一封邮件中的蓝色“Confirm Invitation”（确认邀请）按钮。此时将出现一个窗口，可以选择以新用户“Log In”（登录），然后将收到提示创建一个密码。接受条款和条件之后，完成登录并进入“Instance”（实例）。在 Lt LabStation 创建服务中，实例是指虚拟安装的 Lt LabStation 服务。每个实例都与其他实例安全隔离，必须将课程导出，学生们才能在 Lt LabStation 桌面程序中查看这些课程（图 11-23）。

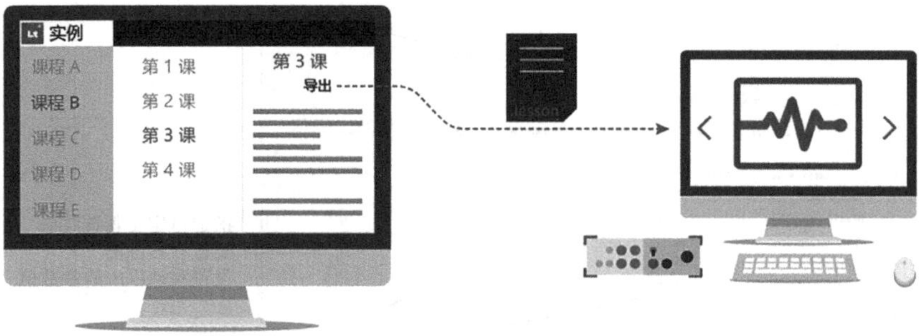

图 11-23 Lt LabStation 在线创建服务示意图

课程是实例中最高级别的结构。课程由很多课组成，教师们可以将这些课导出，以便学生们在 Lt LabStation 应用程序中查看。生成一个课程的标准工作流程，如下所述。实例管理员或课程

管理员都可以完成此工作。在新创建的“Course”（课程）卡中，可以通过选择“Staff Accounts”（成员账户）来邀请创建者，由创建者创建新“Lessons”（课）（图 11-24）。

2. 导入和编辑课　在 ADInstruments 官方网站可以下载已编辑好的实验课，将下载的课添加到创建服务：选择想要的课加入到课程；在课程选项中，选择“Lessons”（课），选择“New”（新建）按钮对面的下拉齿轮，选择“Import”（导入），找到下载的“lesson”（文件），然后选择“Open”（打开），课将被添加到课程中。这些课无须修改，即可使用。但如果需要改编这些课或创建新的教学课程，可以使用直观的创建系统；每次编辑实验课时，都会记录一个修订版本(revisions)，以便了解谁编辑过课，修改、查看之前的修订版本，添加评论甚至可以根据需要恢复旧版本（图 11-25）。

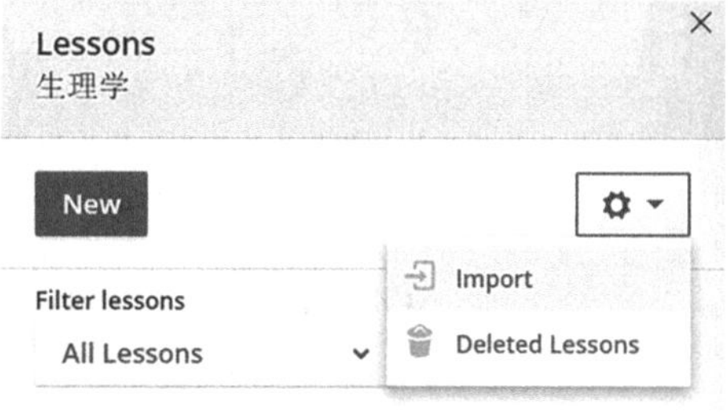

图 11-24　Lt LabStation 创建新课

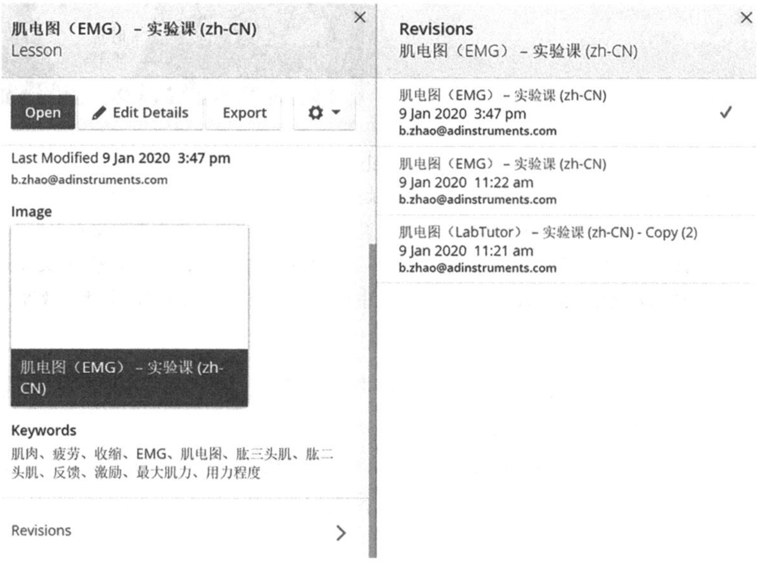

图 11-25　Lt LabStation 编辑课

点击实验课的齿轮按钮可以将该实验课复制（duplicate）到同一个课程里，或者复制到其他课程里（copy to course）以及进行删除（delete）。

3. 导出课　要跟学生们分享课，首先需要选择课卡中的“Export”（导出）按钮，将课导出。这样会将一个“lesson”（文件）下载到计算机。其次，必须将计算机上的“lesson”（文件）与所有已安装 Lt LabStation 桌面应用程序的实验室计算机共享。可以使用局域网进行此操作，只需将文件移到一个共享文件夹，所有安装 Lt LabStation 桌面应用程序的计算机均可访问。如果没有局域网，可以将所有文件存储到一个 U 盘，然后上传到指定的计算机文件夹。

4. 内容创建　面板是课的基本构成要素。教师可以按任何顺序对其进行混合和搭配，从而创建出完美的课。面板的类型包括：基本面板、问题面板、多媒体面板、PowerLab 数据记录面板、Lt LabStation 其他数据记录面板。

四、PowerLab 数据采集和分析

1. 学生可以记录实时生理数据，也可以仅分析教师提供的只读数据。Lt LabStation 具有适用于多种应用的内置预设，包括肌电图（EMG）、血压、心电图（ECG）、呼吸气流和流量以及脉搏

和心率。学生可以使用区域选择器、点选择器、标记和数值面板来分析自己记录的数据。常用的记录和分析功能按钮包括：开始和停止按钮、注释面板、自动缩放、滚动、删除数据、数据选择工具、标记、数值面板、输入数值等（图 11-26）。

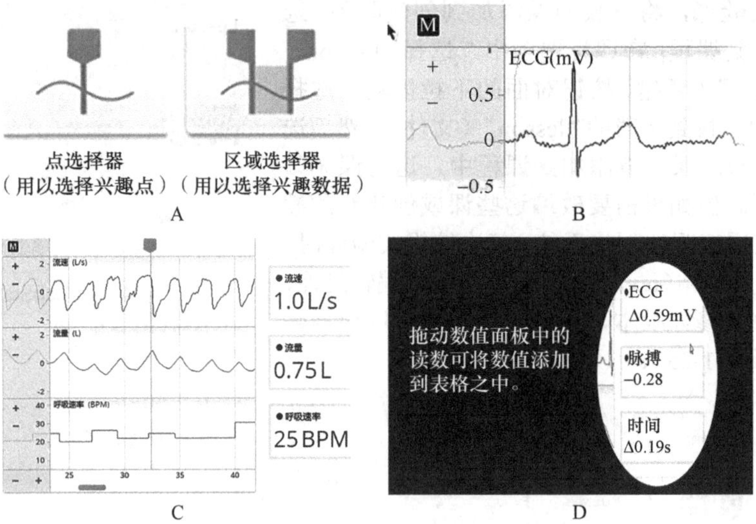

图 11-26　PowerLab 数据采集和分析

A. 数据选择工具：点选择器和区域选择器可用来识别数据中的兴趣点或兴趣领域。B. 标记：标记位于数据面板的左上方，将标记置于基线之上，数值面板读数从绝对幅度变为相对幅度，也就是说，其可显示与基线值的差异（delta, Δ）。选择灰色的"M"，便可将标记归回原位。C. 记录数据图：数值面板显示数据值。例如，选择数据面板中的数据点可获取相关数值，数据面板上显示的数值颜色是和数据通道对应的。D. 填写数据：直接拉出数值面板中的数值或数据面板中读数，并将其放置在表格之中或者直接输入数值

2. 主动式学习　每一节课都通过不同的面板类型添加信息、问题和多媒体辅助内容，提高学生的参与积极性，引导学生学习实验课。

3. 报告　教师可以在课结尾处添加完成页面。选择"显示报告"即可将该页面转化为报告页面，所有问题都会按页列示。学生完成实验后就可以下载报告的 PDF 版本，或通过电子邮件将报告发送给指定收件人。

（王丹妹）

第三节　常用人体实验设备

电动跑步机是常用的健身器材，它通过电机带动跑带使人以不同的速度被动地跑步或走动。电动跑步机可用于运动生理学实验。

下面以 DP-188 电动跑步机为例，对其使用方法、注意事项等进行介绍。

1. 使用方法

（1）安放好跑步机：将跑步机水平放置在一开阔干燥地带。

（2）接通电源：将跑步机插头接入电源插座内；将电子表的磁性急停开关安装好，打开跑步机电源开关，电子表发出一长声鸣叫，显示表数据全部为零，此时，跑步机处于停止运转状态。

（3）直接启动：按"启动"键，跑步机将以最低速度运行；按"加速"键，跑步机运行速度将加快。按"减速"键，则反之。

（4）设置启动：在跑步机处于停止状态且窗口显示全为零的情况下，按"设置"键，显示设置

数据（速度、时间、路程）；若要修改数据，则按“设置”键直至要修改的数据闪动，此时，根据需要按“加速”键或“减速”键可修改数据的大小；若按“停止”键，则退出设置状态并放弃此次修改的数据；修改完毕后，按“启动”键，所有数据被保存，跑步机启动。若修改的数据是速度，跑步机会加速到所设定的速度；若修改的数据是时间或路程，则窗口显示的数据开始减计数，直到为零时，电子表会发出数声鸣叫。

（5）暂停与停止：当跑步机处于运行状态时，第一次按动此键，跑步机暂停运行；第二次按动此键，则各项数据全部清零。

2. 使用注意事项

（1）跑步机在运转状态时不能放置任何异物，不能被水飞溅。

（2）电源插头必须可靠接地，不能与其他电器共用一条线路。

（3）在运行前，跑步者应站在边条上，手握扶手，当跑步机正常启动后，再上机运动，严禁站在跑带上启动。

（4）绝对不能用手、头发等触碰任何运动中的部件，如果在使用中感觉有不适，则立即停止运动。

（虞道锐）

第四节　常用分析仪器及其使用方法

一、智能热板仪

热板仪是热板法实验研究使用的仪器。热板法是镇痛药物筛选、检测中常用的一种方法，也是一种能确定区分中枢神经和末梢神经镇痛作用机制的方法。

下面以 RB-200 智能热板仪为例，介绍智能热板仪的使用方法及使用注意事项。

（一）RB-200 智能热板仪使用方法

1. 开机　打开电源开关按钮，此时液晶显示产品名称和出产地，同时电源指示灯、恒温指示灯、计时指示灯均点亮，蜂鸣器发出短暂的响声，2s 后系统自检结束，液晶显示进入主画面，同时电源指示灯一直点亮，其他指示灯熄灭。

2. 预热　在热板实际温度没有达到目标温度之前，系统处于加热状态，此时不能进行实验；当实际温度达到目标设定温度后，系统“恒温指示灯”点亮，表示可以正常实验了（注：为了提高实验效率，在开机时进行第一次加热的前几分钟会有一定过冲，属于正常现象，此时请勿进行实验，需等待实际温度回到设定温度附近再开始实验，即从开机到正式实验过程大约需要 12min）。

3. 设置日期　按“日期”按键，可进入日期设定，此时光标移动到日期的分钟数，表示此项可调，通过按“＜”“＞”键调节分钟数；可通过再次按下“日期”按钮，将光标移到待调节的其他日期选项，进行调节；按下“确认”键退出日期调节，系统自动记录当前日期和时、分、秒。

4. 设置温度　按“温度”按钮，可进入温度设定，此时光标移动到设定温度值处，系统默认目标温度为 55℃，通过按“＜”“＞”键（±0.1℃），可以降低或升高目标温度。

5. 开始实验

（1）实验动物编号：按下“编号”按钮，通过“＜”“＞”键，可以选择动物编号。

（2）将实验动物放入观察桶的同时，踏下脚踏开关或按下“启 / 停”按钮或手动开关，系统自动计时，等观察到动物舔后足后，再次踩下脚踏开关或按下“启 / 停”按钮或手动开关，计时结束。此时，可从液晶屏读取计时时间。

（3）打印结果：按下“打印”键，可在外置热敏打印机上输出本次结果。

6. 实验结果查询 按“查询”键可进入实验数据查询状态，分别按“<”“>”键可查询上次或下次实验数据，按“打印”键即可通过外置热敏打印机将所显示的实验数据进行打印，最多可查看以前的 500 组实验数据。当存储到第 500 组时请及时将实验数据打印出来，因为编号将自动回到“1”，进入下一个 1 ～ 500 的循环，此时将不能查看上一个循环的实验数据。进入查询状态后，“日期”“温度”“起停”“清零”键无效。可以按“确认”键退出查询状态，回到正常的工作状态。

7. 清零 如果觉得以前的实验数据没有用，则可将之清零。在开机前按住“清零”键再开机，开机后设备自动执行清零功能。当看到设备已经显示完开机画面，进入工作状态时，可以放开“清零”键。此时，清零功能已经完成，即之前的实验数据已被完全清除。

（二）注意事项

1. 避免设备受到撞击、碰摔或者强烈震动。
2. 不能使用有机溶剂、酒精擦拭观察桶和仪器表面，请用软布和中性清洗液清洁。

二、自动生化分析仪

生化分析仪是根据光电比色原理来测量体液中某种特定化学成分的仪器。目前，临床生化绝大部分检测已实现自动化分析，其中多数由自动生化分析仪（automatic biochemical analyzer）完成。它具有灵敏、快速、准确、消耗试剂量小和标准化等优点。

（一）概述

自动生化分析技术，是指将生物化学分析过程中的取样、加试剂、去干扰、混合、保温反应、自动检测、结果计算、数据处理、显示和打印报告，以及实验后的清洗等步骤部分或全部实现自动化。自动生化分析技术，不仅可对多个样品按同一方式连接处理或对一个样品同时进行多项目检测，还能按一定指令对于不符合要求的结果进行鉴别、剔除，不仅提高了工作效率，而且减少了主观误差，稳定了检验质量。自动生化分析仪按仪器结构和原理可分为：连续流动式（continuous streaming movement style）、离心式（centrifugation style）、分立式（discrete style）、干片式（drying style）和模块式自动生化仪，其中以分立式应用最为广泛；按其自动化程度可分为：半自动和全自动两种，目前最常用的为全自动生化分析仪。

（二）举例：XD818（$S8^+$）急诊生化分析仪的使用方法

由于各种全自动生化分析仪器的品牌、型号、功能各不相同，种类繁多，其工作原理、使用方法、主要事项等也不尽相同。以 XD818（$S8^+$）急诊生化分析仪为例，简述全自动生化分析仪的常规操作程序。

1. 常规操作程序

（1）仪器初始化

1）系统开机等待时间 30min。此时仪器将完成对试剂预热腔的加温（37℃）、试剂冷藏室的降温（4 ～ 6℃）、比色皿的加温（37℃）及仪器的热平衡。温度检测通过。

2）蒸馏水及试剂空白的测定：按“ENTER”键开始清洗及测试蒸馏水空白、试剂空白。

（2）样本测试：在主菜单下按 F1 功能键，进入测试功能。

1）通道选择（F1）功能键：在测试样本前根据生化检验单所测项目进行选择，将所测项目的通道开关置于“开”的状态。不测的项目将该通道开关置于“关”的状态。

2）试剂空白（F2）功能键：每隔 24h 必须做 1 ～ 2 次试剂空白测试，由此判断试剂是否过期变质，确保临床检验结果的准确性。

3）样本编号（F3）功能键：测试样本前进行对样本的编号，对姓名、性别、年龄的编辑。

4）开始测试（F4）功能键：在以上功能编辑完成后，按此功能键进行样本的测试，测试完毕仪器将直接打印出报告单，并在屏幕上显示，同时储存在仪器中。

三、血气分析仪

血气分析仪（blood gas analyzer）是通过对人体血液及呼出气的酸碱度（pH）、二氧化碳分压（PCO_2）、氧分压（PO_2）进行定量测定，来分析和评价人体血液酸碱平衡（紊乱）状态的仪器。血气分析仪的使用方法如下。

1. 操作步骤

（1）连接电源，安装好打印纸并核查定标气瓶安装无误后，打开主机电源，仪器系统开始启动。

（2）当仪器显示屏显示“READY”状态时，便可进行样本分析。打开进样口盖板，快速将装有被测样本的1ml注射器拔掉针头（或毛细管、微量采血器），插入进样口并缓慢注入样本。当注入了足够的样本后，仪器立即发出声响，显示屏显示“Close the flap”，移走注射器并关上进样口盖板，仪器进入全自动测量过程。

（3）在仪器测量期间，测量室通道处于放大照明的状态，操作者能观察到样本的移动并确定有无堵塞和气泡。操作者也可在此过程中编辑样本参数，如样本编号等。

（4）测量完成后，测量参数pH、PCO_2和PO_2值及计算参数值将自动显示并打印出来，同时，仪器自动进行气体调整，其倒计时时间显示于屏幕右上角。当气体自动调整到倒计时20s时，“×020”将在屏幕上闪动或出现“*”符号，提示可进行下一次测量。若测量样本较多，仪器会自动调试，直至重新显示“READY”时方可进行测量。

2. 检测指标

（1）气体样本中的PCO_2、PO_2以及CO_2和O_2浓度。

（2）全血、血清、血浆，以及中性溶液中的PCO_2、PO_2、pH等。

（3）通过计算可以获得血氧饱和度（SaO_2）、碱剩余（BE）、缓冲碱（BB）、实际碳酸氢盐（AB）、标准碳酸氢盐（SB）等指标。

3. 注意事项

（1）注射器等采血设备要提前进行抗凝血处理。凝血块以及玻璃碎片等异物不但能影响检测结果，而且能损坏仪器，要严格避免。

（2）血液样本收集时要避免气体吸入注射器。送样过程中，要把注射器针头插入橡皮塞中；测量前，应将注射器在手中滚动10s以混匀样本，并排出气泡。

（3）样本收集后应在短时间内进行检测，否则要尽量低温保存。样本存放温度越高，新陈代谢越快，血气和pH变化越大，故环境温度较高时尤应注意。

四、恒温平滑肌槽

恒温平滑肌槽有HW-400E和HW-400TH两种类型。其中，HW-400E型恒温平滑肌槽是在HW-400型恒温平滑肌槽的基础上，研发的配套于生物机能实验系统的仪器设备。其主要用于离体肠管平滑肌等生理、药理实验中，调节和维持实验环境（如实验药液）的温度，从而保证离体平滑肌的生理活性，使相关实验顺利进行。下面介绍HW-400TH型恒温平滑肌槽的使用方法。

1. 将恒温水槽右侧面的排液口和排水口均置于关闭状态。

2. 在恒温水浴内添加足够量的清水，水量达到建议水位线（外筒上有建议水位线刻度）。

3. 按下加液开关，将营养液从预热药筒放到实验药筒中。

4. 确保电源线连接良好并打开机器电源开关。

5. 此时数码管和加热指示灯快速闪烁，表明系统还没有处于加热状态；当确认水浴内加水后，轻按温度设定旋钮，系统进入加热状态。

6. 设定实验温度，调节气量调节阀，保证在加热过程中有较大的气泡对药液进行搅拌。

7. 温度达到设定值后放入实验样本。

（虞道锐）

第十二章　常用器械及使用方法

手术器械是手术操作过程中不可缺少的工具，种类多样，用途各不相同。要顺利完成一场动物实验，离不开正确地选择器械以及熟练掌握器械的使用方法。

一、手　术　刀

手术刀由刀柄和刀片组成，刀片可沿刀柄的凹槽安装和拆卸（图 12-1、图 12-2）。手术刀主要用于切开皮肤、脏器等组织，不用于切割皮下组织或肌肉。

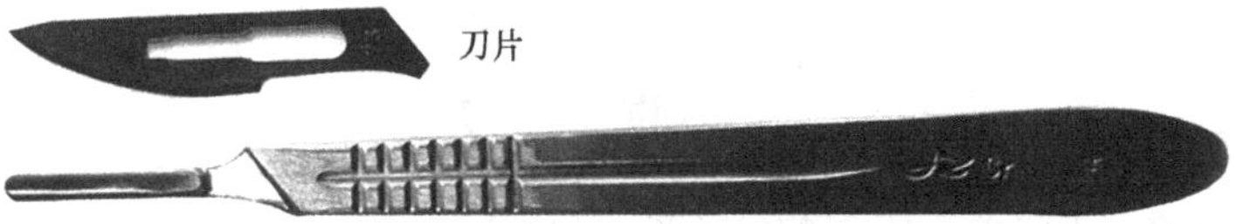
刀片

刀柄

图 12-1　手术刀

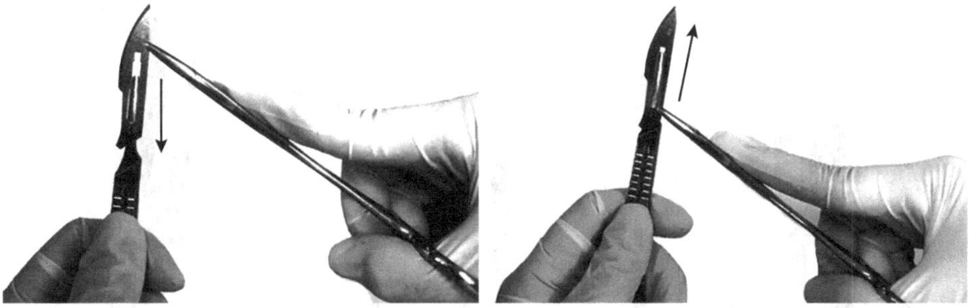
A　　B

图 12-2　手术刀的安装与拆卸

A. 安装；B. 拆卸

常见的手术刀握法有以下几种（图 12-3）。

1. 执弓式　动作范围广而灵活，多用于颈部、腹部皮肤的切割。

2. 执笔式　主要靠指部发力，常用于短距离的精细操作。

3. 执餐刀式（握持式）　主要靠腕部发力，常用于切割距离较长、用力较大的坚硬组织。

4. 反挑式　主要靠指端发力，由刀刃向外挑，可避免损伤较深层的组织。

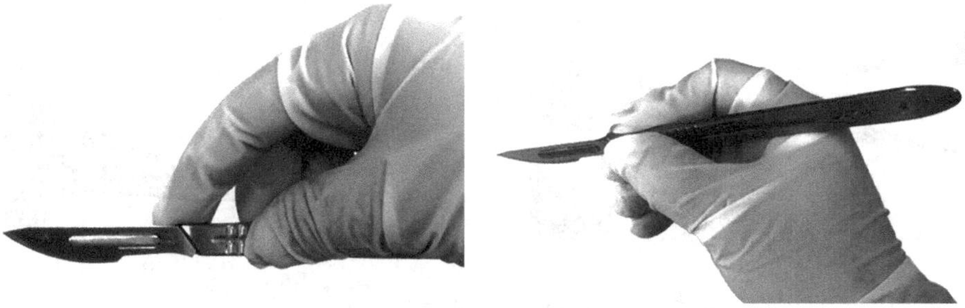
A　　B

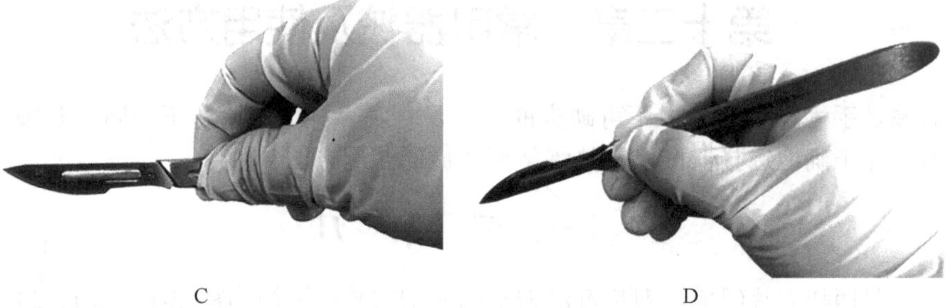

图 12-3　手术刀的握法

A. 执弓式；B. 执笔式；C. 执餐刀式（握持式）；D. 反挑式

二、剪　刀

常用的剪刀有粗剪、手术剪、眼科剪等（图 12-4）。

1. 粗剪　常用于剪动物被毛和蛙类的骨、皮肤等。握法：拇指与中指、环指、小指分别放入粗剪的两个柄环，示指扣在柄环外端（图 12-5）。

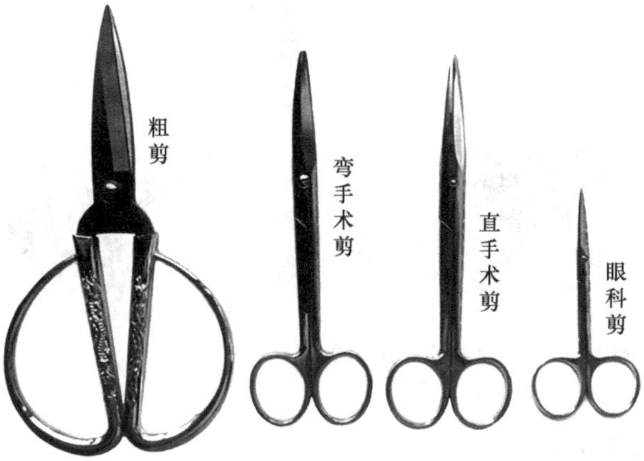

图 12-4　剪刀

图 12-5　粗剪的握法

2. 手术剪　又称组织剪、解剖剪，分为弯剪和直剪。可用于组织的锐性分离和剪开皮肤、气管软骨等，不用于剪动物被毛、骨骼等。握法：拇指与环指分别放入手术剪两个柄环，中指扣在柄环外端，示指轻压在手术剪中间的轴节处（图 12-6）。

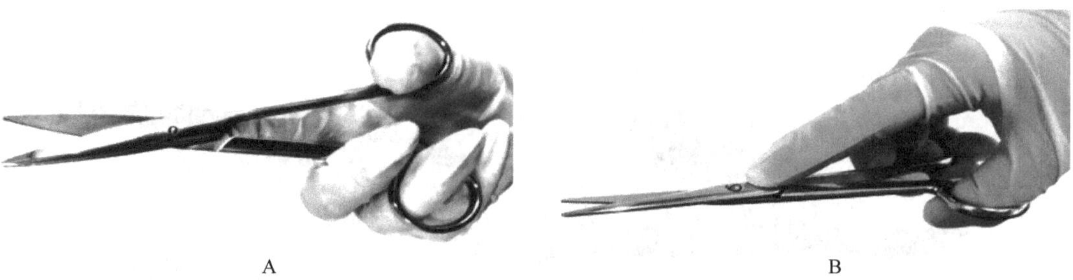

图 12-6　手术剪的握法

A. 正面观；B. 侧面观

3. 眼科剪　个体小而精细，容易损坏，主要用于剪神经、血管和心包膜等细软组织，不用于剪动物被毛、皮肤、肌肉、软骨等组织，也不用于剪线和纱布等。握法同手术剪。

三、镊　　子

常见的有有齿镊、无齿镊和眼科镊（图 12-7）。有齿镊头端有突出的尖齿，夹持牢固，但对组织有一定损伤，常用于夹住或提起皮肤、肌腱等较结实的组织。无齿镊分为钝头和尖头，主要用于夹持血管、脏器、肠壁等较脆弱的组织。眼科镊个体小巧，常用于夹持血管等细软组织，不用于夹持骨骼、皮肤等较硬的组织。握法：拇指与示指、中指相对（图 12-8）。

图 12-7　镊子

图 12-8　镊子的握法

四、钳　　子

常用的钳子有止血钳、组织钳、咬骨钳等（图 12-9）。

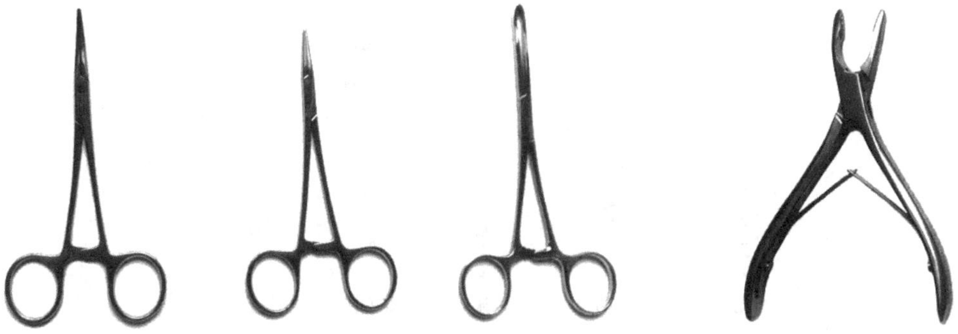

图 12-9　钳子

1. 止血钳　又称血管钳，有直、弯之分，各类有大、中、小等不同的型号，可用于夹住血管或出血点以止血，也可用于钝性分离皮下组织。握法同手术剪。

2. 组织钳　又称皮钳，头部较宽，有细齿，可用于夹持皮肤、肌肉等组织以暴露切口，不用于夹持重要的器官，以免造成损伤。握法同手术剪。

3. 咬骨钳　用于打开颅腔和骨髓腔时咬切骨质。

五、持针器、缝合针、缝合线

持针器又名持针钳，主要用于夹持缝合针进行缝合，或拔出缝合针，也可用于安装和拆卸手术刀片。缝合针有角针、圆针、三棱针等型号，又分弯型与直型等。使用时，持针器夹持缝合针近尾端的1/3处，常用于手术切口的缝合、膀胱插管时的缝合等。缝合线常用的型号有1～10号，型号越大，线越粗，常用于结扎止血、组织缝合与组织固定等（图12-10、图12-11）。

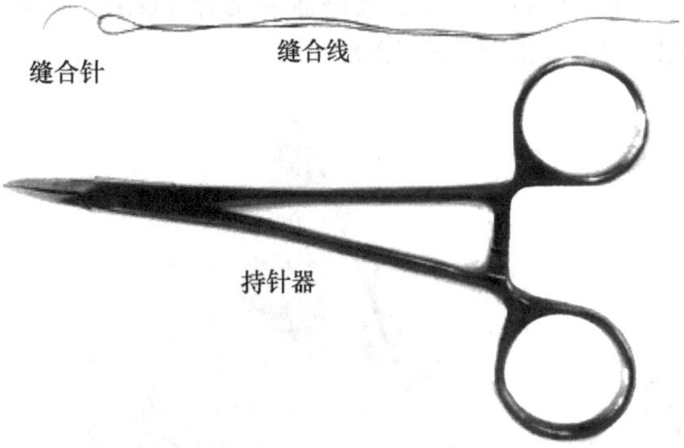

图12-10 持针器、缝合针、缝合线

图12-11 持针器、缝合针、缝合线的握法

六、其他器械

其他器械见图12-12。

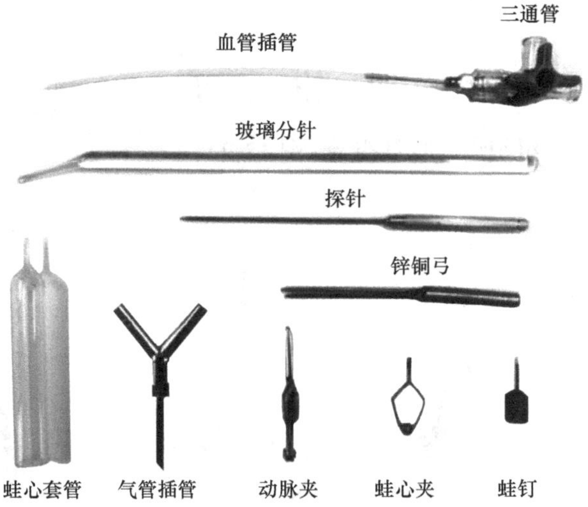

图12-12 其他器械

1. 三通管 又称三头通、三通阀。三个通道可同时开通、同时不通，也可只开通任意两个通道。

2. 血管插管 通常为一端与三通管连接，另一端插入血管，可用于急性动物实验时动、静脉插管，测量血压与心率等。

3. 气管插管 呈“Y”形，动物手术时可插入气管，保证呼吸通畅，也可与呼吸换能器连接，测量呼吸频率等。

4. 动脉夹 主要用于夹闭动脉血管，阻断血流。

5. 玻璃分针 为光滑的玻璃制品，一端拉细、微弯，常用于分离神经、血管等组织。

6. 探针 用于蛙类实验时捣毁青蛙或蟾蜍的脑组织和脊髓。

7. 锌铜弓 由锌条和铜条组成两臂，锌与铜在溶液中产生电位差，构成原电池。可用于刺激神经肌肉标本，检查其兴奋性。

8. 蛙心套管 又称蛙心插管，可用于离体蛙心灌流实验。

9. 蛙心夹 蛙心夹一端可夹住心尖，另一端系上丝线，丝线可连接于张力换能器，用以描记心脏活性。

10. 蛙钉 又称固定针，在蛙类实验中，可将实验标本固定在蛙板上。

11. 蛙板 为 25cm×15cm 的方形软木板。在蛙类实验中，可在蛙板上垫一块玻片，将蛙腿等标本间隔玻片固定于蛙板上（图 12-13）。

图 12-13 蛙板、玻片

（邓加艾）

第十三章　医学机能学虚拟仿真实验

第一节　概　　述

虚拟仿真技术又称为虚拟现实技术或模拟技术，是一种可以创建和体验虚拟世界的计算机仿真系统，是利用计算机构建的仿真情景下的一种交互技术，即用一个虚拟的系统模仿另一个真实系统的技术。在基础医学机能学实验教学中，依托虚拟现实、多媒体、人机交互、数据库和网络通信等技术，根据实验教学的基本要求，构建高度仿真的虚拟实验环境和实验对象，在无真实实验动物或实验对象、实验仪器及实验药物的情境下，在计算机系统中通过采用虚拟仿真技术模拟真实的实验环境，以人机互动的方式，学生在虚拟环境中通过运用各种虚拟器械设备对实验对象进行虚拟操作，模拟机能学实验各项操作完成预定的实验项目。随着虚拟实验的开展，其在机能学实验教学中的优势也得到充分展现。

医学虚拟仿真实验的优点：①真实性：虚拟仿真技术可以借用声音、颜色、气味、视频和动画等多种媒介帮助操作者树立形象、生动的概念。②安全性：没有真实医学实验操作过程中可能产生的各种危险。例如，在动物实验中被实验动物抓、咬伤；接触有毒试剂等。③丰富性：因学时和实验条件、操作要求较高等限制，很多真实实验不能开展，但通过虚拟实验操作，能帮助操作者顺利完成实验，激发学生的自主学习，为创新性、设计性实验提供了思路。④规范性：虚拟实验系统的实验技术是统一、规范的，操作者可通过系统里的实验图片、实验录像等反复练习，掌握规范性的操作。打下扎实的感性认知，在以后的真实实验中提高实验成功率。

由于现代计算机技术、电子学、材料学和网络技术的迅猛发展，同时“3R”原则和动物福利观念逐步渗透到动物实验教学中，符合人性化及理性化的医学虚拟仿真实验技术得以快速发展。近年来，国家大力建设和发展以医学实验和现代网络数字技术等相关技术为基础的机能类虚拟仿真实验平台，目前已经建立并可使用，学生可以远程登录进行在线学习，医学虚拟实验平台已经成为教学的一个主要组成部分。

（吉丽敏）

第二节　机能学虚拟实验构建与分类

（一）虚拟实验的分类

虚拟实验的开发技术可分为虚拟现实技术（VRT）、3D 可视化虚拟仿真技术（Maya3Dx）和多媒体互动交互技术。

1. 虚拟现实技术　是一种数据建模语言，是仿真技术的一个重要方向，是仿真技术与计算机图形学、人机接口技术、多媒体技术、传感技术、网络技术等多种技术的集合，基本目标是建立交互式 3D 多媒体，即用来描述 3D 物体及其行为的，可以构建虚拟境界，具有多感知性、存在感、交互性、自主性特征。因此，在机能学虚拟实验软件中形成的数据建模，使图形在虚拟场景中真实地模拟现实物体（如实验动物、实验仪器、实验药品等），智能化语音形成的数据建模，把 VRT 与语音识别技术结合起来，并逻辑地将各种基本模型静态或动态地连接起来，最后形成虚拟系统模型。

2. 3D 可视化虚拟仿真技术　是根据现实中积累的大量机能学实验图片、数据，并利用 3D 设计软件进行重新建模。在医学机能学实验 3D 设计软件里，利用对镜头的控制，可以从不同的空间点和角度去观察无线高端模拟人HAL及其内部器官特征，并利用3D动画虚拟技术和实验教学需求，事先设计好一些虚拟仿真疾病模型的动态模拟，让同学能够非常直观地观察和学习，从而获得更好的学习效果。

3. 多媒体互动交互技术　该技术是把图像、声音和文字等媒体信息通过软件编程设计，让学生和计算机之间形成了多媒体形式的信息沟通。在医学机能学多媒体教学领域，主要是通过把大量的有关医学机能学实验教学影像、图片、声音、文字等不同的信息数据，通过进行系统上的整理和归纳，从而形成一个实验教学知识库或者是实验动态软件，简易、直观地帮助学生自主学习。

（二）虚拟实验的特征

虚拟实验仿真具有4个基本特性：沉浸性、交互性、逼真性、虚幻性，这些特征在医学机能学教育中得到了广泛的应用。虚拟仿真实验的运用，使得在真实实验环境中难以完成的实验可以在计算机平台上得以呈现，通过人机模拟的形式让学生进行实践，运用课本上学到的知识，在模拟环境中，通过动物操作的仿真意境，提高学生自主学习的兴趣与能力。因此，计算机虚拟仿真技术在机能学实验中的应用既节约了实验的成本，合理利用教学资源，又可以提高学生的学习兴趣，使得学生及时巩固教学知识。

（王丹妹）

第三节　虚拟仿真实验在机能学实验教学中的应用

医学机能学实验课程以活体为主要实验对象，把机体的不同机能变化通过实验设计有机地联系起来。但人体实验的伦理问题和“动物保护”“敬畏生命”“以人为本”等人文精神的大力提倡，使实验教学常常受到一定条件的限制。另外，医学机能学实验中，部分实验具有操作难度较大、不可及或不可逆的弊端，同时涉及高危或极端环境、实验成本较高等问题，利用VRT、3D可视化虚拟仿真技术，为这些问题的解决提供了良好的手段。在医学虚拟仿真实验中，对人体、器官、动物建立3D虚拟数据模型，构建虚拟医疗器械，并运用网络信息及多媒体，可提供丰富的虚拟仿真技术，在很大程度上解决目前医学机能学实验中所面临的这些困难，因此医学机能学虚拟仿真实验与传统医学机能学实验有机整合，既丰富了实验教学手段，又使得教学环境和教学资源迅速满足日益增长的医学科学发展以及医学教学的需求。近年来，国内很多高等医学院校和医疗机构开始争相投资开设虚拟医学实验室，并成立了医学机能学网络虚拟实验室。同学可以在虚拟环境中运用各种实验仪器、药品和试剂，对虚拟实验动物进行各种手术操作，完成各种预定的实验项目。

机能学实验教学开展虚拟仿真实验的必要性：有利于学生通过网络平台预习和复习复杂的实验项目；丰富实验教学内容；节省实验动物和设备经费，充分体现实验动物的“3R”原则，提高实验动物福利与动物实验伦理；实现反复多次练习，提高实验成功率；增加学生的动手机会；虚拟仿真实验教学具有较明显的开放性，不受时间、空间的限制，学生通过课外时间登录校园网虚拟仿真实验操作系统，进行课前预习或课后巩固；虚拟仿真实验富有趣味性。

机能学实验教学开展虚拟仿真实验的注意事项：虚拟仿真实验虽然有很多优点，但仍不能完全代替传统的动物实验教学模式，这与真实的实践操作还是有明显差别的，在一定程度上会减弱学生的探索精神、实践操作能力和创新思维能力，不利于培养学生严谨的科学态度。因此，虚拟仿真实验技术作为传统实验教学的辅助手段之一，我们应该把虚拟仿真实验与真实实验结合起来，使两者相互弥补自身不足，做到“虚实结合、能实不虚”，使其在机能学实验教学中能够发挥更好的作用。

（王丹妹）

第四节 医学机能学网络虚拟实验室

一、VBL-100 医学机能虚拟实验室系统

VBL-100 医学机能虚拟实验室系统是机能学实验仿真软件，为机能学实验教学提供虚拟教学平台。该系统涵盖了 50 多个机能学实验的全套模拟仿真软件，包含资料室、动物房、准备室、模拟实验室和考场 5 个模块。

模拟实验室是该系统的核心内容。进入模拟实验室，结合相应的实验步骤，学生一步步地通过与计算机交互完成实验操作，生动形象地再现对活体动物处理的每一个过程。如在模拟实验室中，可逐步点击相应的实验素材来模拟实验操作过程，操作过程中穿插对药物及操作的考核。实验结果的演示也是在相应操作后呈现。

该系统的后台依托于网络通信和数据库管理技术；建设具有扩展性、兼容性、前瞻性的管理和共享平台，高效管理实验教学资源，实现校内外、本地区及更广范围内的实验教学资源共享，满足多地区、多学校和多学科专业的虚拟仿真实验教学的需求。后台功能强大，有多方面管理功能。

1. 管理中心 在首页中输入管理员账号与密码，点击登录。登录成功后，会显示登录用户名、院系、身份信息。用户信息下展示“退出”“管理中心”按钮，点击“管理中心”按钮，进入后台系统信息管理，点击“退出”按钮，退出系统。

管理员在系统后台主要有新闻管理、公有课件管理、班级管理、系统管理及其他功能。其中，新闻管理主要是维护、发布新闻信息，公有课件管理主要是上传、管理公有虚拟实验课件，班级管理中可以查看所有班级学生、考试、作业、课件学习统计信息，给班级添加评价及问卷调查，系统管理主要是管理系统用户。

2. 新闻管理 在“新闻管理”中，可以发布新闻，并对已发布的新闻进行编辑、删除、置顶、隐藏等管理。其中，发布新闻在信息发布模块中操作。

3. 课件管理 点击导航栏“课件管理”，左侧选中“课件管理”，信息展示区域展示所有已有课件的列表及其课件的操作。并且可以通过“课件名称”“课件类型”查询，如需查看某分类下的所有课件，勾选“包含子分类”。还有“上传标准课件”“上传 MP4 视频”“上传文档”“排序”以及单个课件的操作。

4. 班级管理 管理员在班级管理中可以查看所有班级学生、考试、作业、课件学习统计信息，给班级添加评价及问卷调查以及在学期管理中添加排课信息等单个课件的操作。

5. 系统管理 在管理中心中，首先选择顶部的“系统管理”功能，然后选择左边的“人员管理”分类，选择“管理员管理”项，进入管理员管理区。在右侧展示管理员的信息，可以通过“姓名”进行查找和对管理员的操作。

6. 考试管理 管理员在“考试管理”中，可以管理公共试题库、公共技能题库以及试卷管理等其他考试相关活动。

二、无线高端模拟人

（一）简介

模拟人的任一生理参数的自动或人工产生的变化均会自动引起相关联参数的对应变化，无须手动设置。模拟人为成人全身规格、无线的高级模拟患者，身高 170cm 或以上的成年模拟人，解剖标志明显，模仿人体真实结构，胸部具有逼真的肋骨结构，软件可单独显示真实的胃、心脏、胰脏、肝脏以及胃肠等器官的教学示教，整个系统完全无线连接。模拟人具有以下特点：

1. 模拟人双肺有真人的顺应性，具有 10 个不同级别的顺应性及 10 个不同的气道阻力水平，可以维持 5 ～ 20cm 的 PEEP，可从真实的呼吸机中得到实时反馈，可在连接呼吸机的状态下，随时改变肺的阻抗性及顺应性。

2. 模拟人具有内置双向对话功能，可进行问诊练习。可设定和听诊多种上呼吸道呼吸音，声音与呼吸频率同步。

3. 模拟人须带有生理自动感应的创伤截肢手和腿，可以替换连接到模拟人生理系统中，创伤截肢手和腿内置有生理传感器，在学生正确操作气压止血带止血时，可自动感应并体现气压止血效果，流血停止。

4. 模拟人血压维持在稳定程度。

5. 模拟人双侧眼睑可以自动眨动，瞳孔必须直接对光反射；双侧瞳孔可以分别独立控制，并且眨动速度可自行调节。

6. 模型人可以连接真实的监护仪、呼吸机、除颤仪等临床真实设备，自动产生生理变换。

7. 模拟人可以连接真实的血氧饱和度测试仪，直接操作，实时显示血氧的情况。

8. 模拟人胸部内置 12 导联心电感应点，可真实连接 12 导联心电图机，进行心电图操作训练。

9. 模拟人的手臂血压，可无线测量，通过无线技术感应学生测量血压的操作，无须将血压计与模拟人管道连接。

10. 模拟人的左、右手臂均可进行手臂静脉穿刺训练，内置有密闭的血管药效系统，进行用药操作时需要注射模拟药液进入手臂血管。

11. 模拟人具有正常和不正常的呼吸音、心音和肠鸣音，心音在前胸有 6 个听诊位置，心音与心电图同步。呼吸音在前胸有 8 个听诊位置，背部有 6 个听诊位置，每个部位具有正常和多种异常呼吸音，且左、右肺音可单独调节并与呼吸同步，同时要求可以听诊上呼吸道呼吸音。肠鸣音可进行 4 个象限的听诊，声音大小可调整。

12. 配套≥ 10 寸的触控电脑和≥ 20 寸的无线遥控式触摸屏监护仪，电脑和监护仪均可以显示患者的 12 种生理数据，包括：HR、ABP、CVP、PAWP、NIRP、CCO、SaO_2、SvO_2、RR、$ETCO_2$、温度和时间；可选择 12 个动态波形，包括：心电图导联Ⅰ、Ⅱ、Ⅲ、aVR、aVL、aVF、V_1、V_2、V_3、V_4、V_5、V_6及 AVP、CVP、PAWP、P、CCO、SvO_2、R、二氧化碳图。

13. 模拟人操作软件具有医学考核系统的优点，软件具备 3D 效果，可以在操作过程中显示人体的 3D 解剖图像，生理参数组包括气道、呼吸、心脏、头部和循环，每个生理模块均可自动移动显示，适用于将临床操作和基础医学结合起来，界面分割清晰。提供 3D 透视效果图显示此功能。

14. 模拟人软件可以任意设定冠状动脉系统的细微疾病，模拟缺血、坏死等症状，可通过真实监护仪直接显示出来，配套心肌梗死心电图训练模块，可以模拟从诊断到救治的全过程。

15. 智能软件可以提供心电图制图功能，可通过触控笔描绘出教学需要的任意心电图，软件自带的心电图也可以编辑修改。

16. 模拟人气道可进行多种标准的 ALS 气道管理技术练习，进行鼻腔和口腔插管、逆行气管插管，气管内有传感器，可监控和反映插管的过程，并可以探查气管插管的深度。

17. 模拟人可进行环甲膜穿刺和气管切开练习，要求喉部设计为整体模块化嵌入，允许学生反复多次的实际动手操作，不损伤模型的整体外观。

18. 可以触及仿真的 12 个不同部位的动脉搏动：双侧颈动脉、双侧股动脉、双侧桡动脉、双侧肱动脉、双侧腘动脉、双侧足动脉；脉搏跟血压呈向心性变化。

19. 模拟人可表现中枢性发绀和癫痫发作抽搐。

20. 可进行心肺脑复苏（CPR）训练，操作时软件可同步显示 CPR 操作的评估图例，通过文字、数字以及不同的颜色来显示学生的 CPR 操作表现，胸外按压心电图都可以显示在模拟监护仪上。模拟人软件可以实时显示学生 CPR 操作时的曲线，投标需提供 CPR 操作的现场实物图来说明此功能。

21. 软件包括药物系统，有 58 种以上静脉注射药物的药物动力学和药效学的预置程序，构成了药理学的模型，对操作者正确与错误的投药进行判断；可模拟的药物可以根据客户的实际教学需求自行选择；根据实际患者的病情，医师使用药物注射系统进行药物治疗，并且通过虚拟监视器来观察患者的治疗效果。

22. 模拟人右手采用内置式感应装置，内置有密闭的血管药效系统，手臂外观与真人无异，学生需要注射模拟药液进入手臂血管，药效、药量才可结合作用。要求模拟人的用药操作非软件点击药名，非虚拟感应给药，当学生在手臂注射模拟药物时，软件可无线接收药物信息并即时体现药物效果，需提供给药操作的现场实物图说明此功能。

23. 模拟人可抽搐 / 癫痫，具有仿真的肩关节和髋关节转动，可扶坐在桌边或板凳上。模拟人的膝盖可以弯曲，可以采取平躺、坐立、半靠卧等模拟人的姿势。

（二）操作方法

1. 启动 GIGA 系统

（1）模拟人初始化：阅读制造商的注意事项后，按电源键启动平板电脑（图 13-1、图 13-2）。

图 13-1　GIGA 启动键

图 13-2　GIGA 启动图标

1）GIGA 软件对模拟人进行初始化。双击桌面的 GIGA 图标启动。显示模拟人选择菜单。选择 HAL，点击“LOAD”（开始）（图 13-3、图 13-4）。

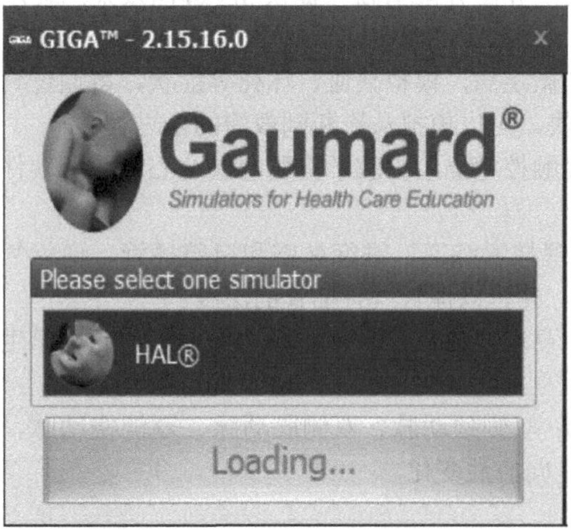

图 13-3　GIGA 软件进入 HAL 页面

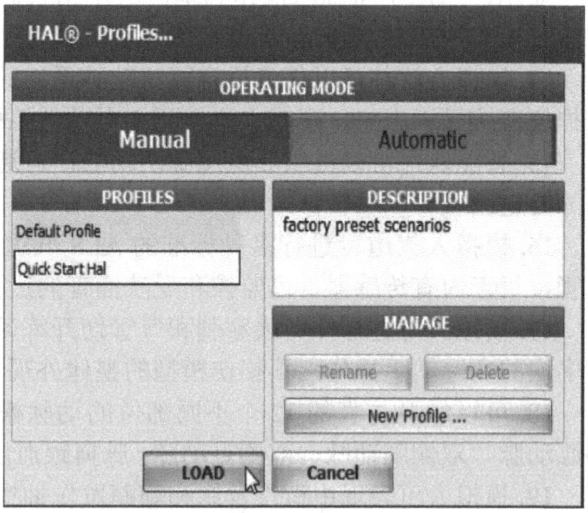

图 13-4　GIGA 软件 HAL 页面

2）1min 内，GIGA 与模拟人的无线连接即可建立配置和操作模式。

（2）启动屏幕后，会显示设置页和操作模式选择菜单。

（3）GIGA 控制软件有两种操作模式：手动和自动。每个操作模式均包括由健康教育导师和医学教授共同编写的情景案例。阅读下面介绍，了解更多操作模式和设置。

手动模式：在“手动”操作模式里，操作者完全控制生命体征和生理反应（图 13-5）。

手动模式包括以下设置：默认设置，包括一个虚拟生命体征的调色板；快速启动 HAL，包含 10 个情景自动模式。

自动模式：对照顾者操作、药物干预和手动输入自动调整生命体征，从而协助操作者（图 13-6）。例如：当操作者增加心率，自动模式会计算回应，然后自动调整血压，以升级选型激活操作模式。

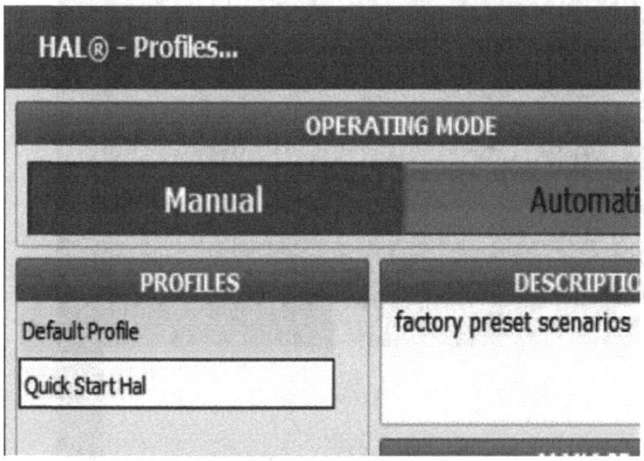

图 13-5　GIGA 控制软件手动模式

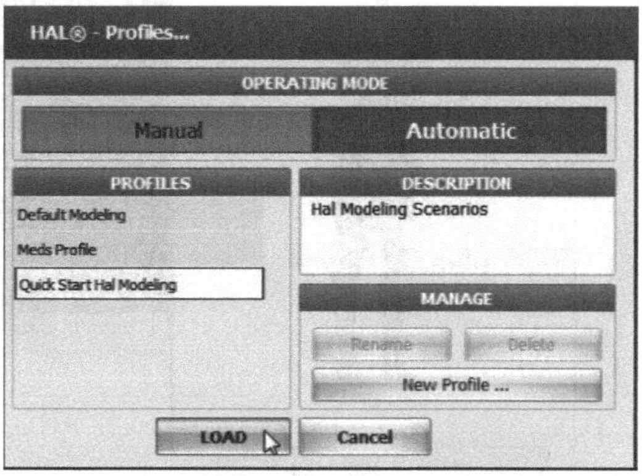

图 13-6　GIGA 控制软件自动模式

自动模式包括以下设置：默认模式——包括一个虚拟生命体征的调色板；药物设置，该设置包括 52 个可用于模拟人的预编药物；快速启动 HAL，包括 8 个与自动操作模式配套的情景。

（4）选择操作模式和设置后，点击“登录”继续。

（5）创建一个新的设置：独立地设置存储调色板、情景、选型。一个设置的改变是不会对其他产生影响。下面是关于如何使用设置的说明。

1）给每个模拟系统的使用者分配一个设置文件。

2）利用设置组织和保护调色板以及情景。

3）为多个教师教授的学术课程创建一个设置文件。

4）为一个学科或一个情景创建专门的设置文件。

创建一个新的设置，点击“New Profile”（新设置）（图 13-7、图 13-8）。

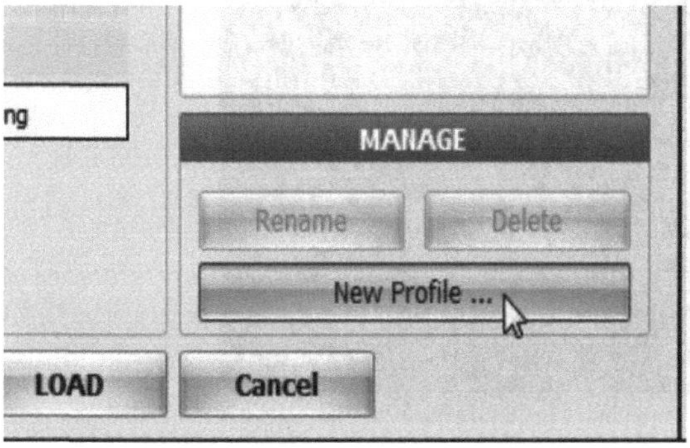

图 13-7　GIGA 软件新设置页面

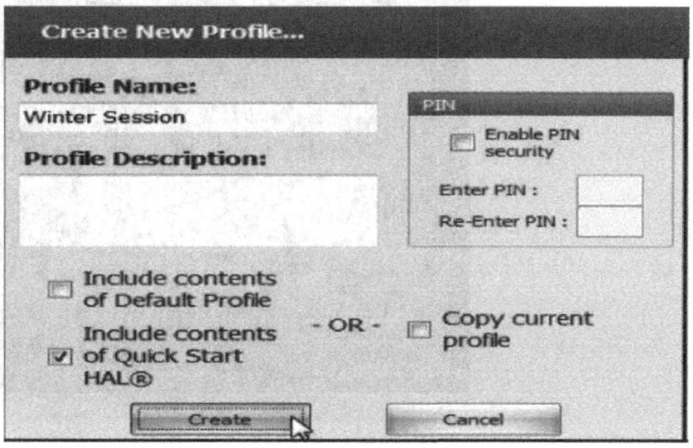

图 13-8　GIGA 软件创建“新设置”

给设置文件输入文件名，然后输入描述。启用密码保护，防止未经授权的用户访问或修改设置文件。最后，点击“创建”保存新的设置。

（6）GIGA 界面：利用 GIGA 软件控制模型、虚拟信号和评估练习者操作。模拟技术员或操作者负责 GIGA 软件的操作（图 13-9）。

GIGA 控制要素和情景程序步骤在整个 Gaumard 高端模拟人家族都是相同的。在这个指导册中，根据模拟人的硬件配置和升级选型，一些软件控制和功能特点可能会隐藏。

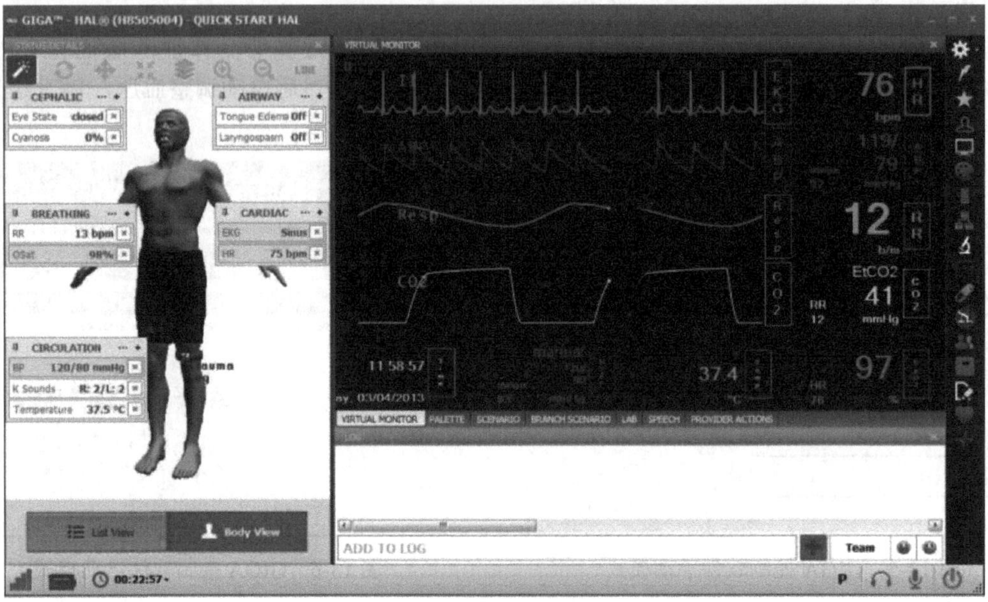

图 13-9　GIGA 界面

连接状态：通讯指示显示平板电脑与模拟人的无线连接状态。满格表示超好的通信（即正常运行）。

2. 虚拟监视器　交互虚拟监视器（MV）展示模拟患者的虚拟生命体征信息。波形和数值参数是交互式的，布局是完全可定制的（图 13-10）。

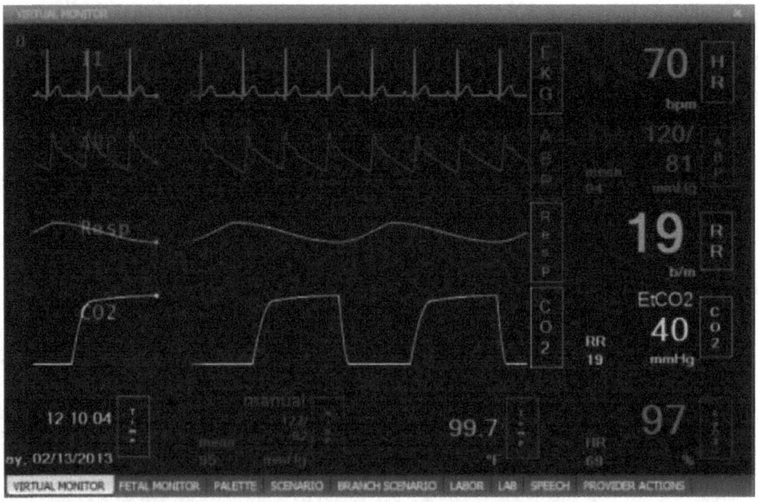

图 13-10　GIGA 软件虚拟监视器页面

3. 波形菜单　点击波形名字进入波形选项。有以下情景：

（1）单向情景：GIGA 带有若干个预先设置好的情景，模拟各种并发症。所有预先设置好的情景均在“快速启动设置”中，无须启动软件，点击“文件”→“设置”，转换到不同的设置。登录“情景清单”，点击“登录情景”使用预先设置好的情景。

（2）额外情景功能：情景包含以下功能，增加逼真性。

1）自动反应：当监测到模拟电击时，自动转到下一调色板项目。

2）文件共享和实验室报告：发生实验室报告到虚拟控制电脑。

3）声音：添加短语或自定义声音。

4）情景可以对文件共享和实验室报告进行自动资源配置。点击“添加情景”，从“文件”和“实验室”中选择合适的文件。

（王丹妹）

第十四章　探究性实验常用技术

第一节　活体动物成像技术

（一）背景介绍

活体动物体内光学成像主要采用生物发光与荧光两种技术。生物发光技术是用萤光素酶（luciferase）基因标记细胞 DNA，而荧光技术则采用萤光素酶报告基因进行标记（表 14-1）。利用灵敏的光学检测仪器，可以直接检测活体生物体内的细胞活动和基因行为。通过这些技术，可以观测活体动物体内肿瘤的生长及转移、疾病的发生发展、基因的表达及反应等生物学过程（图 14-1）。该技术不涉及放射性物质和方法，非常安全。因其操作极其简单、所得结果直观、灵敏度较高、实验成本较低等特点，已广泛应用于生命科学、医学研究及药物开发等方面。

表 14-1　生物发光与萤光成像的比较

鉴别点	生物发光	萤光
优点	1. 高灵敏度 2. 对环境变化反应迅速 3. 成像速度快，图像清楚 4. 在体内可检测到 102 细胞	1. 多种蛋白及染料可用于多重标记 2. 标记相对简单，可同时用于 FACS 分类 3. 未来可能用于人体
缺点	1. 信号较弱，需要灵敏的 CCD 镜头 2. 需要注入萤光素 3. 仪器精密度要求高 4. 细胞或基因需要标记	1. 非特异性萤光限制了灵敏度 2. 体内检测最低约 106 细胞 3. 需要不同波长的激发光 4. 很难精确定量

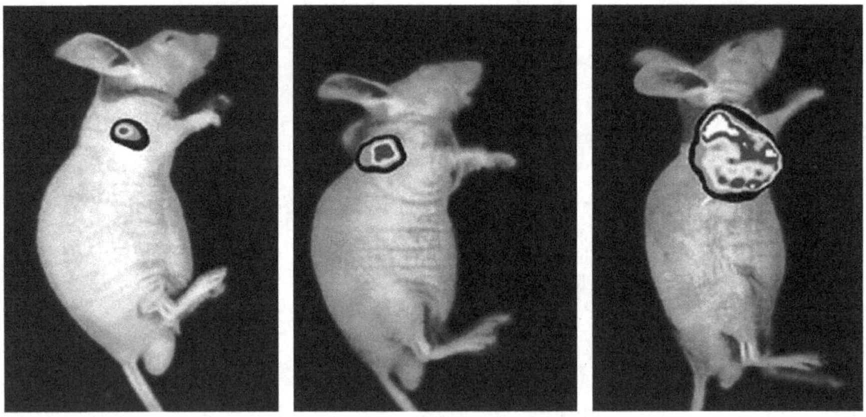

图 14-1　不同时间段裸鼠肿瘤成像

（二）活体动物成像技术应用范围

活体动物成像技术应用范围见图 14-2。

（三）生物发光技术原理

生物发光技术是指在动物体内利用报告基因（如萤光素酶基因）表达所产生的萤光素酶与底物萤光素在氧、Mg^{2+} 存在的条件下消耗 ATP 发生氧化反应，将部分化学能转化为光能释放，在体外利用敏感的 CCD 设备形成图像（图 14-3）。萤光素酶报告基因质粒可以被插入多种基因的启动子，成为某种基因的报告基因，通过检测报告基因从而实现对目标基因的监测。

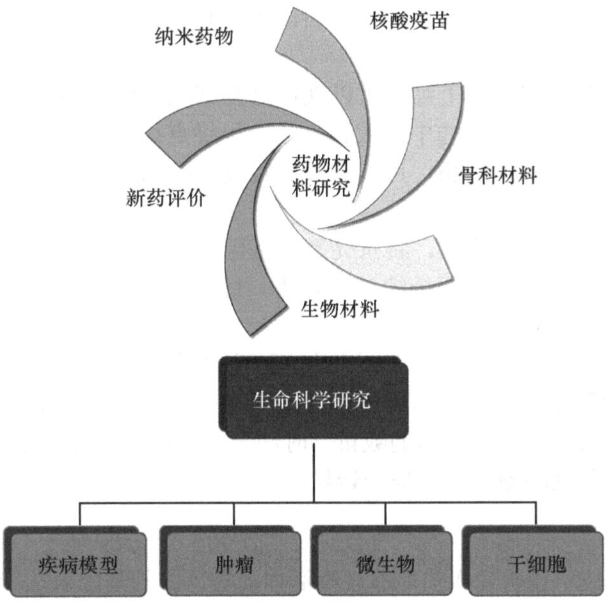

图 14-2　活体动物成像技术应用范围

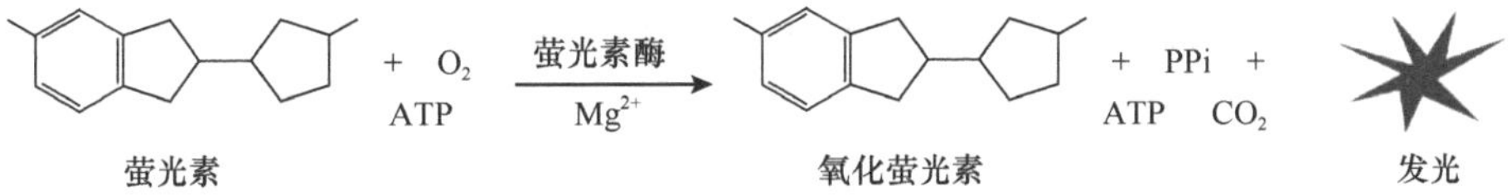

图 14-3　生物发光技术检测原理

萤光素被萤光素酶氧化的过程中可以释放波长广泛的可见光光子，其波长范围为 460 ～ 630nm（平均波长为 560nm）。在哺乳动物体内，血红蛋白是吸收可见光的主要成分，能吸收蓝绿光波段中的大部分可见光；水和脂质主要吸收红外线，但均对波长为 590 ～ 800nm 的红光近红外线吸收能力较差，因此波长超过 600nm 的红光虽然有部分散射消耗但大部分可以穿透哺乳动物组织而被高灵敏 CCD 检测仪器检测到（图 14-4）。

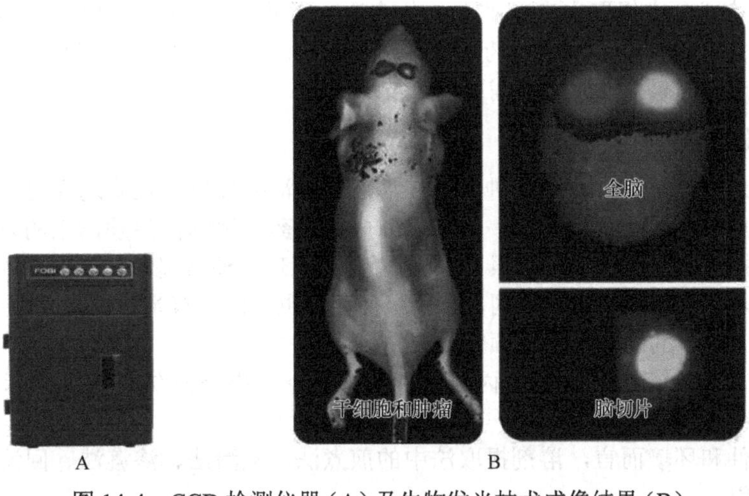

图 14-4　CCD 检测仪器（A）及生物发光技术成像结果（B）

（四）技术应用

1. 以萤光素酶标记细胞，可以观察标记的细胞在体内的活动和反应。很多常用的肿瘤细胞已被萤光素酶标记。利用皮下、静脉或原位接种后，可实时地观察这些细胞在体内的生长、转移以及对药物的反应。

2. 用萤光素酶标记免疫细胞和干细胞可以观察这些细胞在体内的活动。现行的骨髓移植技术通常检测供体造血干细胞在受体骨髓中的数目，是一种终点检测方法。应用转基因鼠，将萤光素酶标记的造血干细胞移植入脾及骨髓，可以通过生物发光技术实时检测这些干细胞的后代在动物体内的生长和活动。

3. 基因治疗主要是以病毒作载体，将萤光素酶基因作为报告基因加入载体，可观察目标基因是否到达动物体内的特异组织和是否持续高效表达。目前，报道有腺病毒、腺相关病毒 AAV2 和 AAV5、Sindbis、CMV、HPV 等。

4. 病理研究、药物研发和药物筛选的动物模型将感兴趣基因的启动因子与萤光素酶相连接，并将其稳定整合到染色体中，与这个基因平行表达，构建出此基因光学标记的转基因动物。通过这种方法，可以直接观察这个基因表达的数量、时间、部位和影响其表达的因素。

5. 其他蛋白相互作用及细胞凋亡与信号转导。

（五）发展前景

活体动物光学成像技术让研究人员能够观察活体动物体内的基因表达和细胞活动，是将分子及细胞生物学技术从体外研究发展到活体动物体内的强有力手段，正在被越来越广泛地应用于医学及生物学研究领域。生物光学成像技术检测灵敏度极高，且操作简单，费用相对低廉，为研究人员提供了广阔的应用空间。活体动物光学成像技术推进了人们对各种生命活动、疾病过程的深入认识。

（虞道锐）

第二节　热带生物、药物常用提取方法

海南省、广东省、广西壮族自治区、云南省、台湾地区和西藏自治区南部为我国的热带地域，我国的热带资源十分丰富、种类繁多。目前，多种热带地区的动、植物已受到广泛关注，对丰富的热带药用生物资源进行了有效的研究、开发利用和保护，从热带生物成分中探寻新的有效成分或先导物，是研究创新药物的有效途径。为了获取新的活性成分，开发新的药源，首先就是从复杂的热带动、植物成分中提取出有效的单体化合物，因此提取是研究热带资源的一个重要步骤，是研究化学成分的基础。热带生物、药物的常用提取方法主要是经典的溶剂提取法，此外还有水蒸气蒸馏法、超声波提取技术、酶法辅助提取技术等。

（一）溶剂提取法

溶剂提取法是根据热带生物中各种成分在溶剂中的溶解性质，正确选择对不需要溶出成分溶解度小、对活性成分溶解度大的溶剂，而将有效成分从药材组织内溶解出来的方法。溶剂提取法的关键步骤在于挑选适宜的溶剂，参照“相似相溶”的原理，即被提取化学成分的性质应与提取溶剂的性质类似。热带生物化学成分不同，分子极性强弱也不同，有亲水性成分，亦有亲脂性成分，现将实验室常用有机溶剂的极性强弱顺序介绍如下：

水＞甲酸＞甲醇＞乙酸＞乙醇＞丙酮＞乙酸乙酯＞乙醚＞氯仿＞苯＞甲苯＞四氯化碳＞石油醚

就实验室条件和环境而言，溶剂提取法中的煎煮法、浸渍法、渗漉法、回流提取法、连续回流提取法较为常用。

1. 煎煮法　是我国最早使用的传统的浸出方法。此法操作简单，能提取出大部分的有效成分，使用方法为将热带生物、药物制成粗粉，加入水中加热煮沸提取，一般适宜煎煮 2 ～ 3 次，加热时应时常搅拌，避免焦糊。使用的煎煮容器要求为陶器、砂罐或者铜制、搪瓷器皿，不能使用铁

制锅具，因铁制器皿易使药液变色。此法虽易，但不宜用于含挥发性成分及加热易破坏的成分。

2. 浸渍法　是将热带生物、药物粉末或碎块装入适当的容器中，加入合适的溶剂（如水、乙醇、甲醇），浸渍药材 2 ～ 3 次，从而溶解出其中的成分，该法适用于有效成分遇热易挥发及容易被破坏的热带生物的提取。本法操作虽简单易行，但浸出率不高，且如水为溶剂，其提取液容易发霉变质，可加入适当的防腐剂。

3. 渗漉法　是将热带生物、药物粉末装在渗漉器中，操作过程中随时补充添加新的溶剂，使其渗透过药材，从上到下自渗漉器下部流出浸出液的一种浸出方法。此法提取的过程为动态，渗漉装置中形成浓度差，所以浸出效果比浸渍法好。提取完全的标志是流出液的颜色极浅或渗漉液的体积量约等于原药材质量数值的 10 倍。

4. 回流提取法　使用有机溶剂加热提取，应采用回流加热装置，以免溶剂挥发损失，并减少有毒溶剂对实验员的伤害。药材的装量为圆底烧瓶容量的 30% ～ 50%，溶剂应超过药材表面 1 ～ 2cm，小量操作时，可在圆底烧瓶上连接回流冷凝器，注意加热前要先开冷凝水。此法多通过水浴加热提取 3 次，第一次保持沸腾回流 1h，第二次和第三次分别加热回流提取 0.5h。回流提取效率虽高，但操作的局限性较大，很少被大量生产使用。

5. 连续回流提取法　提取热带生物、药物有效成分时，不论小型实验或是大型生产，此法均较为常用。该法需用溶剂量较少，提取成分也较完全，实验室常采用索氏提取器来完成，但提取时间长达数小时，导致提取成分受热时间较长，所以遇热不稳定的成分不宜采用此法。

（二）水蒸气蒸馏法

水蒸气蒸馏法系指将含有挥发性成分的药材与蒸馏水一起蒸馏，使挥发性成分随水蒸气一并馏出，经冷凝后获取挥发性成分的浸提方法。该法仅适用于具有挥发性、能随水蒸气蒸馏而不被破坏、与水不发生反应、难溶或不溶于水的药材成分的提取。在实验具体操作中，要求蒸馏瓶中的药粉和水的总体积不能超过蒸馏瓶容量的 2/3，蒸馏基本完成的标志是馏出液由浑浊变为澄清。含挥发油成分的热带药物多选用本法，如广藿香、高良姜、砂仁、肉桂等。

（三）超声波提取技术

超声波提取法是利用超声波（高于 20kHz）进行空化效应和引发化学反应，形成瞬间空化高温（500℃）和局部高压（50MPa）来加速药材中有效成分溶解于溶媒中，以提高有效成分的溶出与释放。特定的超声作用可破碎细胞、改变植物组织、加速有效成分溶解、促进扩散和传递。该法与传统的提取法相比较，其优点是提取时间更短、效率更高、提取温度低、适用性广等；而且超声波提取是一个物理过程，无化学反应发生其中，减少了生物活性改变的概率，在热带生物有效成分的提取方面得到了一定的应用。

（四）酶法辅助提取技术

酶法辅助提取技术是根据植物细胞壁的构成，选择合适的酶，利用酶的生物催化活性和专一性等特点，通过酶反应温和地将植物细胞壁、细胞间质中的纤维素和半纤维素进行分解，加速有效成分的溶出。目前，该法已经得到较广泛的应用，实验中可用于植物花粉多糖、药用菌胞内多糖及动物药多糖的提取。酶法提取有一定的局限性，对温度、pH 及作用时间等实验条件要求较高，当前可用于提取的酶的种类也有限，从而使该技术的应用和发展受到一定的限制，故还需进行深入研究探讨，但随着该项技术的不断研究发展，酶法提取作为一种新技术将为热带生物、药物的提取提供一种新途径。

（李　霜）

第三篇　医学机能学实验项目

第十五章　基础性实验

实验一　坐骨神经 - 腓肠肌标本制备

两栖类动物的一些基本生命特征和生理功能与恒温动物相似，而其离体组织所需的存活条件比较简单，易于控制和掌握。因此，在实验中常用蟾蜍或蛙的坐骨神经 - 腓肠肌标本来观察兴奋和兴奋性、刺激与反应等基本生理现象和过程。有必要学习破坏蛙类脑脊髓法，掌握坐骨神经 - 腓肠肌标本的制备技术，获得兴奋性较好的坐骨神经 - 腓肠肌标本，为以后有关实验打下基础。所制备的坐骨神经 - 腓肠肌标本是生理学实验中必须掌握的一项基本实验技能。

【实验目标】

1. 技能目标

（1）掌握蛙类捉拿和破坏蛙类脑脊髓的方法。

（2）掌握两栖类动物坐骨神经 - 腓肠肌标本的制备方法。

（3）掌握两栖类动物手术的规范性操作。

2. 知识目标

（1）掌握机体生命活动的基本特征。

（2）掌握兴奋和兴奋性、刺激与反应等基本生理现象和过程。

3. 素质目标

（1）培养学生实验操作能力，养成认真观察、客观记录实验结果的行为习惯。

（2）培养善待实验动物、懂得实验动物的“3R”原则、珍视生命的人文素养。

【实验对象】 蟾蜍或蛙。

【实验药品和器材】 林格液。手术器械一套，包括普通剪刀、小手术剪刀、镊子、探针、锌铜弓、玻璃分针、蛙板、玻璃板、固定针等。瓷盘，培养皿，小烧杯，棉花，棉线，纱布，滴管等。

【实验操作和观察】

1. 破坏脑和脊髓　此法也叫脑脊髓穿刺法。取蟾蜍（蛙）一只，用纱布包裹蟾蜍四肢、躯干，露出头部，一只手握蟾蜍，用示指压住头部前端，拇指压住背部，使其头部前俯；另一只手持金属探针由头前端沿中线向尾方划触、触及凹陷处即为枕骨大孔所在。将探针由凹陷处垂直刺破皮肤即入枕骨大孔，这时将探针尖端转向头方，向前探入颅腔内，再向各方搅动探针捣毁脑组织。若探针确在颅腔内，术者可感觉出探针在四面皆壁的腔内。确定脑组织捣毁，探针退出（注意勿完全拔出探针），再由枕骨大孔刺入转向尾方，与脊髓平行刺入脊管，以破坏脊髓。检查动物四肢肌肉的紧张性和呼吸是否完全消失，判断脑和脊髓是否完全破坏，否则应按照上述方法重复操作。拔出探针后，用干棉球压迫针孔止血（图 15-1）。另一方法是直接去脑后再捣毁脊髓，

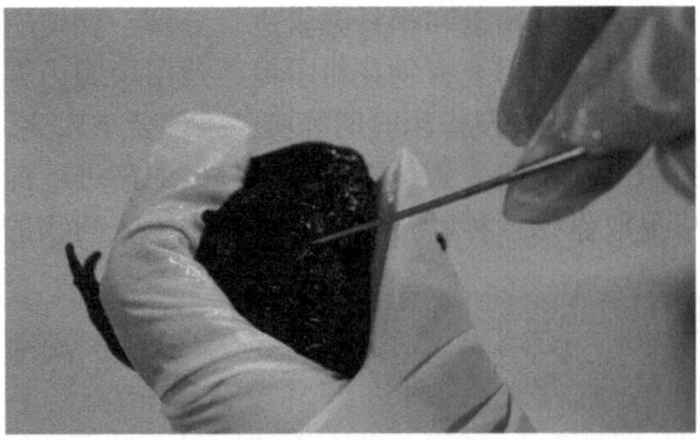

图 15-1　蛙类捉拿和捣毁脑髓的方法

此法非常快速，但对动物损伤较大，在前法无法完成的情况下，方可使用。

2. 剪除躯干上部及内脏　在骶髂关节水平上 0.5 ～ 1.0cm 处剪断脊柱（防止剪断坐骨神经）。一只手握住蟾蜍双后肢、拇指压住骶骨，使蟾蜍头与内脏自然下垂，另一只手持粗剪刀，沿脊柱两侧剪除内脏及头胸部，仅留下后肢、骶骨、脊柱以及紧贴于脊柱两侧的坐骨神经（图 15-2A）。剪除过程中注意勿损伤坐骨神经。

3. 剥皮　一只手用有齿镊夹住脊柱断端（切记勿夹住或压迫坐骨神经），另一只手用有齿镊捏住其皮肤边缘，用力向下钝性分离后肢的全部皮肤（图 15-2B）。然后把标本浸泡在盛有林格液的培养皿中。手及用过的剪刀、镊子等手术器械全部洗净，继续下面步骤。

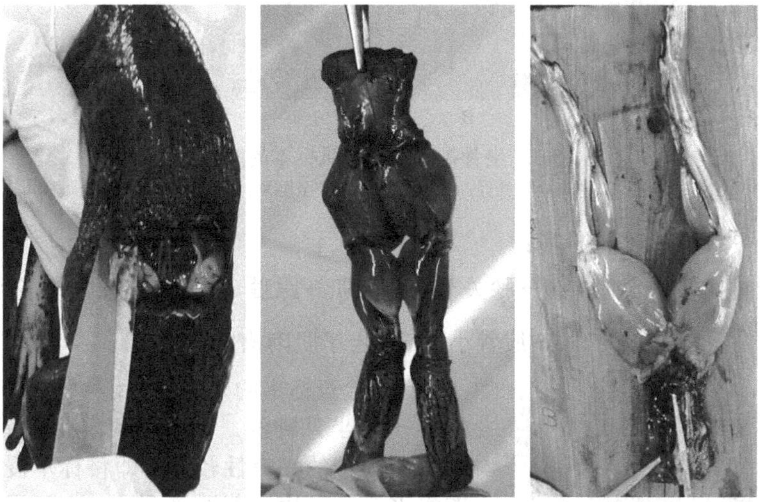

A　B　C

图 15-2　蛙类坐骨神经 - 腓肠肌标本的初步制作过程

A. 剪除躯干上部及内脏；B. 剥后背及下肢皮肤；C. 分离两腿

4. 分离两腿　用有齿镊夹住脊柱标本提起，背面朝上，剪去向上突起的尾骨，注意切勿损伤坐骨神经，然后沿正中线用剪刀将脊柱和耻骨联合中央完全剪开两侧大腿。将两条腿浸入盛有林格液的培养皿中（图 15-2C）。

5. 制作坐骨神经 - 腓肠肌标本

（1）分离坐骨神经：取一条腿放置在蛙板上的玻璃片上，用一固定针将粗制标本的脊柱固定在蛙板上即腹面朝上，将下肢拉直并向外旋转趾蹼朝上，用固定针将跖骨部固定在蛙板上，用玻璃分针沿脊柱旁游离坐骨神经至尾骨处，再循坐骨神经沟即股二头肌和半膜肌之间的裂缝处，找出坐骨神经的大腿部分，用玻璃分针仔细游离、剪断沿途坐骨神经的所有分支，并将神经分离直至腘窝处。

（2）分离腓肠肌：用玻璃分针或镊子将腓肠肌跟腱分离、穿线、结扎。在结扎远端用粗剪刀剪断跟腱，左手执线提起腓肠肌，以手术剪剪去其周围连接的组织，但保留腓肠肌起始点与膝关节的完整，注意勿损伤支配腓肠肌的神经分支。

（3）游离坐骨神经 - 腓肠肌标本：将该后肢股部所有肌肉从膝关节起沿股骨剥离并剪除，以粗剪刀在股骨下 1/3 处剪断股骨，剪下一小段与神经相连的脊柱（1 ～ 2 节脊椎骨），在膝关节下将小腿剪掉，留下的即为坐骨神经 - 腓肠肌标本（图 15-3）。

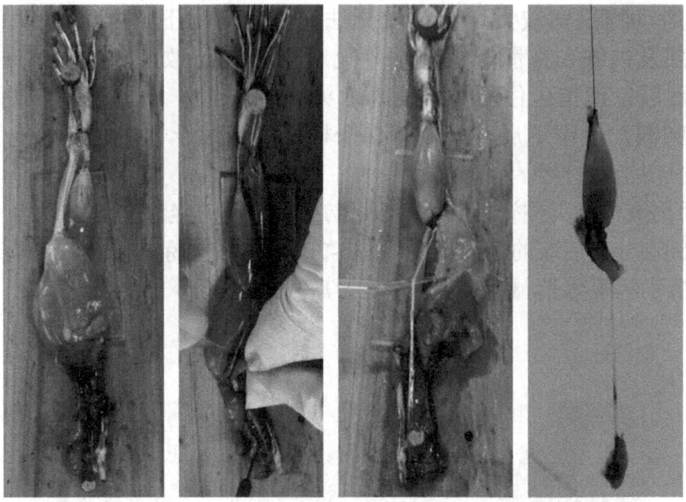

图 15-3 坐骨神经 - 腓肠肌标本的制作过程

A. 分离蛙腿；B. 游离坐骨神经；C. 游离坐骨神经至腘窝；D. 坐骨神经 - 腓肠肌标本

其各部连接关系如下（图 15-4）：

脊柱小块→坐骨神经→膝关节→腓肠肌→跟腱→线（连接张力换能器）

↓

股骨小段（固定于肌肉槽内的侧孔）

图 15-4 坐骨神经 - 腓肠肌标本的连接

（4）检查标本的兴奋性：用林格液润湿的锌铜弓轻轻接触一下坐骨神经，如腓肠肌发生明显而迅速的收缩，则表明标本的兴奋性较好，即将标本浸泡在盛有林格液的培养皿中备用。若无锌铜弓，亦可用中等强度单个电刺激做上述试验。

【注意事项】

1. 大脑和脊髓的破坏要彻底。

2. 沿脊柱中央把下半身剪为左右两大半，尽量要正中，否则可能会损伤坐骨神经。

3. 神经分离需用玻璃分针，分离过程中操作必须精细，避免用金属器械碰夹神经，以免损伤神经。同时，要注意持针分离方向应由中心向外周，以免将神经上段撕伤。坐骨神经周围的组织和神经的小分支，可用玻璃分针钝性分离或用眼科剪逐一剪断。

4. 接触蛙皮肤，特别是蟾蜍皮肤的所有器械必须洗净后方可再次使用。

5. 注意应经常用林格液湿润标本，防止干燥。

【思考题】

1. 为什么要先行捣毁蟾蜍或青蛙的脑和脊髓？

2. 观察制备的坐骨神经 - 腓肠肌标本的兴奋性如何？

3. 根据个人体会，总结制备兴奋性良好且新鲜完整的坐骨神经 - 腓肠肌标本过程中的注意事项和体会。

（董战玲）

实验二　阈刺激、阈上刺激与最大刺激

就单根骨骼肌纤维而言，其对刺激的反应是“全或无”的，只要刺激达到阈值，就可使肌纤维收缩。若超过阈值，即使再增大刺激强度，其他条件不变，肌肉收缩力量也不会增加。但对整块肌肉而言，则不是如此。例如，腓肠肌是由许多肌纤维组成的，各条肌纤维的兴奋性高低并不相同，在一定范围内，肌肉收缩力的大小与刺激强度成正比；刺激强度达到最大时，肌肉收缩力达到最大值，即收缩幅度最大，此时肌肉处于“全或无”状态；而超过最大刺激强度后，肌肉收缩力就不再增加。

活的神经肌肉组织具有兴奋性，能接受刺激发生兴奋反应。但刺激要引起组织兴奋，其强度、持续时间和强度 - 时间变化率都必须达到阈值。一般来说，兴奋性高的组织其阈值低，相反，兴奋性低的组织则阈值高，因此，阈值常作为衡量组织兴奋性高低的客观指标。

不同种类组织的兴奋性高低不同，同一组织的不同单位其兴奋性高低也不同。实验中采用单刺激直接（或通过神经间接）刺激腓肠肌时，如刺激强度低于阈值即阈下刺激，则不会引起兴奋，肌肉不会出现收缩。当刺激强度到达一定值时，才能引起肌肉收缩，此时仅有兴奋性最高的肌纤维产生收缩，这种刚能引起肌肉产生最小反应的最小刺激强度，称为阈强度（简称阈值），而刚达到阈强度的刺激，称为阈刺激。随着刺激强度的增加，越来越多的肌纤维被兴奋，肌肉收缩幅度相应地逐步增大，当刺激强度增大到某一个强度时，整块腓肠肌中所有肌纤维均产生兴奋，肌肉出现最大的收缩反应，此时如再继续增加刺激强度，肌肉收缩却不再增大。这种能使肌肉发生最大收缩反应的最小刺激强度称为最适强度。可见在一定范围内，骨骼肌收缩的大小取决于刺激的强度，这是刺激与组织反应之间的一个普遍规律。

如刺激强度小，则无法引起肌肉收缩，只有达到一定强度时，方能引起肌肉发生最微弱的收缩。这时引起的肌肉收缩称阈收缩。以后随着刺激强度的增加，肌肉收缩也相应地逐步增大，这时刺激的强度超过阈值故称为阈上刺激。当刺激强度增大至某一数值时，肌肉出现最大收缩反应。具有这种强度的刺激称为最大刺激。最大刺激引起的肌肉收缩称最大收缩。

【实验目标】

1. 技能目标

（1）掌握两栖类动物坐骨神经 - 腓肠肌标本的制备方法。

（2）能够自己完成一份完整的阈刺激、阈上刺激和最大刺激曲线的实验结果。

2. 知识目标

（1）掌握阈刺激、阈上刺激和最大刺激的概念。

（2）掌握刺激强度与反应大小的一般关系。

3. 素质目标

（1）培养学生两栖类动物手术器械使用，实验标本制作的实验操作能力，认真、客观地记录实验结果的行为习惯。

（2）避免或减轻对实验动物进行与实验目的无关的手术或操作，培养学生善待实验动物、重视动物福利的基本素养。

【实验对象】 蟾蜍或蛙。

【实验药品和器材】 林格液。BL-420E/F 生物机能实验系统，张力换能器，电刺激器。两栖类动物手术器械一套，肌动器，铁支架，双凹夹等。

【实验操作和观察】

1. 仪器装置连接　按实验一操作制备坐骨神经 - 腓肠肌标本，并置于林格液中泡浸 10 ～ 15min。

将标本的股骨残端固定于肌动器的螺旋孔内，再将跟腱与张力换能器悬臂的着力点用棉线连接，使其连线在一垂直线上，通过调节棉线紧张度，使腓肠肌处于自然拉长的状态。

2. 调整参数 ①启动电脑：打开 BL-420E/F 生物机能实验系统，在菜单“输入信号”中选择相应观察通道的“张力”指标，点击“开始”按钮；②设置刺激器参数：在电刺激设置属性页中，刺激方式为“单刺激”下，首先将“刺激强度 1”的值调至最低，然后逐渐增大刺激强度，在每次改变刺激强度时，均点击“刺激”按钮，观察肌肉收缩曲线的变化。其他刺激参数为默认值。

3. 结果记录 当刺激强度达到某一值时，腓肠肌开始微弱收缩，此时在电脑上将记录到有一个较小的收缩曲线，即为阈收缩，此时所用的刺激为阈刺激。记录下此时的刺激强度即为阈强度。待肌肉恢复（即曲线回到原位置）后，再继续增大刺激强度，观察并记录收缩反应。随着刺激强度的增加，肌肉收缩也相应增大，记录纸上描记出的曲线也相应增高。但当肌肉收缩达到一定高度时再增大刺激强度，肌肉收缩曲线不能继续升高，即为最大收缩，所用刺激称为最适刺激。

另外，实验也可选择生物机能实验系统中的实验模块来完成，具体步骤为：选择“实验项目”，在“肌肉神经实验”组中选择“刺激强度与反应的关系”模块，在弹出的对话框中设置各参数即可完成实验。观察指标与上述相同。

【注意事项】

每 2 次刺激之间要让肌肉休息 0.5min，并用林格液湿润标本，以保持良好的兴奋性。

【思考题】

1. 骨骼肌的收缩与刺激强度之间的关系如何？

2. 为什么在阈刺激和最适刺激之间，骨骼肌收缩会随刺激强度的增强而增强？

（董战玲）

实验三 骨骼肌的单收缩、复合收缩和强直收缩

收缩是肌肉兴奋的外在表现形式。根据肌肉张力和长度变化可将肌肉收缩分成 2 种形式，即等长收缩和等张收缩。给活的肌肉一个短暂而有效的刺激，肌肉可发生一次等长或等张收缩，此称为单收缩。骨骼肌单收缩的全过程可分为潜伏期、收缩期和舒张期。其收缩时间和收缩幅度可因不同动物和肌肉以及肌肉当时的功能状态的不同而不同（如蛙的腓肠肌单收缩共历时为 0.12s，其中潜伏期为 0.01s，收缩期为 0.05s，舒张期为 0.06s）。

若给肌肉连续 2 个有效刺激，并使 2 个刺激的间隔时间小于其单收缩的总时程，则可引起肌肉收缩发生总和，出现一连续的收缩，称为复合收缩。当给肌肉一串有效刺激时（≥ 3 个刺激），可因刺激频率不同，肌肉呈现不同的收缩形式。若刺激频率较低，即相继 2 个刺激的间隔时间大于单收缩的总时程，则肌肉出现一连串的彼此分开的单收缩。若刺激频率逐渐增大，使后一刺激总是落在前一个刺激引起肌肉收缩的舒张期，记录到的是锯齿状的收缩曲线，称为不完全强直收缩。若再增大刺激频率，使后一刺激总是落在前一次肌肉收缩的收缩期，肌肉将处于完全持续的收缩状态，是光滑的曲线，无舒张的痕迹，称为完全强直收缩。骨骼肌强直收缩的幅度大于单收缩的幅度，所产生的张力也是单收缩的 3 ～ 4 倍，且在一定范围内，当保持刺激强度和作用时间不变时，肌肉收缩幅度会随着刺激频率的增大而增大（图 15-5）。正常情况人体自然状态下的骨骼肌收缩几乎都是强直收缩。

【实验目标】

1. 技能目标

（1）进一步掌握捉蛙类和破坏蛙类脑脊髓法。

（2）增强两栖类动物坐骨神经 - 腓肠肌标本的制备方法。

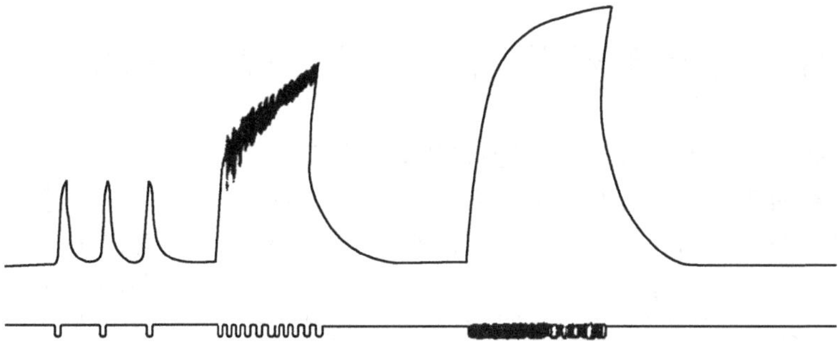

图 15-5　骨骼肌单收缩、不完全强直收缩及完全强直收缩曲线

（3）掌握 BL-420E/F 生物机能实验系统的操作。

2. 知识目标

（1）掌握观察刺激频率和肌肉收缩形式之间的关系。

（2）掌握认识机体在自然状态下肌肉的收缩形式、产生机制及其生理意义。

3. 素质目标

（1）让学生懂得机能学实验使用两栖动物的潜在优势。

（2）实验中尽量减少实验动物的使用数量，提高实验动物利用率，充分体会保护实验动物福利的重要性。

【实验对象】 蟾蜍或蛙。

【实验药品和器材】 林格液。BL-420E/F 生物机能实验系统，张力换能器，肌动器，手术器械一套，培养皿，支架，双凹夹。

【实验操作和观察】

1. 仪器装置　准备好生物机能实验系统及张力换能器。

2. 手术操作　制备坐骨神经 - 腓肠肌标本，将其浸泡在林格液中稳定 10 ～ 15min，待其兴奋性稳定。然后，将制备好的蛙腓肠肌标本用棉线系于张力换能器上，通过调节棉线紧张度，使腓肠肌处于自然拉长的长度。同时将刺激输出线的 2 个接头夹在肌动器的刺激电极上。

3. 观察与记录

（1）观察骨骼肌单收缩：启动单刺激，可见肌肉出现一次单收缩。

（2）观察复合收缩：启动双刺激，双刺激引起的复合收缩。

（3）观察不完全强直收缩与完全强直收缩：启动连续刺激（≥ 3 个），并逐渐增大刺激频率，可观察到不完全强直收缩和完全强直收缩。

【注意事项】

1. 每次刺激之后必须让标本有一定的休息时间，并给标本滴加林格液进行湿润。

2. 注意应将坐骨神经与刺激电极紧密接触，且注意刺激电极之间不要短路。

【思考题】

1. 比较不同的骨骼肌引起完全强直收缩的刺激频率是否相同？为什么？

2. 讨论同一块肌肉的单收缩、复合收缩和强直收缩的幅度是否相同？为什么？

3. 不断改变串（串个数为 2 个）间隔时间，观察骨骼肌从单收缩变成复合收缩的变化。

4. 请解释离体肌肉容易疲劳的原因。

（董战玲）

实验四 神经干动作电位、传导速度和不应期测定

可兴奋组织和细胞，例如神经纤维受到有效刺激表现出兴奋或产生动作电位。细胞膜电位将会发生一系列短暂的变化，可出现动作电位。安静状态下的膜外正内负的静息电位变为兴奋状态下的膜外负内正的去极化状态。因此，在膜外兴奋区相对于未兴奋区来说电位为负。这种电位差所产生的局部电流又引起邻近未兴奋区的去极化，使兴奋沿细胞膜传向整个细胞，而原来的兴奋区的膜电位又恢复到膜外正内负的静息状态。这种可传播的、短暂的膜电位变化，称为动作电位。神经干在受到刺激产生兴奋之后，其兴奋性要经历一个规律的时相变化，依次是绝对不应期、相对不应期、超常期和低常期，然后才恢复到正常。本实验采用双脉冲刺激测定兴奋性的变化。

【实验目标】

1. 技能目标

（1）学习两栖类动物坐骨神经 - 腓肠神经的标本制备。

（2）神经干动作电位的记录方法。进一步掌握电生理仪器的使用。

（3）学习分析、判断和测量动作电位。

2. 知识目标

（1）观察动作电位的基本波形、潜伏期、幅值及时程。

（2）掌握不同刺激强度对神经干动作电位波形的影响。

（3）掌握神经干兴奋后兴奋性的改变，学习测定不应期的方法。

（4）掌握测定神经干兴奋传导速度的基本方法。

3. 素质目标

（1）争取一次性制作兴奋性良好的实验标本，减少实验动物使用数量，提高本科生实验动物福利意识，将动物实验“3R”原则及时内化。

（2）培养学生科学、合理和人道地使用实验动物，为保护实验动物福利做贡献的人文素养。

【实验对象】 蟾蜍或蛙。

【实验药品和器材】 林格液。BL-420E/F 生物机能实验系统。手术器械一套，神经标本屏蔽盒。滴管，滤纸片和棉球。

【实验操作和观察】

1. 仪器装置 准备好 BL-420E/F 生物机能实验系统及相关电极。

2. 手术操作 制作坐骨神经 - 腓肠神经标本。按照坐骨神经 - 腓肠肌标本制备方法将已游离至腘窝处的坐骨神经，继续沿着坐骨神经走行，在腓肠肌两侧找到胫神经和腓神经并游离至足踝，穿线结扎，将坐骨神经起始处穿线结扎，用眼科剪在结扎线以上剪断神经，做成坐骨神经 - 腓肠神经标本，用眼科镊夹住两端的结扎线，将其浸泡在林格液中数分钟稳定其兴奋性。

3. 连接仪器 将神经标本屏蔽盒内所有的电极用林格液棉球擦拭，用镊子夹住神经干标本两端结扎线，将制备好的神经干标本横搭在屏蔽盒的电极上，盖好屏蔽盒盖，并将刺激电极、引导电极及地线等连接线分别连好（注：神经干粗端置于刺激电极处，细端置于记录电极处）。

4. 观察与记录

（1）寻找阈刺激和最适刺激：先将刺激强度设为 0.05mV，再逐渐增大，直至出现动作电位时（此时的刺激强度即阈强度）；逐渐增大至动作电位幅度达到最大值，该强度的刺激为最适刺激强度（记下该强度值）。记录动作电位的波形，测量其潜伏期、时程和幅值。

（2）计算传导速度：测量两记录电极（r_1，r_3）之间的距离 s（单位：mm）和神经干动作电位传导所用的时间 t（单位：ms）（从一个动作电位的峰值量到下一个动作电位的峰值，即可得到时间），

然后，根据公式 $v=s/t$，计算神经干传导速度（单位：m/s）。

（3）观察不应期：给神经干最适刺激强度，使之出现两个大小相等的动作电位，如果出现则用改变刺激间隔的时间，逐渐缩短两个刺激间隔时间至第二个动作电位刚好变小，此时的刺激间隔时间即为动作电位的恢复周期。如再逐渐缩短刺激间隔时间至第二个动作电位刚好消失，则该刺激间隔为绝对不应期。用记录下的动作电位恢复周期减去绝对不应期就等于相对不应期。

（4）观察双相动作电位及单相动作电位：以上观察到的都是双相动作电位，用小镊子将两根引导电极（r_1 至 r_2 或是 r_3 至 r_4）间的神经干夹伤，可见动作电位的第二相消失，变为单相动作电位。

【注意事项】

1. 神经干标本分离要足够长，而且要剥离干净又不损伤神经主干。分离时应用眼科剪小心剪去神经分支及周围结缔组织，切忌撕拉。

2. 神经干标本应与记录电极紧密接触，特别要注意与中间接地电极的接触。神经干不能打折，并经常保持湿润，又要注意防止电极间短路。

3. 刺激强度应从最小的强度开始，逐步增加刺激强度，且持续刺激时间不宜过长，防止损伤神经干。

【思考题】

1. 为什么记录到的双相动作电位的第一相和第二相的波形、幅值不对称？

2. 简述双相动作电位和单相动作电位的产生原理。两者在时程和幅度上有何不同？

3. 刺激时会产生刺激伪迹，为什么会产生伪迹？

4. 为什么在一定范围内，神经干动作电位的幅度随着刺激强度增大而增大？这与理论上动作电位产生的“全或无”现象有无矛盾？

5. 请描述出神经干兴奋性是如何变化的，并分析各期的生理意义。

（董战玲）

实验五　红细胞渗透脆性试验

血浆晶体渗透压是维持血细胞内外水平衡的重要因素。将红细胞悬浮于低渗溶液中，水在渗透压的作用下渗入细胞，细胞将膨胀，甚至破裂。红细胞在低渗溶液中发生膨胀破裂的现象称为红细胞渗透脆性。正常红细胞对低渗溶液有一定的抵抗力，这种抵抗力的大小可作为衡量红细胞渗透脆性高低的指标。

红细胞渗透脆性试验是检测红细胞对不同浓度低渗盐溶液的抵抗力。将血液滴入不同浓度的低渗盐溶液中，开始出现溶血现象的低渗盐溶度浓度，为该血液红细胞的最小抵抗力，即最大脆性；完全溶血时的低渗盐溶液浓度，为该血液红细胞的最大抵抗力，即最小脆性。

【实验目标】

1. 技能目标

（1）掌握红细胞膜对不同低渗溶液抵抗力的测定方法。

（2）掌握细胞出现溶血、不完全溶血、完全溶血的观察方法。

（3）掌握不同浓度溶液的配制方法。

2. 知识目标

（1）掌握细胞出现溶血的生理学机制。

（2）理解细胞外液渗透压对维持细胞正常形态与功能的重要性。

（3）了解该实验用于诊断与筛查的临床疾病。

3. 素质目标

（1）培养实验推导结论的科学思维。

（2）养成认真观察、客观记录实验结果的习惯。

【实验对象】 家兔的新鲜血液。

【实验药品和器材】 肝素，1% NaCl 溶液，蒸馏水。5ml 试管及试管架，滴管，2ml 吸管。

【实验操作和观察】

1. 配制溶液 取 5ml 试管 10 支，编号排列在试管架上，按表 15-1 要求配制 10 种浓度的低渗盐溶液。

表 15-1 不同浓度的低渗盐溶液的配制

试液	1	2	3	4	5	6	7	8	9	10
1%NaCl（ml）	1.4	1.3	1.2	1.1	1.0	0.9	0.8	0.7	0.6	0.5
蒸馏水（ml）	0.6	0.7	0.8	0.9	1.0	1.1	1.2	1.3	1.4	1.5
NaCl 浓度	0.7	0.65	0.6	0.55	0.5	0.45	0.4	0.35	0.3	0.25

2. 加入血液 用滴管取抗凝血，依次在各试管中加 1 滴，摇匀，静置 30min。

3. 根据各管混合液的颜色和浑浊度的不同，判断最大脆性和最小脆性。

（1）未发生溶血：试管内液体下层为浑浊红色，上层为无色，表明无红细胞破裂。

（2）不完全溶血：试管内液体下层为浑浊红色，上层为透明红色，表明部分红细胞破裂。出现不完全溶血的最大低渗盐溶液，是该血液红细胞的最大脆性。

（3）完全溶血：试管内液体完全变成透明红色，溶液无浑浊，表明红细胞完全破裂。出现完全溶血的最大低渗溶液，为该血液红细胞的最小脆性。

4. 记录各管溶液的结果，判断并记录渗透脆性范围，即最小抵抗力的 NaCl 溶液浓度和最大抵抗力的 NaCl 溶液浓度。

5. 选择 3 种不同状态的试管溶液，各滴 1 滴于载玻片上，盖上盖玻片，在显微镜下观察红细胞形态。

【注意事项】

1. 配制不同浓度的低渗盐溶液必须准确无误。

2. 加入血液量要准确一致，只加 1 滴，滴入时要全部滴入溶液，避免残留在试管壁。

3. 摇匀试管内液体时，用手指盖住试管口，轻轻倾斜至 45° 1 ～ 2 次，操作过程中减少机械振荡，避免人为溶血。

4. 观察时，光线要充足，最好使用白色背景。

5. 抗凝剂要使用肝素，其他抗凝剂可改变溶液的渗透压。

【思考题】

1. 红细胞渗透脆性可用于临床哪些疾病的诊断和筛查？

2. 红细胞渗透脆性试验有何生理意义？

3. 为什么同一个体的红细胞渗透脆性有最大值和最小值？

（樊守艳）

实验六 红细胞沉降率的测定

红细胞是血液中数量最多的有形成分，其膜表面有一层带负电荷的水化膜，使红细胞相互排斥。红细胞在血液中比重最大，因而在体内抽出经过抗凝处理静置的血液中，红细胞应该下沉，而在其上部析出血浆。但红细胞在血浆中沉降速度很慢，称为红细胞的悬浮稳定性。通常以第 1 小时末红细胞下沉的距离（即析出的血浆高度）表示红细胞沉降的速度，称为红细胞沉降率，简称血沉。健康人的血沉在一个较小的范围内波动。许多病理情况下（如活动性结核、急性风湿热、癌症）血沉可明显增快，因此血沉的测定具有临床诊断意义。

【实验目标】

1. 技能目标

（1）掌握红细胞沉降率的测定方法。

（2）熟悉家兔耳缘静脉抽血方法。

2. 知识目标

（1）掌握红细胞沉降测定的临床意义。

（2）掌握红细胞沉降率测定原理。

3. 素质目标

（1）熟悉耳缘静脉抽血法，尽量一次抽血成功，减轻实验动物的疼痛，避免实验动物过于应激，在实验过程中养成善待实验动物的人文素养。

（2）树立实事求是、严谨的科学态度。

【实验对象】 家兔，雌雄不拘，体重 2.0 ～ 2.5kg。

【实验药品和器材】 3.8% 枸橼酸钠溶液。血沉管，固定架，小试管，试管架，5ml 注射器。

【实验操作和观察】

1. 在小试管中加入 3.8% 枸橼酸钠溶液 2ml。

2. 兔耳缘静脉取血 2ml，再准确地吸取 1.6ml 静脉血注入小试管内，轻轻混匀，使血液和抗凝剂充分混合。

3. 取干燥的血沉管 1 支，从小试管内吸血到刻度“0”处，拭去管口外面的血液，垂直地竖立在固定架的橡皮垫上，固定在支架上，勿使血液由管下端漏出，注意血沉管不能倾斜，管内不应有凝血块和气泡（图 15-6）。

4. 静置 1h 后，读取析出血浆高度即红细胞下降的毫米数，即为红细胞沉降率（mm/h）。

5. 小心取下血沉管，即时冲洗晾干。

图 15-6　Wintrobe 管法红细胞沉降率测定图

【注意事项】

1. 抗凝剂应新鲜配制。

2. 所有器具均应清洁、干燥。

3. 自采血起，整个实验应在 2h 内完成。

4. 红细胞沉降率与温度有关，故应在 18 ～ 25℃室温下进行。在一定范围内，温度越高红细胞沉降率越快。

5. 红细胞沉降率的正常范围，男性为 0 ～ 15mm/h，女性为 0 ～ 20mm/h。

【思考题】

1. 为什么在某些疾病情况下红细胞沉降率显著加快？

2. 红细胞沉降率的生理变化如何？

3. 临床上影响红细胞沉降率的因素有哪些？

（王丹妹）

实验七　蛙心起搏点的观察

哺乳动物心脏内有一类能够产生自律性的细胞，如窦房结、房室束和心室的浦肯野纤维等，均属于心肌的特殊传导系统。在心脏的自律活动中，窦房结P细胞的自律性最高，表现为70次/分，房室结和房室束次之，40～50次/分，心室的浦肯野纤维最低，25次/分。在心脏的自律活动中，窦房结自律性最高，为整个心脏活动的正常起搏点（normal pacemaker）。把窦房结形成的特殊的节律，称为窦性节律。其他自律细胞在正常情况下只表现兴奋的传导而不体现自身的节律性，这类细胞称为潜在起搏点（latent pacemaker）。还有一类自律细胞在潜在起搏点异常时才体现自律性，这类细胞称为异位起搏点（ectopic pacemaker）。哺乳类动物的正常起搏点为窦房结，两栖类动物为静脉窦。

【实验目标】

1. 技能目标

（1）掌握蛙类动物捉拿方法。

（2）掌握蛙类动物在体心脏手术方法。

（3）掌握蛙类动物在体传导阻滞手术方法。

（4）掌握实验结果的正确记录和描记方法。

2. 知识目标

（1）通过结扎阻断兴奋传导的方法，观察蛙心正常起搏点的部位及特征，比较其不同部位的自律性高低。

（2）观察改变局部环境温度对蛙心起搏的影响。

3. 素质目标

（1）培育优化实验设计的科学思维。

（2）培养团队合作精神，合理安排实验时间，尽量减少实验动物的痛苦承受时间。

【实验对象】 蛙或蟾蜍。

【实验药品和器材】 林格液。蛙类常用手术器械一套。蛙心夹，小试管，滴管，棉线。

【实验操作和观察】

1. 手术操作

（1）抓取蛙或蟾蜍1只，先用探针破坏脑及脊髓，再将蛙仰卧位固定于蛙板上。用粗剪刀在胸骨下方2cm处剪开腹部皮肤，一直朝向左右两侧下颌角方向剪开。随后一只手用有齿镊轻轻提起胸骨剑突，另一只手用粗剪从腹肌处剪开，围绕胸骨左右两侧作一“V”形切口，剪断左右乌喙骨和锁骨，使开口呈一倒三角形。剪切时注意不要伤及心脏。当剪去胸骨后，肉眼即可观察到心脏在心包中跳动。随后用眼科剪仔细剪开心包膜，暴露完整心脏。

（2）手持钝头玻璃分针提举蛙心，通过参阅图15-7肉眼识别两栖类动物心脏的静脉窦、心房

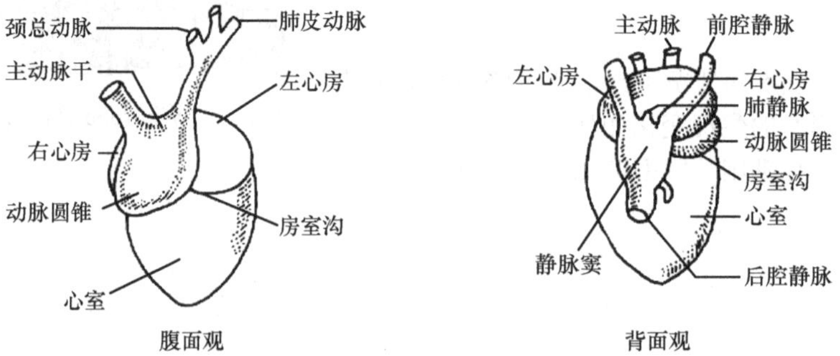

图15-7　蛙心示意图

和心室。正面肉眼分辨两栖类动物心脏为两房一室，心房心室间有一沟为房室沟，左心房连接肺静脉，右心室上方连接动脉圆锥。主动脉圆锥（动脉球）离开心室分为两主干即左及右主动脉，每一主干不久又分为三支，即颈总动脉、主动脉和肺动脉。背侧可观察到两根前腔静脉和一根后腔静脉在静脉窦汇合。静脉窦和心房交界处有一条半月形白线，此为窦房沟。

2. 观察与记录

（1）肉眼观察正常情况下静脉窦、心房和心室的收缩顺序，并记录单位时间内收缩的频率。注意蛙心收缩顺序：静脉窦最先，随后为两心房同时收缩，最后心室。

（2）用试管吸取 35 ～ 40℃热水（或已加热的刺针柄）或小冰块分别改变静脉窦、心房、心室温度，肉眼观察和记录心脏各部位收缩的顺序及频率。

（3）斯氏第一结扎后，肉眼观察和记录心脏各部位收缩的顺序及频率。在已记录正常心脏收缩频率后，先备一线在心脏主动脉干下，再通过手持玻璃分针将其心尖翻向头端，使其心脏背面暴露，迅速找到蛙心窦房沟，将预先备好的线沿窦房沟结扎，力求阻断静脉窦到心房的传导通路。经若干时间（5 ～ 30min，或更长时间）后，心房、心室发生收缩，记录收缩顺序及频率，并肉眼观察其收缩节律是否一致。

（4）斯氏第二结扎后，肉眼观察和记录心脏各部位收缩的顺序及频率。蛙心脏恢复收缩性后，正面用线在心房和心室交界处（房室沟）作一结扎（或使用另一个蛙心），肉眼观察和记录心脏各部位收缩的顺序及频率。

（5）将观察记录结果填入表 15-2。

表 15-2 不同温度与结扎对蛙心起搏的影响（次 / 分）

实验项目		静脉窦	心房	心室
正常状态				
静脉窦	加温 35 ～ 40℃			
	冰块降温			
心房	加温 35 ～ 40℃			
	冰块降温			
心室	加温 35 ～ 40℃			
	冰块降温			
斯氏第一结扎				
斯氏第二结扎				

【注意事项】

1. 剪开胸骨时，为了避免损伤心脏和血管，剪刀应紧贴胸壁。

2. 剪开心包膜时要细心，避免损伤心脏。

3. 在改变心脏局部温度操作中，接触部位要准确，尽量减少该局部温度过快波及其他部位而影响效果。

4. 结扎位置要准确，结扎时不宜扎得过紧，能刚阻断心脏兴奋性传导为最佳。

5. 操作过程中要注意滴加林格液，避免心脏干燥。

6. 如果斯氏第一结扎后心脏跳动停止时间过长，可通过给予适当人工刺激（用玻璃分针）帮助其恢复搏动。

【思考题】

1. 结扎后，静脉窦、心房和心室的收缩频率是否一致？如果不一致，原因是什么？通过实验观察，蛙心的兴奋传导顺序是怎样的？蛙心的正常起搏点位于哪里？

2. 在本实验中，能否先做斯氏第二结扎，再做斯氏第一结扎？原因是什么？

3. 实验过程中发生心室停止跳动若干时间后又恢复跳动的现象，请分析其原因，并利用学过的理论知识描述心室跳动频率与心房跳动频率的变化特点。

（朴伶华）

实验八　蛙心期前收缩和代偿间歇

在心动周期中，心肌细胞每发生一次兴奋性收缩，兴奋性将发生周期性变化，即有效不应期—相对不应期—超常期。在特别长的有效不应期内，无论给予何种强大刺激均无法引起心肌发生兴奋收缩。在相对不应期内，给予阈上刺激就可引发兴奋收缩。之后为超常期，此期膜电位较低，阈下刺激就可引发兴奋收缩。如果在心室肌的有效不应期后，下一次窦房结兴奋到达前，心室收到一次额外刺激，则会提前发生收缩，称为期前收缩（premature systole），此后会出现一段较长的心室舒张间歇期，称为代偿间歇（compensatory pause）。

【实验目标】

1. 技能目标

（1）掌握蛙类动物捉拿方法。

（2）掌握蛙类动物在体心脏手术方法。

（3）掌握蛙类动物在体记录期前收缩和代偿间歇的手术操作。

（4）掌握实验结果的正确记录和描记方法。

2. 知识目标

（1）掌握在体心跳曲线的记录方法。

（2）通过对期前收缩和代偿间歇的观察，掌握期前收缩和代偿间歇产生的原因。了解心肌的兴奋性变化特点及影响因素。

3. 素质目标

（1）认真观察实验结果并思考，从基础实验中培养学生临床思维能力。

（2）结合日常生活，养成良好的作息习惯；积极锻炼，防胜于治，保护心脏；生活有营养，今生更健康。

【实验对象】 蛙或蟾蜍。

【实验药品和器材】 林格液。生物机能实验系统，张力换能器，电子刺激器，刺激电极。蛙类手术器械一套，铁支架，双凹活动夹。蛙板，棉线，蛙心夹，吸管，玻璃小烧杯。

【实验操作和观察】

1. 仪器装置　用生物机能实验系统的“期前收缩与代偿间歇”实验模块，记录蛙心收缩曲线。

2. 手术操作　取蛙或蟾蜍1只，用探针破坏脑和脊髓，开胸暴露心脏（参见本章实验七　蛙心起搏点的观察手术操作）。一端用连线的蛙心夹在心舒张期时夹在距离心尖约1mm处，另一端将连线系在张力换能器的着力点上。连线力求与着力点呈垂直状态。张力则以可描绘出适宜的心脏跳动曲线为佳。随后在心脏两侧安装刺激电极，电极两端要与心脏充分接触，但是要避免电极短路。刺激电极要与生物机能实验系统的输出电缆相接。

3. 观察与记录

（1）通过记录一段正常的心跳曲线，观察心室收缩和舒张曲线。

（2）通过分别在心室舒张期的早、中、晚三期刺激心室（注意两次刺激间隔时间不宜过短），观察心跳曲线波形特点，鉴别正常收缩、期前收缩和代偿间歇曲线（表15-3）。

（3）通过增加刺激强度，观察心跳曲线波形变化特点并分析原因。

表 15-3 不同刺激条件下蛙心心跳曲线变化

条件	心跳曲线
正常	
刺激心室舒张早期	
刺激心室舒张中期	
刺激心室舒张晚期	
改变刺激强度	

【注意事项】

1. 安装刺激电极时注意避免电极发生短路。
2. 牵拉心脏时避免用力过猛，导致心脏破裂。
3. 在实验操作过程中，注意滴加林格液让心脏保持湿润。
4. 正常心跳曲线应先上升再下降，如出现相反情况，及时检测换能器是否发生倒向问题。
5. 选择合适的刺激强度时，可通过刺激电极刺激蛙的腹壁肌肉，判断强度是否适宜。

【思考题】

1. 分析期前收缩和代偿间歇产生的原因。
2. 简述心肌有效不应期的特点及生理意义。
3. 当心动过速或过缓时，是否会出现代偿间歇？原因是什么？

（朴伶华）

实验九 反射弧的观察与分析

所谓反射，即在中枢神经系统的参与下，机体对刺激所产生的具有适应性的反应过程，是神经系统活动的基本方式。反射活动的结构基础是反射弧，其主要由感受器、传入神经、神经中枢、传出神经和效应器 5 部分组成。若反射弧的任何一部分的解剖结构和生理功能有缺损，反射活动则无法完成。将两栖类动物在断头后，脊髓失去高级中枢的正常调节而产生的各种反射活动为单纯的脊髓反射，故有利于观察和分析反射过程的某些特性。

【实验目标】

1. 技能目标

（1）掌握脊蛙的复制方法。

（2）掌握实验结果的正确记录和表述方法。

2. 知识目标

（1）掌握反射弧的组成。

（2）掌握反射弧完整性与反射活动的关系。

3. 素质目标

（1）培养学生实事求是、严谨认真、一丝不苟、精益求精的良好实验习惯。

（2）学习相关生命伦理学原则，倡导敬畏生命，提升医学人文精神。

【实验对象】 蛙。

【实验药品和器材】 1% 硫酸溶液。BL-420F 生物机能实验系统，蛙手术器械一套，铁支柱，肌夹，刺激电极，烧杯，培养皿，棉花，纱布，丝线，小滤纸。

【实验操作和观察】

1. 制备脊蛙 取蛙 1 只，用粗剪刀由两侧口裂剪去上方头颅，保留下颌部分，并用棉球压迫

图 15-8 脊髓反射实验装置图

创口止血。这类去除脑组织只保留脊髓的蛙，即为脊蛙。制备脊蛙时，虽然出血较多，但各组织器官功能可基本维持正常，其脊休克时间也只有数秒，最长不过数分钟。

2. 固定脊蛙 将动物俯卧位固定在蛙板上，从右侧大腿背侧纵行剪开皮肤，在坐骨神经沟内找到坐骨神经干，在神经干下穿一条细线备用。用肌夹夹住动物下颌，避免夹到舌根，悬挂在铁架台上（图 15-8）。

3. 反射弧的观察

（1）将一浸有 1% 硫酸溶液的小滤纸（1cm×1cm）贴于蛙的下腹部，观察双后肢是否发生屈肌反射；待出现反应后，将蛙浸于烧杯中的清水内洗掉滤纸片和硫酸，用纱布擦干皮肤。提起穿在右侧坐骨神经下的细线，剪断坐骨神经。再重复上述实验，记录及比较 2 次结果的异同。

（2）用培养皿盛 1% 硫酸溶液，分别将蛙左右后肢的一脚趾尖（选最长的脚趾）分别浸于硫酸溶液中，深度 2 ～ 3mm，时长 3 ～ 4s，观察双侧是否发生屈肌反射，记录反应结果。然后立即用清水洗净脚趾上的残余硫酸，并用纱布轻轻揩干。

（3）在左后肢踝关节上方，将皮肤剪一环形切口，将切口以下皮肤剥去（趾尖皮肤一定要除净），再用 1% 硫酸溶液浸泡该脚趾（切不可将其他脚趾尖没入），观察该侧后肢的反应，并记录反应结果。

（4）将一浸有 1% 硫酸溶液的小滤纸贴于左后肢皮肤，观察引起的反应；之后用清水洗掉滤纸片和硫酸，擦干皮肤后，将探针插入脊髓腔内反复捣毁脊髓，再重复实验步骤（1），并记录反应结果。

【注意事项】

1. 离断蛙颅脑部位要适当，太高可能会保留部分脑组织而出现自主活动，太低也会影响反射的引出。离断后，应用棉球压迫止血。

2. 实验中蛙脚趾每次浸入硫酸的面积应当相同，部位应限于趾尖，每次浸泡范围也应恒定，以保持刺激强度一致。

3. 每次刺激之间应用清水洗净脚趾，并用纱布擦拭干净，以避免硫酸的持续作用或其浓度发生变化而影响实验结果。

【思考题】

1. 如何理解反应和反射的联系和区别？

2. 结合实验中操作步骤，如何理解反射弧的完整性与反射之间的关系？

3. 本实验的设计方案是否完善？是否需要改进？你的设计方案如何？

（何　佟）

实验十　动物一侧迷路破坏的效应

内耳迷路中的前庭器官主要感受机体自身的姿势、运动状态以及头部空间位置，通过它可反射性地影响肌紧张，从而调节机体姿势平衡和运动协调。如动物一侧迷路功能被破坏，机体的肌紧张协调性将会发生障碍，则动物在静止和运动时会失去维持正常姿势平衡的能力。

【实验目标】

1. 技能目标 掌握破坏蛙类、豚鼠迷路的方法。

2. 知识目标 熟悉迷路在维持机体姿势平衡和运动协调中的作用。

3. 素质目标

（1）培养学生严谨求实的科学态度和精益求精的工作作风。

（2）了解动物实验的伦理学原则，敬畏生命、尊重生命、关爱生命，做一名有温度的研究者。

【实验对象】 蛙或豚鼠。

【实验药品和器材】 乙醚，氯仿。蛙手术器械一套，棉球，纱布，水盆，滴管。

【实验操作和观察】

1. 破坏蛙一侧迷路的效应

（1）观察蛙正常的爬行和游泳姿势。

（2）用乙醚将蛙麻醉，躯干和四肢用纱布包裹，腹面朝上握于左手中。右手用镊子将蛙口张开，用左手拇指压紧下颌及舌。右手用手术刀在蛙颅底的口腔黏膜做一横切口，剥开黏膜，即可看到"十"字形的副蝶骨；在副蝶骨左右两旁的横突则为迷路所在部位，将一侧横突骨膜用手术刀切去，可见粟粒大小的小白丘，即为蛙的迷路。用探针刺入小白丘约 2mm，捣毁迷路。

（3）数分钟后，观察蛙静止和爬行以及游泳姿势的改变，头部及躯干偏向何侧，并记录实验结果。

2. 破坏豚鼠一侧迷路的效应

（1）先观察豚鼠的正常姿势、行走状态和有无眼球震颤。

（2）将豚鼠侧卧，固定头部，轻轻提起一侧耳廓，用滴管向外耳道深处滴入氯仿 2 ～ 3 滴，使氯仿渗入迷路。继续将豚鼠保持侧卧位及头部固定不动，维持 10min，豚鼠一侧迷路功能即可被消除。

（3）观察豚鼠眼球有无震颤：抓住豚鼠后肢将其提起，其头部、躯干向何侧弯向；让豚鼠自由活动，其向何侧做旋转运动或翻滚，并记录实验结果。

【注意事项】

1. 实验前必须筛选健康、对称运动的动物。

2. 破坏蛙的迷路时，位置要准确，用力需适度，探针不要刺入太深，以免损伤中枢神经。

3. 氯仿是一种高脂溶性麻醉剂，给豚鼠滴入量不宜过多，以免造成动物的死亡。

4. 应认真观察实验前动物的运动姿态、状态等情况，便于进行实验前后的比较，减少实验误差。

【思考题】

1. 结合实验中操作步骤，如何理解破坏动物一侧迷路后，其头部、躯干等变化的机制？

2. 本实验的设计方案是否完善？是否需要改进？你的设计方案如何？

（何　佟）

实验十一　地西泮的抗惊厥作用

地西泮，化学式 $C_{16}H_{13}ClN_2O$，是苯二氮䓬类药物，具有抗焦虑、抗癫痫、镇静、松弛骨骼肌及消除记忆的作用，常用于医治焦虑、失眠、肌肉痉挛及部分癫痫症。本实验中，尼可刹米为中枢兴奋药物，过量可引起惊厥。地西泮可作用于大脑边缘系统，加强 GABA 能神经元的抑制作用，可有效地对抗尼可刹米所诱发的惊厥。

【实验目标】

1. 技能目标

（1）掌握家兔耳缘静脉注射方法。

（2）掌握家兔捉拿固定方法。

2. 知识目标

（1）观察中枢兴奋药过量的毒性反应。

（2）观察地西泮的抗惊厥作用。

（3）了解地西泮的作用机制及用途。

3. 素质目标

（1）实验中观察量变引起质变的现象。

（2）认真记录实验结果，区分惊厥的不同程度，结合临床理解典型和非典型症状。

（3）培养分工协作，团队合作的精神。

【实验对象】 家兔，体重 2 ～ 3kg。

【实验药品和器材】 0.5% 地西泮溶液，25% 尼可刹米溶液。兔固定箱，台式磅秤，注射器（5ml），针头（6 号）。

【实验操作和观察】 取家兔 1 只，称重并观察正常活动情况，然后静脉注射 25% 尼可刹米（按 0.5ml/kg 给药）。观察动物的活动姿势、肌张力及呼吸等变化。当家兔出现明显惊厥后，由耳缘静脉缓慢推注 0.5% 地西泮（按 0.5 ～ 1.0ml/kg 给药），直到肌肉松弛为止。将结果记录于表 15-4 中。

表 15-4 地西泮抗惊厥作用

动物类别	体重（kg）	25% 尼可刹米（ml）	惊厥出现时间及表现	0.5% 地西泮注射剂量（ml/kg）及时间（min）	惊厥持续时间（min）	药物抗惊厥效果

【注意事项】 家兔出现强直性惊厥后，应缓慢推注 0.5% 地西泮溶液，过快可抑制呼吸。

【思考题】

1. 地西泮有哪些作用和用途？

2. 地西泮有哪些不良反应？服用时有哪些食物禁忌？

3. 分析地西泮的抗惊厥作用机制。

4. 中枢兴奋药有哪些毒性反应？应如何防止？

（刘启兵）

实验十二 胸内负压和气胸的观察

胸腔内胸膜的脏、壁两层在肺根处相互转折移行所形成的一个密闭的潜在腔隙，即胸膜腔，左右各一，互不相通，腔内有少量浆液，可减少呼吸时的摩擦，腔内为负压，有利于肺的扩张，有利于静脉血与淋巴液回流。所以，密闭的胸膜腔是人体呼吸运动中关键的环节。本实验选取家兔为受试对象，用胸腔穿刺方法复制气胸模型，观察气胸对呼吸运动的影响，并探讨其发生机制。

【实验目标】

1. 技能目标

（1）掌握家兔胸腔穿刺方法。

（2）掌握观察胸腔负压方法。

2. 知识目标

（1）掌握胸内正常负压值。

（2）掌握气胸对呼吸运动的影响及其机制。

（3）了解气胸的治疗方案。

3. 素质目标

（1）科学设计实验方案、合理使用实验动物。

（2）熟悉实验动物的福利与动物实验的伦理要求，养成善待实验动物的人文素养。

【实验对象】 家兔，体重 2 ～ 3kg。

【实验药品和器材】 生理盐水，3% 戊巴比妥钠溶液，1% 普鲁卡因溶液。兔固定台，哺乳类动物实验手术器械一套，BL-420F/N 生物机能实验系统，检压计，胸内套管（带三通接头），20ml 注射器一个，微量注射器。纱布，线，棉球。

【实验操作和观察】

1. 动物分组　每实验室使用家兔 6 只，采取自身对照。

2. 仪器装置　按操作规程准备好生物机能实验系统的装置（参见第十一章“生物信号的采集、处理与分析”）。

3. 手术操作

（1）取家兔 1 只，称重，以 3% 戊巴比妥钠溶液按 1ml/kg 剂量由耳缘静脉缓慢注入麻醉。麻醉后，仰卧位固定于手术台上，剪去颈部兔毛，沿颈部正中做 3 ～ 4cm 长的切口，进行气管插管，胶皮管连接生物机能实验系统。

（2）于右侧胸部腋前线第 4 ～ 5 肋骨之间，沿肋骨上缘做一长约 1cm 的皮肤切口，用尖头止血钳稍稍分离表层肌肉，将胸内套管的尖端从肋间插入胸膜腔（此时可记录到零位线下移，并随着呼吸运动上下移动，表明已插入胸膜腔内）。将套管缝合固定于胸壁。胸内套管的三通接头与高灵敏度的压力换能器相连（若仅做定性观察可直接与水检压计相连）。

4. 观测指标

（1）观察检压计中水柱的状态，检验胸膜腔内是否为负压；同时观察正常状态下呼吸运动的变化情况，观察检压计水柱的变化情况。

（2）气胸对胸内压及呼吸运动的影响：通过三通接头往气管中插管注入 2ml 空气，观察呼吸运动的变化情况，观察检压计水柱的变化情况。

（3）胸壁贯通伤对胸内压及呼吸运动的影响：沿第 7 肋骨走行方向切开胸壁皮肤，切断肋间肌和壁层胸膜，使胸膜腔与大气直接相通形成气胸。观察呼吸运动的变化情况，观察检压计水柱的变化情况。

【注意事项】 插胸内套管时，切口不宜过大，动作要快，以免空气漏入胸膜腔，不要插得过猛、过深，以免刺破肺组织和血管，形成气胸和出血过多。形成气胸后迅速封闭漏气的创口，并用注射器抽出胸膜腔内的气体，此时胸内压可重新呈现负压。

【思考题】

1. 气胸对呼吸运动影响的病理生理学机制是什么？

2. 气胸治疗的关键是什么？

（闫庆峰）

实验十三　平喘药实验

支气管哮喘，简称哮喘，以气道炎症和支气管平滑肌收缩为主要的病理特征。近年来的相关研究证实，呼吸道存在广泛的神经肽网，因此，神经机制和气道炎症反应之间存在相互影响，也是支气管哮喘发病的原因之一。肾上腺素受体分为 β 受体和 α 受体，其中 β_2 受体广泛分布于支气管腔，参与调节支气管平滑肌的收缩或舒张。当 α 受体功能亢进或 β_2 受体功能低下时，支气管平滑肌收缩，管腔狭窄，导致呼吸困难。此外，迷走神经也参与对支气管状态的调节。当迷走神经兴奋时，M 受体兴奋，激活鸟苷酸环化酶，环鸟苷酸（cyclic guanosine monophosphate，cGMP）增多，导致支气管收缩、支气管分泌物增加，还促进肥大细胞等释放过敏性介质。上述病变，导致支气管扩张受限，收缩增强，发生支气管痉挛。目前，激素被认为是最有效的抗炎药物，而选择性 β_2 受体激动药可迅速缓解哮喘发作，这两类药物是临床常用的抗哮喘药。

本实验的目的是通过观察作用于不同受体的药物如何影响支气管状态，并分析药物产生作用的原理，加深对书本知识的理解。

【实验目标】

1. 技能目标

（1）掌握药物经豚鼠腹腔注射的操作。

（2）掌握豚鼠捉拿和固定的规范操作。

（3）掌握豚鼠气管剥离和气管片制作的方法。

（4）掌握实验结果的正确记录和表述方法。

2. 知识目标

（1）掌握如何应用药物影响气管的舒张和收缩。

（2）掌握不同类型的药物对支气管舒张和收缩的作用。

3. 素质目标

（1）养成仔细观察实验结果，培养实事求是的思想品质。

（2）培养学生合理使用药物的科学思想。

【实验对象】 豚鼠，体重 250 ～ 300g，雌雄不拘。

【实验药品和器材】 乐氏液、0.01% 异丙肾上腺素溶液，1% 乙酰胆碱溶液，0.5% 组胺溶液，0.2% 苯海拉明溶液，1.5% 多索茶碱溶液，0.1% 硫酸沙丁胺醇溶液、3% 戊巴比妥钠溶液。张力换能器，粗剪刀，注射器，蛙板，玻璃分针，培养皿，组织剪、眼科剪，止血钳，烧杯，恒温浴槽，丝线，缝合针。

【实验操作和观察】

1. 手术操作

（1）取豚鼠 1 只，腹腔注射 3% 戊巴比妥钠溶液 0.1ml/100g，待豚鼠麻醉后，切开颈动脉放血，仰卧固定于蛙板上。

（2）剃去豚鼠颈部被毛，暴露颈部皮肤，用剪刀从颈部正中打开切口，并向上、下方向继续剪开组织，直到气管全部暴露。

（3）钝性剥离气管周围结缔组织，细心分离出气管，于甲状软骨下 2 ～ 3 个气管环处剪断气管，并放入盛有乐氏营养液的培养皿中。

（4）用剪刀和镊子把气管周围的结缔组织剪除干净，以 3 个环状软骨为一段进行横向切口，取 3 ～ 4 段。

（5）在每段气管的软骨环面行纵向切口，并将剪开的气管片用线在其纵切口处相连，做成气管片标本。

（6）将气管片串放入恒温（37℃）的离体器官浴槽中，浴槽内灌充乐氏液，并通氧（95%O_2+5%CO_2）。

（7）气管片的一端用丝线固定于支架上，另一端也以丝线连接至张力换能器上，通过张力换能器记录气管收缩和舒张情况。

（8）调节静息张力 2g，平衡 60min，描记一段正常曲线。

2. 观察与记录

（1）加入 1% 乙酰胆碱 0.2ml 并标记，观察气管平滑肌张力的变化，与正常张力曲线对比。描记曲线，并计算曲线最高点的高度。

（2）重复注入 1% 乙酰胆碱，在曲线最高点加入 0.1% 硫酸阿托品溶液 0.2ml 并标记，观察支气管平滑肌张力的变化，记录曲线变化。

（3）加入 0.5% 组胺溶液 0.5ml，观察并描记张力曲线，待其作用明显后，加入硫酸沙丁胺醇溶液 0.5ml，观察记录张力曲线的变化，并等待曲线恢复正常。

（4）重复注入 0.5% 组胺溶液，待其作用明显后，加入 1.5% 多索茶碱 0.5ml，观察记录张力曲线的变化，并等待曲线恢复正常。

（5）加入 0.2% 苯海拉明 0.5ml，待 3 ～ 5min 后加入 0.5% 组胺溶液 0.5ml，观察并记录张力曲线的变化。

（6）将结果记录于表格中，并计算舒张率 =（药物加入后张力值－静息张力值）/（乙酰胆碱刺激后最大值－静息张力值），并绘制舒张率曲线（表 15-5）。

表 15-5　给药后药物张力测定结果

结果记录	乙酰胆碱	乙酰胆碱 + 阿托品	组胺 + 硫酸沙丁胺醇	组胺 + 多索茶碱	苯海拉明 + 组胺
曲线变化					
曲线描记					

【注意事项】

1. 切开颈动脉放血时，应注意不要损伤旁边的气管。

2. 离体器官浴槽需充满乐氏液，保持实验过程中充氧并维持在恒温 37℃，防止气管片缺氧或因温度变化而引起收缩功能变化。

【思考题】

1. 异丙托溴铵与阿托品对支气管片的作用差别是什么？阿托品是否可以用于支气管哮喘的治疗？

2. 硫酸沙丁胺醇对支气管的作用是什么？作用机制是什么？

（夏芷萱）

实验十四　胃肠运动观察

家兔胃肠运动主要受自主神经（交感神经和副交感神经）的双重支配。来自 T_1 ～ L_2 脊髓节段侧角发出的交感神经，其节后纤维末梢释放的递质为去甲肾上腺素，对胃肠道平滑肌产生抑制舒张效应，使胃肠运动减弱；迷走神经和骶髓侧角发出的副交感神经，其节后纤维末梢释放的递质为乙酰胆碱，对胃肠道平滑肌产生兴奋收缩效应，使胃肠运动兴奋。

胃肠运动也受体液因素调节。新斯的明是一种抑制胆碱酯酶活性的拟胆碱药，可使神经肌肉接头间隙堆积大量的乙酰胆碱，继而使胃肠运动兴奋加强；阿托品是胆碱受体（M 受体）的阻断剂，竞争性地拮抗乙酰胆碱对 M 受体的激动效应，继而使胃肠运动减弱。

胃和小肠基本的运动形式是紧张性收缩和蠕动。胃肠的紧张性收缩是消化道基础的运动形式，其效应主要是维持胃肠一定的形态结构及位置，保持一定的胃肠压力有助于促进化学性消化。蠕动是胃肠共有的运动形式，其效应主要是促进化学性消化，以及将胃肠内的食糜向下一段消化道推送。

【实验目标】

1. 技能目标　观察家兔体内胃肠的运动形式，以及神经和体液物质对胃肠运动的调节作用。

2. 知识目标

（1）举例解释胃肠共有的运动形式和特有运动形式的区别。

（2）正确描述出自主神经和体液因素对胃肠运动的调节机制。

3. 素质目标

（1）培养学生在实验中善于思考、观察敏捷，具有严谨的科学态度、实事求是的工作作风。

（2）爱护实验器材，减少对实验动物不必要的伤害。

【实验对象】 家兔，体重 2.0 ～ 3.0kg，雌雄不拘。

【实验药品和器材】 生理盐水，3% 戊巴比妥钠溶液，1 ∶ 10000 乙酰胆碱，1 ∶ 10000 肾上腺素，阿托品注射液，新斯的明注射液。BL-420F 生物机能实验系统，哺乳类动物手术器械一套，刺激器，保护电极，注射器。

【实验操作和观察】

1. 准备工作

(1) 麻醉：家兔称量体重，给予家兔耳缘静脉3%戊巴比妥钠溶液1ml/kg的注射量进行麻醉，仰卧固定于兔手术台上。

(2) 颈部手术：颈部备毛，暴露家兔颈部皮肤，在颈部正中部切开皮肤4～5cm，钝性分离肌肉，暴露出气管。在与气管平行的左右两侧的颈总动脉鞘中，仔细辨认出左右两侧的迷走神经、交感神经、减压神经，分离两侧的迷走神经并在其下穿一条丝线备用。

(3) 腹部手术：腹部备毛，沿腹部正中线从剑突起切开腹壁7～8cm，打开腹腔，仔细辨认腹腔中胃和小肠的形态结构。可用皮钳夹取两侧腹壁皮肤，提高并固定于铁架台的双凹夹上形成一个皮兜，向皮兜的腹腔中注入适当的温生理盐水，保持湿润，利于胃肠运动的观察。

2. 项目观察

(1) 正常的胃肠运动：观察家兔腹腔中胃和小肠的蠕动形式，并可以用手指触摸胃和小肠的紧张度。

(2) 电刺激迷走神经：剪断系线一侧迷走神经并留取迷走神经外周端，调整刺激参数，用保护电极刺激迷走神经外周端，观察胃肠的蠕动和胃紧张度的变化。

(3) 体液因素调节：①在局部的一段小肠滴加1∶10000乙酰胆碱2～3滴，观察此段小肠的蠕动变化效应；②在局部的一段小肠滴加1∶10000肾上腺素2～3滴，观察此段小肠的蠕动变化效应；③取另一局部的一段小肠滴加新斯的明3～4滴，观察小肠的蠕动变化效应；④在滴加新斯的明的小肠段上，再滴加阿托品3～4滴，观察小肠的蠕动变化效应。

【注意事项】 避免家兔腹腔因暴露时间过长，导致胃肠干燥及脏器温度下降等，影响胃肠运动的观察，可用温热的生理盐水纱布遮盖未观察的局部部位。

【思考题】

1. 在正常情况下，家兔胃肠运动形式有哪些？

2. 家兔的胃肠运动受哪些神经和体液因素的调节？

（翁启芳）

实验十五　小肠平滑肌的生理特性和药物的影响

家兔胃肠道平滑肌具有自律性、兴奋性、伸展性和紧张性收缩等一般生理特性，但兴奋性较低，引起肌肉收缩缓慢不能等同于骨骼肌收缩；自律性频率低且缓慢不如心肌自律性有规则。此外，胃肠道平滑肌对电刺激不敏感，而对机械牵拉、温度变化和化学性刺激比较敏感。

【实验目标】

1. 技能目标

(1) 学习哺乳动物离体器官的灌流方法。

(2) 观察家兔小肠平滑肌的一般生理特性和药物对小肠平滑肌生理功能的影响。

2. 知识目标

(1) 正确描述出平滑肌与骨骼肌、心肌三者之间的异同点。

(2) 正确判断模拟自主神经末梢释放的神经递质等药物对小肠平滑肌的生理、药理作用。

3. 素质目标 制备小肠标本后，以人道方式使动物安乐死，培养实验人员对实验动物的仁爱之心及严谨的科学态度。

【实验对象】 家兔，体重2.0～3.0kg，雌雄不拘。

【实验药品和器材】 台氏液，1∶10000乙酰胆碱，1∶10000肾上腺素，1∶10000硫酸阿托品注射液，1 ∶ 10000 酚妥拉明，1mol/L NaOH，1mol/L HCl。BL-420F 生物机能实验系统，张力换能器，恒温平滑肌槽，哺乳类动物手术器械一套。

【实验操作和观察】

1. 准备工作

（1）启动恒温浴槽仪器：实验授课前，启动恒温浴槽仪器，在浴槽内倒入适量新鲜配制的台氏液，调节仪器恒温定点在 38℃，持续加热维持浴槽内台氏液在 38℃左右，调节供氧阀门使氧气缓慢逸出，准备进行以下实验项目观察。

（2）标本制备：用木槌猛击家兔头枕部使其昏迷（但不能猛击致家兔死亡），迅速剖开腹腔，找到胃幽门与十二指肠的交界处并作为起点，沿肠缘剪去肠系膜并剪取 20 ～ 30cm 的小肠管。轻轻挤压除去小肠内容物，迅速浸浴在室温的台氏液中，并剪成维持 2 ～ 3cm 长度的小肠段，转换另一干净室温台氏液的培养皿中备用。

（3）标本连接：在小肠段的一段手术针线缝合固定点线圈，对角线的另一段缝合线留适当长度；固定点线圈系于浴槽内通气管的挂钩端，垂直悬挂另一端缝线于张力换能器的弹簧片上，调节悬线的松紧度，维持小肠悬浮于浴槽内的台氏液中央。

（4）启动计算机：BL-420F 生物机能实验系统的启动，从菜单栏选择“实验项目”→“消化实验”→“消化道平滑肌生理特性”开始实验项目观察；或者从菜单栏选择与张力换能器连接的观察通道，调节此通道的控制参数（如增益 G、扫描速度等），开始记录实验。

2. 项目观察

（1）描记正常曲线：观察离体小肠平滑肌缓慢的自律收缩舒张曲线和收缩张力的幅度变化。观察通道上描记的曲线基线表示小肠平滑肌的肌张力度，基线上移或下移，表示平滑肌的紧张性升高或降低。

（2）温度的作用：将 25℃台氏液、38℃台氏液和 42℃台氏液等不同温度的台氏液分别换入浴槽内，观察不同温度对小肠平滑肌活动的影响。每一种温度的台氏液记录出实验效果的前后，有小肠平滑肌恢复稳定的收缩舒张曲线作为对照。

（3）拟胆碱和抗胆碱作用：①乙酰胆碱作用：用滴管向浴槽内垂直滴加入 1 ∶ 10000 乙酰胆碱 1 ～ 2 滴，观察小肠平滑肌活动的变化。待实验结果出现明显后，立即放出浴槽内台氏液，并注入新鲜 38℃左右的台氏液，反复冲洗 2 ～ 3 次，待小肠平滑肌节律性收缩舒张曲线恢复稳定后，进行下一项观察。②阿托品作用：在浴槽中垂直滴入 1 ∶ 10000 阿托品溶液 2 ～ 4 滴，待 2min 后，再加入 1 ∶ 10000 乙酰胆碱 2 滴，观察小肠平滑肌收缩曲线的变化，记录结果。与单纯滴加 1 ∶ 10000 乙酰胆碱作用的结果做比较。按上述的方法换洗浴槽内的小肠，注入同一液面高度新鲜 38℃左右的台氏液进行下一项观察。

（4）拟肾上腺素和阻断剂作用：①肾上腺素作用：用滴管向浴槽内垂直滴入 1 ∶ 10000 肾上腺素 2 滴，观察小肠平滑肌活动变化。记录实验结果后换洗浴槽内的小肠 2 ～ 3 次，注入同一液面高度新鲜 38℃左右的台氏液进行下一项观察。②酚妥拉明的作用：在浴槽中垂直滴入 1 ∶ 10000 酚妥拉明溶液 2 ～ 4 滴，待 2min 后，再加入 1 ∶ 10000 肾上腺素 2 滴，观察小肠平滑肌收缩曲线的变化，记录并对比与单纯滴加 1 ∶ 10000 肾上腺素作用的实验结果。按上述的方法换洗浴槽内的小肠，注入同一液面高度新鲜 38℃左右的台氏液进行下一项观察。

（5）酸碱度的作用：①盐酸作用：按上述方法将 1mol/L HCl 溶液 3 ～ 5 滴加入浴槽内，观察小肠平滑肌收缩曲线的变化。②氢氧化钠作用：按上述方法将 1mol/L NaOH 溶液 3 ～ 5 滴加入浴槽内，观察小肠平滑肌收缩曲线的变化。

【注意事项】

1. 离体小肠必须悬浮在浴槽内，悬线和肠壁不能贴在浴槽壁上，且浴槽内台氏液温度维持在 38℃左右和供氧适度，避免降低小肠平滑肌活性。

2. 药液垂直滴入浴槽台氏液内，不要沿着悬线或浴槽壁滴入，以免不能保证药物的量及浓度的作用效应。

3. 注意每次换液冲洗，液面要浸润过小肠；每次进行新的观察项目，浴槽内的台氏液面保持同一高度。

4. 以上滴加的药液浓度和用量可作为参考数据，可根据实时实验过程中小肠平滑肌的反应程度做适当调整。

【思考题】

1. 哺乳类动物离体小肠平滑肌为什么出现自律的收缩舒张功能？

2. 维持离体小肠平滑肌正常的自律收缩 / 舒张功能需要哪些基本的实验条件？

（翁启芳）

实验十六　氨中毒与肝性脑病

肝性脑病是指在排除其他脑疾病前提下，继发于严重肝脏疾病的神经精神综合征。肝性脑病的发病机制尚不完全清楚。目前，解释肝性脑病发病机制的学说主要有氨中毒学说、假性神经递质学说、血浆氨基酸失衡学说和γ-氨基丁酸学说等，而氨中毒学说被认为是解释肝性脑病发病机制的中心环节。

本实验以家兔为实验对象，采用肝大部分切除术复制出急性肝功能不全的动物模型，对经不同处理的实验动物输入氯化铵，观察出现相应症状所需时间及氯化铵的用量，探讨氨在肝性脑病发病机制中的作用。

【实验目标】

1. 技能目标

（1）掌握急性肝功能不全动物模型的复制方法。

（2）掌握荷包缝合的方法。

（3）掌握全身抽搐与强直性抽搐的观察方法。

2. 知识目标

（1）掌握引起血氨增高的原因。

（2）通过对实验结果的分析掌握血氨增高对大脑毒性作用的机制。

3. 素质目标

（1）培养仔细观察、认真记录、比较和分析实验结果的良好习惯，养成严谨的科学态度。

（2）养成良好的生活习惯，平时注意养护肝脏。

【实验对象】 成年家兔，健康，体重相近，性别相同，实验前禁食过夜，自由饮水。

【实验药品和器材】 生理盐水，1% 普鲁卡因溶液，2.5% 复方氯化铵溶液。BL-420F/N 生物机能实验系统。兔手术台，手术器械一套，小圆缝合针，三角缝合针，婴儿秤，注射器。塑料导管，纱布，粗、细缝合线，棉球。

【实验操作和观察】

1. 动物分组　每个实验室使用家兔 6 只，随机分为 A、B 两组。A 组为对照组（肝叶不切除 +2.5% 复方氯化铵溶液），B 组为实验组（肝叶大部分切除 +2.5% 复方氯化铵溶液）。

2. 手术操作

（1）麻醉、固定与备皮：将家兔称重后，仰卧位固定于兔台，剪去上腹部正中被毛，用 1% 普鲁卡因溶液做局部浸润麻醉。

（2）腹部手术：在家兔剑突下的上腹部做一长 6 ～ 8cm 的正中切口，打开腹腔，暴露肝脏，找到位于肝脏与横膈之间的镰状韧带（图 15-9），术者一只手示指和中指将镰状韧带两侧的肝脏往下压，另一只手持剪剪断镰状韧带。辨明肝脏各叶（图 15-10），用粗缝合线沿肝左外叶、左中叶、

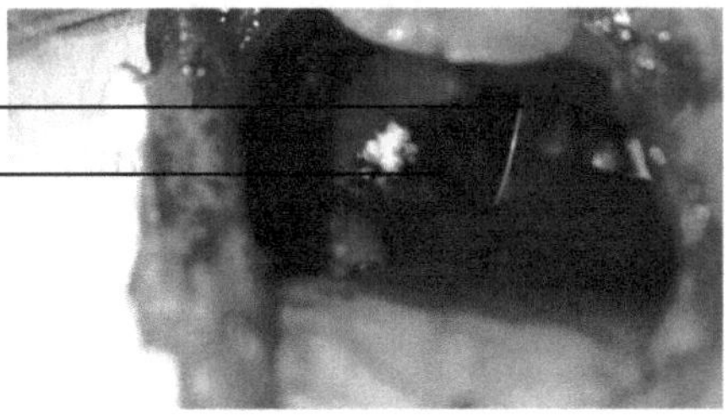

图 15-9 家兔肝镰状韧带

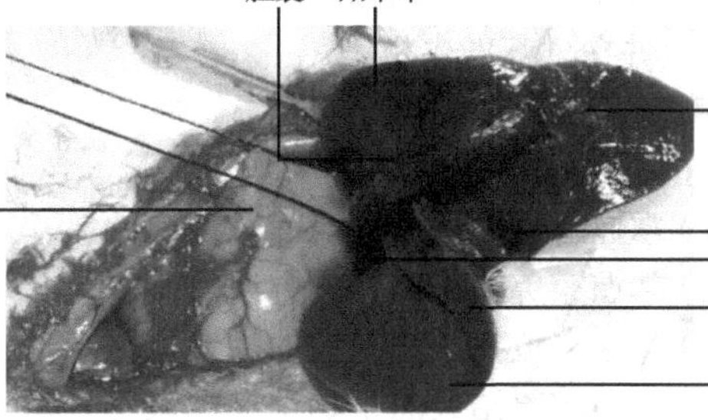

图 15-10 家兔肝叶（前面观）

右中叶和方形叶的根部围绕一周并结扎。待各结扎肝叶变成暗褐色后用组织剪逐叶剪除。保留右外叶及尾状叶。对照组不做肝叶大部分切除。

（3）荷包缝合：沿胃幽门向下找出十二指肠，用小圆缝合针在肠壁上做荷包缝合（图 15-11）。从荷包中央剪一小口，将细塑料导管插入十二指肠肠腔内约 5cm，收缩荷包缝合并打结，随之给予外固定以防塑料导管滑脱。将肠管回纳腹腔，只留塑料导管一端于腹腔外，用三角缝合针全层缝合腹壁。将动物松绑，放在实验台上观察。

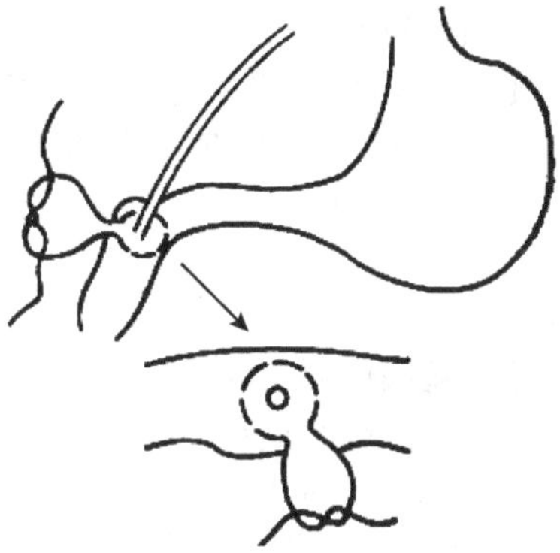

图 15-11 家兔十二指肠插管及荷包缝合

3. 给药 每间隔 5min 用注射器通过塑料导管向肠腔内注入 2.5% 复方氯化铵溶液 5ml，直至家兔出现全身抽搐。

4. 抽血 实验前，给药后每隔 10min 抽取家兔静脉血检测血氨水平。

5. 观察与记录 观察并记录动物在注射 2.5% 复方氯化铵溶液前后的呼吸、角膜反射、瞳孔大小及对刺激的反应等情况的动态变化。记录开始向肠腔注射药物至出现全身抽搐（大抽搐）的时间以及使用 2.5% 复方氯化铵溶液的总药量，计算出每千克体重的用药量。检测并记录家兔在不同时间点的血氨水平。

【注意事项】

1. 剪断肝的镰状韧带时勿损伤膈肌和血管。
2. 游离肝叶时动作宜轻，以免造成肝叶破裂。
3. 结扎线应结扎于肝叶根部，结扎要牢靠。

【思考题】

1. 本实验中反映家兔大脑功能障碍的表现有哪些？
2. 氯化铵在本次实验中的作用机制是什么？
3. 如何避免氨中毒对大脑的影响？

（龙儒桃）

实验十七 碱化尿液对水杨酸钠经肾排泄的影响

药物在体内的分布和排泄受到药物 pH 及体液 pH 的影响，绝大多数药物属于弱酸性药物或弱碱性药物，在体液内均有不同程度的解离。分子型药物易透过细胞膜进行转运，而离子型药物不易进行跨膜转运。生理状态下，细胞内液 pH 为 7.0，细胞外液 pH 为 7.4，弱酸性药物在偏碱性的细胞外液中呈解离型，升高血液 pH 可使弱酸性药物的解离增多，有利于药物由细胞内向细胞外转运。通过调节尿液 pH，碱化尿液，也可使肾小管内的酸性药物解离度增大，不易在肾小管处被重吸收，进而加速药物的排泄。本实验通过药物注射碱化尿液，观察尿液的 pH 对酸性药物排泄的影响，并探讨其发生机制。

【实验目标】

1. 技能目标

（1）掌握药物经家兔耳缘静脉注射的操作。

（2）掌握家兔膀胱插管的方法。

（3）掌握家兔抓拿和固定的规范操作。

（4）掌握实验结果的正确记录和表述方法。

2. 知识目标

（1）掌握如何应用药物调节尿液 pH。

（2）掌握碱化尿液对酸性药物排泄的影响，并掌握 pH 影响药物排泄的原因和机制。

3. 素质目标

（1）培养学生严谨的实验态度和规范的实验操作技能。

（2）培养学生在实验中养成协同合作的良好习惯。

【实验对象】 家兔，体重 1.8 ～ 2.5kg，雌雄不拘。

【实验药品和器材】 4% 碳酸氢钠（$NaHCO_3$）溶液，10% 水杨酸钠溶液，0.0025%、0.005%、0.010%、0.020%、0.040% 水杨酸标准溶液，0.9%NaCl 溶液、10%$FeCl_3$ 溶液，3% 戊巴比妥钠溶液，2mmol/L HCl 溶液。粗剪刀，组织剪，眼科剪，有齿镊，无齿镊，玻璃分针，止血钳，注射器（5ml、50ml），膀胱插管，量筒，头皮针，棉球，移液枪，枪头（0.1ml、1.0ml），磅秤，三通管，pH 计。

【实验操作和观察】

1. 家兔膀胱插管 家兔称重，经一侧耳缘静脉注射 3% 戊巴比妥钠溶液（1.2ml/kg），待家兔麻醉后，仰卧位固定于兔台上。

2. 用粗剪刀剪去下腹部被毛，于耻骨联合上方正中向上做一切口，长约 5cm，暴露腹白线。沿腹白线剪开腹壁肌肉及筋膜，暴露膀胱。提起膀胱，观察左右两侧的输尿管，从输尿管下方穿一根丝线，避开输尿管和伴行的血管，结扎尿道。在膀胱上方避开血管做一切口，将膀胱插管插入切口中，用丝线结扎固定。

3. 给药及尿液收集

（1）分头皮针连接三通管，从耳缘静脉建立静脉通道，给予生理盐水滴注 10min（滴速 50 ～ 60 滴 / 分），收集尿液并测量尿液的 pH。

（2）测量 2 只家兔的尿液 pH。尿液 pH 较高的家兔为甲兔，pH 较低的为乙兔。暴露甲兔的耳缘静脉，用注射器经静脉注射 4% 的 $NaHCO_3$，剂量为 10ml/kg。乙兔作为对照组，注射生理盐水，剂量也为 10ml/kg。

（3）收集甲兔和乙兔给药后的尿液，并测量甲兔尿液的 pH，要求 10min 后甲兔尿液 pH 为 8 左右。

（4）打开三通管，从耳缘静脉给予两兔 10% 水杨酸钠溶液，剂量为 1.5ml/kg，并持续收集 60min 的尿液。

4. 测定尿液中水杨酸的排出量

（1）水杨酸标准曲线的绘制：利用 0.0025%、0.005%、0.010%、0.020%、0.040% 水杨酸标准溶液和蒸馏水在 520nm 波长处进行比色，根据测得的吸光度绘制水杨酸标准曲线。

（2）取试管 4 支，编号 1 ～ 4。1 号和 2 号试管分别加入甲兔和乙兔给药前的尿液，3 号和 4 号试管分别加入甲兔和乙兔给予水杨酸钠后的尿液（尿液量为 0.5ml）。在各管内依次加入 2mmol/L 的 HCl 溶液 0.5ml，蒸馏水 8.0ml，10%$FeCl_3$ 溶液 1.0ml。由于水杨酸钠以水杨酸的形式排泄，可与 $FeCl_3$ 生成紫色络合物，并在 520nm 波长处显色。利用这一原理，将 10%$FeCl_3$ 溶液加入尿液并混匀，后用分光光度计在 520nm 波长处进行比色，可测量出水杨酸钠的排泄情况。

（3）根据光密度值和水杨酸标准曲线，换算出水杨酸钠在尿中的浓度。用这一浓度乘以尿量可得出 60min 内水杨酸钠排出的总量。结果填入表 15-6 内。

表 15-6 家兔尿液中水杨酸含量测定结果

药物	尿液 pH	尿量（ml）	光密度（D）	尿中药物浓度（mmol/L）	药物排出总量（L）
水杨酸钠					
水杨酸钠 +$NaHCO_3$					

【注意事项】

1. 耳缘静脉注射给药需要一次性注入体内。

2. 加入试剂后如果不能显色或浑浊难以测定，可加入 HCl 溶液酸化。

3. 通过头皮针建立静脉通道后需要固定好头皮针针头，防止实验过程中因针头刺破血管导致药液外漏。

4. 膀胱插管时进行尿道结扎需避开输尿管和伴行的血管。

【思考题】

1. 碱化尿液对酸性药物的排泄会产生什么样的影响？其机制如何？

2. 影响药物跨膜的因素有哪些？

（夏芷萱）

实验十八 药物对离体子宫平滑肌的作用

子宫平滑肌兴奋药，包括缩宫素、麦角生物碱和前列腺素等，是一类能选择性地兴奋子宫平滑肌，引起子宫收缩的药物。其药理作用可因子宫功能状态及药物使用剂量的不同而出现差异，或使子宫产生节律性收缩，临床用于催产、引产；或使子宫产生强直性收缩，用于产后出血及子宫复原。本实验以离体子宫作为实验对象，观察子宫平滑肌兴奋药（缩宫素、麦角生物碱）对离体子宫平滑肌活动的影响，分析药物的作用特点。

【实验目标】

1. 技能目标

（1）掌握离体子宫的实验方法。

（2）熟悉 BL-420E 生物机能实验系统。

2. 知识目标

（1）掌握缩宫素对子宫的作用特点及临床应用。

（2）掌握麦角生物碱对子宫的作用特点及临床应用。

3. 素质目标

（1）培养团队合作、协作精神。

（2）树立实事求是、严谨的科学态度。

【实验对象】 小白鼠，体重（30±2）g，雌性，未孕。

【实验药品和器材】 乐氏液，0.2% 己烯雌酚注射液，缩宫素（5μ/ml），0.02% 马来酸麦角新碱注射液。电热恒温水浴箱，肌肉张力换能器，平滑肌离体灌流装置，BL-420E 生物机能实验系统，镊子，眼科剪，组织剪，玻璃皿，1ml 可调移液枪，若干吸头。

【实验操作和观察】

1. 实验前动物准备 实验前 24h 给小白鼠腹腔注射 0.2% 己烯雌酚注射液，剂量为 2mg/kg，人工造成动物动情前期或动情期。

2. 离体子宫标本制备 将小白鼠颈椎脱臼致死。然后迅速将小白鼠仰卧位固定于蛙板上，在下腹部正中剪开2～3cm的小口，暴露腹腔，找出子宫。小白鼠子宫为"Y"形的双子宫，用镊子小心夹住子宫角游离端（勿夹子宫，以免损伤子宫肌纤维），分离子宫壁上附着的结缔组织和脂肪组织，取出子宫，并在子宫颈处剪为2段，立即置于盛有乐氏液的玻璃皿中。取一段约2cm子宫，下端（靠近离体子宫标本阴道端）结扎成直径为0.5～1.0cm的环，上端（另一端）结扎留长线，备用。

3. 实验系统调试 打开BL-420E生物机能实验系统，选择通道，调零，定标，时间常数T=DC，G=20mV，滤波调节F=50Hz。调节恒温平滑肌槽，使水温保持在（36.0±0.5）℃，将乐氏液加入预管内备用，药物管加入乐氏液20ml。取制备好的离体子宫标本，上端连接张力换能器，下端连于L形通气钩上，置于药物管并固定，持续通入混合气（96%O_2，4%CO_2），60～80个气泡/min，标准负荷0.5g，平衡10min，待实验系统稳定后，开始实验。

4. 给药、观察及记录 待标本稳定并出现节律性收缩后，描记一段正常曲线，然后按下列顺序给药，结果记录于表15-7。

（1）先加入缩宫素（5μ/ml）0.05ml，然后以每次累加0.05ml给药，每加一次药均描记一段收缩曲线，直至出现强直收缩，观察并记录子宫平滑肌收缩频率及平均收缩力情况。

（2）换液，用乐氏液冲洗3次，待曲线恢复正常后继续给药。

（3）0.02%马来酸麦角新碱注射液（0.2mg/ml），给药方法及剂量同（1）。

表15-7 药物对离体子宫平滑肌的兴奋作用

药物	浓度（mmol/L）	收缩力（g）		频率（次/分）	
		给药前	给药后	给药前	给药后
缩宫素					
马来酸麦角新碱					

【注意事项】

1. 分离子宫时动作应轻柔且迅速，避免牵拉，以免子宫组织损伤或缺氧坏死，操作时尽量使标本处于乐氏液中。

2. 实验过程中要注意供氧和保温，浴槽中乐氏液换液前后应保持容量一致，以20ml为宜。

3. 两次给药的间隔时间应尽可能保持一致。

4. 实验动物也可选用大白鼠或豚鼠。

5. 实验动物宜选择在子宫敏感性较高的动情前期或动情期进行。

【思考题】

1. 缩宫素、麦角生物碱的作用和用途有何异同点？

2. 常用的子宫兴奋药物有哪些？

（李佩琼）

实验十九 药物血浆浓度的测定及半衰期的计算

苯酚红，又称酚红，分子量354.38，为深红色结晶性粉末，是一种常用指示剂。配制成酚红溶液，静脉注射后不易透过毛细血管，也不会在体内被代谢，因此，可通过在不同时间点测定血浆内酚红的吸光度，计算出该时间点对应的酚红浓度。根据不同时间点对应的酚红血药浓度，可绘制出酚红的血药浓度曲线。

酚红的另一特点是在体内的代谢过程遵循一级消除动力学的特征，即酚红在单位时间内以恒定的比例进行代谢。因此，通过给药时间和对应的血药浓度，可计算出酚红的半衰期。

【实验目标】

1. 技能目标

（1）掌握药物经家兔耳缘静脉注射的操作。

（2）掌握家兔经耳缘静脉采血的方法。

（3）掌握家兔抓拿和固定的规范操作。

（4）掌握实验结果的正确记录和表述方法。

2. 知识目标

（1）静脉注射酚红溶液，观察不同时间点血浆中酚红浓度的变化，理解血浆药物浓度随时间变化的规律 。

（2）掌握药物半衰期的计算，理解半衰期的意义，学习测定血药浓度的方法。

3. 素质目标

（1）培养学生综合应用药理学知识分析并解决实验过程中出现的问题。

（2）培养锻炼学生人际交流、团队协作及自主实验的能力。

【实验对象】 家兔，体重 1.8 ～ 2.5kg，雌雄不拘。

【实验药品和器材】 蒸馏水，乙醇，生理盐水（0.9%NaCl 溶液），1μmol/L、2μmol/L、4μmol/L、8μmol/L、16μmol/L 酚红标准溶液，1mol/L 的 NaOH 溶液。磅秤，兔盒，兔台，1ml 注射器，5ml 注射器，麻绳，手术灯，离心管，肝素化试管，试管架，手术刀片，棉球，离心机，拭镜纸，比色皿，分光光度计，移液枪，1.0ml 枪头，0.1ml 枪头。

【实验操作和观察】

1. 实验前准备：绘制酚红的标准曲线

（1）取离心管 6 支，编号 1 ～ 6 号。

（2）取蒸馏水 1.55ml 放入 1 号离心管，取 1μmol/L、2μmol/L、4μmol/L、8μmol/L、16 μmol/L 的酚红标准溶液各 1.55ml，分别加入 2 ～ 6 号离心管内。

（3）向 1 ～ 6 号离心管内加入 0.05ml 的 NaOH 溶液（1mol/L）并充分混匀。

（4）接通分光光度计电源并让仪器预热，20min 后预热完毕。

（5）把离心管内的蒸馏水和 1μmol/L、2μmol/L、4μmol/L、8μmol/L、16μmol/L 酚红标准溶液倒入比色皿中后，打开样品盖，将比色皿放入分光光度计内，并于 560nm 波长处进行比色测量，测定各标准溶液的吸光度，根据结果绘制出酚红的标准曲线。

2. 给药及采集血样

（1）取家兔一只，称重，置于兔盒中。拔去耳缘静脉处被毛，并用手术灯烘烤耳缘静脉，待血管充血明显后，以注射器取 1ml 血液置于含肝素的试管中并摇匀，试管编号为 0。取血结束后用干棉球压住伤口处止血。

（2）静脉给药及血样采集

1）取肝素化试管 5 支，编号 1 ～ 5 号。

2）从另一侧耳缘静脉注射 0.6% 的酚红溶液（6ml/kg），准确记录给药完毕的时间。于给药结束后 5min、10min、15min、30min 和 60min 分别从耳缘静脉采血 1ml 依次放入编号 1 ～ 5 号的肝素化试管中，振摇，防止血液凝固。

3）将 0 ～ 5 号试管放入离心机内，配平后以 2000r/min 的转速离心 15min。

4）另外取干净试管 6 支，分别编号 1 ～ 6 号。待离心结束后，用移液枪仔细从离心管内取上清液 0.1ml，分别置于 6 支试管中。

（3）血样处理及光密度的测定

1）在 1 ～ 6 号试管内各加入稀释液（生理盐水 29ml+1mol/L 的 NaOH 溶液 1ml 的比例配

制）1.5ml，将稀释液和上清液摇匀，并静置 5min。

2）用分光光度计，于 560nm 波长处进行比色，记录每个样本的吸光度用于计算，并将结果填入表 15-8。

表 15-8 药物血药浓度测定结果

参数	给药时间（min）				
	5	10	15	30	60
吸光度					
血药浓度					
对数血药浓度					

3. 实验结果的处理

（1）利用酚红标准曲线求不同吸光度对应的浓度值，将此浓度值乘以 16 即可求得给药后不同时间所对应的血浆酚红浓度。

（2）根据一级消除动力学公式 $\lg C_1 = \lg C_0 - Kt/2.303$，将给药时间 t 与已求得的不同酚红血浆浓度对数值 $\lg C_1$ 再做线性回归，即可得该回归方程的斜率（$-K_e/2.303$）和截距（$\lg C_0$）。将 K_e 和 C_0 带入公式，计算

半衰期 $t_{1/2} = 0.693/K_e$

表观分布容积 $V_d = D/C_0$（D 为给药剂量）

清除率 $CL = t_{1/2} \times V_d$

曲线下面积 $AUC = C_0/K_e$

（3）绘制对数血药浓度 - 时间曲线和血药浓度 - 时间曲线。

【注意事项】

1. 家兔取血和注射药物前应用酒精擦拭或烘灯充分烘烤，使耳缘静脉扩张利于操作。

2. 酚红溶液应一次性注入耳缘静脉，否则会影响酚红的血药浓度及后续测定。

3. 准确记录药物注入体内的时间，并根据时间间隔进行采血。如未能准时采血，以实际采血时间计算。

4. 离心管必须配平，以免损坏离心机。

【思考题】

1. 药代动力学参数的 $t_{1/2}$ 和 V_d 有什么临床意义？

2. 一级消除动力学、零级消除动力学和混合动力学的特点各是什么？

（夏芷萱）

实验二十 苯巴比妥半数有效量（ED_{50}）和半数致死量（LD_{50}）的测定

一、苯巴比妥半数有效量（ED_{50}）测定

苯巴比妥为巴比妥类镇静催眠药，用适当剂量给小白鼠腹腔注射后产生催眠效应，常用翻正反射的消失来判断，该指标仅有阳性（睡眠）和阴性（不睡眠）两种现象，属于质反应。质反应量效曲线的横坐标为对数剂量，而纵坐标采用阳性反应发生的频数时，一般为常态分布曲线。如改用累加阳性频数为纵坐标时，可以得到标准的“S”形曲线。该曲线的中央部分（50% 反应处）接

近一条直线，斜度最大，其相应的剂量——也就是能使群体中半数个体出现某一效应的剂量，通常称为半数效应量。如效应为疗效，则称半数有效量（ED_{50}）；如效应为死亡，则称半数致死量（LD_{50}）。这些数值是评价药物作用强度和药物安全性的重要参数，相关概念如图 15-12。

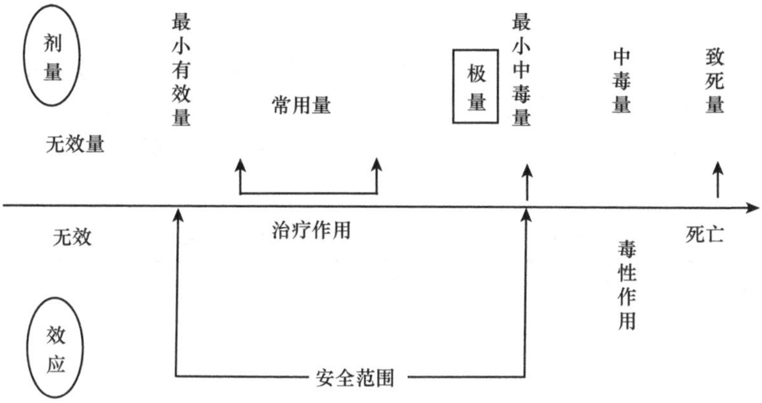

图 15-12 量效关系与相关概念示意图

Kaerber 法的设计条件是：各组实验动物数相等，各组剂量呈等比数列，各组动物的反应率大致符合常态分布。若以 X_m 为最大反应率组剂量的对数，i 为组间剂量比的对数，P 为各组反应率，P_m 为最高反应率，P_n 为最低反应率，n 为实验组数，则

$$ED_{50}=\lg^{-1}[X_m-i(\sum P-0.5)+i/4(1-P_m-P_n)]$$

0 及 100% 反应率时，

$$ED_{50}=\lg^{-1}[X_m-i(\sum P-0.5)]$$

ED_{50} 的 95% 可信区间 $=\lg^{-1}(\lg ED_{50}\pm1.96\cdot S)$。

$$S=i\sqrt{\frac{\Sigma P-\Sigma P_2}{n-1}}$$

【实验目标】

1. 技能目标

（1）掌握小白鼠腹腔注射的方法。

（2）掌握小白鼠捉拿、腹腔注射的规范操作。

（3）掌握随机、重复、对照实验的设计原则。

2. 知识目标

（1）掌握判断小白鼠完全麻醉的方法。

（2）确定给药剂量的上、下限。

（3）掌握测定药物 ED_{50} 和 LD_{50} 的方法、原理、实验步骤、计算过程及意义。

3. 素质目标

（1）培育实验推导结论的科学思维。

（2）养成认真观察、客观记录实验结果的行为习惯。

（3）培养善待动物、珍视生命的人文素养。

（4）认识生物个体差异性及评价急性毒性大小的方法。

【实验对象】 小白鼠，体重 18 ～ 24g。

【实验药品和器材】 苯巴比妥溶液 2.00mg/ml、2.40mg/ml、2.89mg/ml、3.47mg/ml、4.16mg/ml、5.00mg/ml。小白鼠笼，天平，0.50ml 或 0.25ml 注射器。

【实验操作和观察】

1. 确定给药剂量 先以少量动物做预实验，以获得小白鼠对苯巴比妥催眠反应率为 100% 的最小剂量（ED_{100}）和反应率为 0 的最大剂量（ED_0）。然后在此剂量范围内，按等比数列分成几个剂量组（一般 4 ～ 8 组），各组剂量的公比为$r=\sqrt[n-1]{ED_{100}/ED_0}$，求得 r 后，自第一剂量组开始乘以 r，可得相邻的下一组的剂量，若共分为 6 个组，各组计量分别为 ED_0、rED_0、r_2ED_0、r_3ED_0、r_4ED_0、r_5ED_0。

2. 给药 取体重 18 ～ 22g 的健康小白鼠 50 只，查随机数字表，随机分为 6 个组，每组 10 只，按表所列的各组给药浓度分别腹腔注射 10ml/kg。

3. 记录结果 以翻正反射消失为入睡指标，观察药物的催眠效应，记录各组腹腔注射后 15min 内睡眠的小白鼠数，填入表 15-9。

表 15-9 苯巴比妥半数有效量（ED_{50}）计算用表

组别	实验鼠数（只）	给药剂量（mg/kg）	对数剂量（mg/kg）	催眠鼠数（只）	P 值	P_2 值

【注意事项】

1. 若用 50 只小白鼠，随机分为 5 个剂量组进行实验，各组动物可参照苯巴比妥 20mg/kg、25mg/kg、31mg/kg、39mg/kg、49mg/kg 给药浓度，以 20ml/kg 腹腔注射。

2. 随机分组时，可先称各小白鼠体重，将体重相同的小白鼠放一笼，分别做好标记，再按确定组数查随机数字表分组，使各组平均体重及体重分布尽可能一致。

3. 本实验为定量实验，注射药量必须准确，给药后要仔细观察药物反应，但不可过多翻动小白鼠，以免影响实验结果。

【思考题】

1. 简述 ED_{50} 的定义及意义。

2. ED_{50} 与治疗系数有何关系？意义如何？

3. 药物剂量对药物作用有什么影响？

二、苯巴比妥半数致死量（LD_{50}）测定

测定苯巴比妥腹腔注射对小白鼠的半数致死量（LD_{50}）。LD_{50} 测定的方法和原理与 ED_{50} 测定基本相同，区别在于测定 LD_{50} 的观察指标是死亡和生存。

【实验目标】

1. 技能目标

（1）掌握小白鼠腹腔注射的方法。

（2）掌握小白鼠捉拿、腹腔注射的规范操作。

（3）掌握随机、重复、对照实验的设计原则。

2. 知识目标

（1）掌握判断小白鼠死亡的方法。

（2）确定给药剂量的上、下限。

（3）掌握测定药物 LD_{50} 的方法、原理、实验步骤、计算过程及意义。

3. 素质目标

（1）认识药物的量效关系。

（2）认真记录实验结果，学会用统计学方法进行科学计算，解释实验现象。

（3）善待实验动物，遵循“3R”原则。

（4）认识生物个体差异性及评价急性毒性大小的方法。

【实验对象】 小白鼠 50 只，体重 18 ～ 24g。

【实验药品和器材】 苯巴比妥溶液 9.38mg/ml、7.50mg/ml、6.00mg/ml、4.80mg/ml、3.80mg/ml。

【实验操作和观察】 用 Kaerber 法。取小白鼠 50 只，随机分为 5 组，每组 10 只，分别腹腔注射不同浓度的苯巴比妥溶液 20ml/mg（剂量分别为 187.5mg/kg、150.0mg/kg、120.0mg/kg、96.0mg/kg 及 76.0mg/kg），观察记录给药后 24h 内各组死亡鼠数，结果填入表 15-10。

表 15-10 苯巴比妥半数致死量（LD_{50}）计算用表

组别	给药剂量（mg/ml）	实验鼠数（只）	死亡鼠数（只）	死亡率（%）	P 值	P_2 值

$LD_{50} = \lg^{-1}[X_m - i(\sum P - 0.5)]$

LD_{50} 的 95% 可信区间 $= \lg^{-1}(\lg LD_{50} \pm 1.96 \cdot S)$

$$S = i\sqrt{\frac{\Sigma P - \Sigma P_2}{n-1}}$$

【注意事项】

1. 应先进行预实验摸索药物剂量的范围，找出导致 0 ～ 100% 死亡的估计剂量。

2. 应注意动物不同给药途径的最大给药体积。

3. 规范的 LD_{50} 测定实验要求连续观察 7 日。

【思考题】

1. 简述 LD_{50} 的定义及意义。

2. LD_{50} 与毒性评价的关系如何？

3. LD_{50} 与化疗指数、治疗指数有何关系？意义如何？

（刘启兵）

实验二十一 不同剂量、不同给药途径对药物作用的影响

一、不同剂量对药物作用的影响

苯二氮䓬类是 1,4- 苯二氮䓬的衍生物，为镇静催眠药，其作用机制主要作用于脑干网状结构和大脑边缘系统（包括杏仁核、海马等）。随着剂量由小到大，苯二氮䓬类可依次产生镇静、催眠作用。前者以自发活动减少为指标，而后者则以翻正反射消失为指标。

【实验目标】

1. 技能目标

（1）掌握药物效应动力学中药物效应的测定方法。

（2）掌握小白鼠腹腔注射方法。

（3）掌握翻正反射的确定方法。

2. 知识目标

（1）观察不同剂量苯二氮䓬对小白鼠作用的差异。

（2）掌握药物在体内的量效关系。

（3）明确量效关系、最小有效量、最大有效量及常用量等概念。

3. 素质目标

（1）培养团队合作、协作精神。

（2）树立实事求是、严谨的科学态度。

【实验对象】 小白鼠，体重 10 ～ 20g，雌雄不拘。

【实验药品和器材】 苦味酸溶液，5% 的苯二氮䓬溶液（0.1ml/10g）。鼠笼，天平，1ml 注射器，镊子。

【实验操作和观察】 取小白鼠 3 只，分别编号为 1、2、3 号，称重并观察正常活动。1 号鼠由腹腔注射 5% 的苯二氮䓬 0.1ml/10g，2 号鼠由腹腔注射 5% 的苯二氮䓬 0.2ml/10g，3 号鼠由腹腔注射 5% 的苯二氮䓬 0.5ml/10g。给药后观察并比较小白鼠的活动情况、翻正反射消失及恢复的时间（表 15-11）。

表 15-11 药物剂量对小白鼠翻正反射的影响

鼠号	体重（g）	药物剂量（ml/10g）	给药时间（min）	翻正反射消失时间（min）	翻正反射恢复时间（min）	作用维持时间（min）
1						
2						
3						

【注意事项】

1. 实验过程中应保持安静。

2. 个别小白鼠未出现翻正反射消失，则观察其是否有镇静作用。

3. 翻正反射消失以 1min 以上为确定标准。

【思考题】 药物剂量与作用的关系，对临床用药有何意义？

二、不同给药途径对药物作用的影响

影响药物作用的因素有多种，其中给药途径的不同可产生很大的差异。口服硫酸镁因肠道难以吸收，而形成高渗压，使肠内水分的吸收减少，肠腔容积扩大，刺激肠壁，促进肠蠕动，产生导泻作用。注射硫酸镁水解出的 Mg^{2+}，可特异地竞争 Ca^{2+} 的作用，引起骨骼肌松弛、血管扩张、血压下降、中枢神经系统抑制等一系列反应。

【实验目标】

1. 技能目标

（1）掌握药物效应动力学中药物效应的测定方法。

（2）掌握小白鼠肌内注射方法。

（3）掌握小白鼠灌胃方法。

2. 知识目标 比较不同给药途径对等量硫酸镁所产生的药理作用。

3. 素质目标

（1）结合实验，验证理论课中学习的知识。

（2）养成理论联系实际的行为习惯。

【实验对象】 小白鼠，体重 10 ～ 20g，雌雄不拘。

【实验药品和器材】 苦味酸溶液，10% 硫酸镁。鼠笼，天平，1ml 注射器，小白鼠灌胃针，镊子。

【实验操作和观察】

1. 选择大小相似的小白鼠 2 只，以苦味酸溶液着色编号为甲、乙鼠。分别称重，观察小白鼠一般活动状态、呼吸、肌张力、翻正反射及有无大便等。

2. 甲鼠肌内注射 10% 硫酸镁 0.15ml/10g，乙鼠灌胃 10% 硫酸镁 0.15ml/10g。观察并比较两鼠反应，结果填入表 15-12。

表 15-12　不同给药途径对药物作用的影响

鼠号	体重（g）	药物剂量（ml/10g）	给药途径	结果
甲			肌内注射	
乙			灌胃	

【注意事项】

1. 如果乙鼠给药后出现与甲鼠同样的反应，系技术操作失误所致，如将灌胃针穿透食管或胃壁，使药物进入肺脏造成窒息而死，可将动物解剖加以证实。

2. 注射药物后作用发生较快，需注意观察动物反应。

【思考题】

1. 简述药物在体内的吸收、分布的概念。

2. 给药途径不同，药物作用为什么会出现差异？

（贾　皓）

实验二十二　水杨酸钠药物代谢动力学参数测定

药物进入机体后可发生吸收、分布、代谢、排泄的体内过程。其中，代谢和排泄统称消除。药物消除通常分为一级消除动力学、零级消除动力学和混合消除动力学 3 种类型。绝大多数药物在常用剂量下按一级消除动力学消除，且药物的药理作用强弱常与血药浓度相关。一次给药后在不同时间测定血药浓度，可以描记一条反映血药浓度随时间动态变化的曲线，即血药浓度 - 时间曲线。按一级消除动力学消除的药物，其对数血药浓度 - 时间曲线为一条直线。依据该直线回归方程：$\log C_t=\log C_0-\dfrac{K}{2.303}\times t$，可计算出该药的药物代谢动力学参数。本实验以注射常规剂量的水杨酸钠为例，观察其血药浓度随时间变化的时量关系，并计算主要药物代谢动力学参数。

【实验目标】

1. 技能目标

（1）掌握药物代谢动力学参数的测定方法。

（2）掌握血药浓度的测定方法。

（3）掌握药物代谢动力学参数的初步计算方法。

（4）掌握家兔耳缘静脉采血方法。

2. 知识目标

（1）掌握血药浓度随时间变化的时量关系及意义。

（2）掌握药物在体内的消除方式及其特点。

（3）掌握药物主要代谢动力学参数的临床意义。

3. 素质目标

（1）培养从实验现象看到本质的思维能力。

（2）从水杨酸钠药物代谢动力学参数测定的实验中认识科学方法的价值。

（3）树立细心踏实、勇于创新的科学精神。

【实验对象】 家兔，体重 1.5 ～ 2.0kg，雌雄不拘。

【实验药品和器材】 10% 水杨酸钠，0.04% 水杨酸钠，10% 三氯乙酸，10% 三氯化铁，肝素生理盐水（100μg/ml），蒸馏水。分光光度计，离心机，EP 管（2ml），离心管（10ml），移液枪（0 ～ 1000μl），吸管，干棉花，夹子，兔箱，额头手术灯，记号笔，小玻棒，手术刀片。

【实验操作和观察】

1. 给药前采血 取家兔一只，称重，用手术灯烘耳等方法使血管扩张，用刀片割破一侧耳缘静脉，让血液自然流出，用 0 号肝素化试管采集 2ml 空白血样备用，用干棉球压住并用夹子夹紧切口止血。

2. 给药 由另一侧耳缘静脉注射 10% 水杨酸钠 2ml/kg。

3. 给药后采血 在给药完毕后第 5min、15min、30min、45min、60min、90min、120min 从已被割破的耳缘静脉处分别采血约 1ml，依次置于 1 ～ 7 号肝素化试管中备用。

4. 血样处理 取 9 支离心管，编号 0 ～ 8 号，按表 15-13 依次加血样，其中 0、8 号离心管加入空白血样，1 ～ 7 号离心管分别加入给药后各采血点的血样。每次加血样要注意搅拌均匀。加血样完毕后，以 3000r/min 离心 10min，得上清液备用。

5. 吸光度测定 以 0 号离心管的上清液为对照调零，用分光光度计在 520nm 波长处，测 1 ～ 8 号离心管上清液的吸光度得 A_1 ～ A_8。测定原理：水杨酸钠与三氯化铁在酸性条件下反应生成紫色络合物，后者在波长（λ）为 510nm 处比色，其光密度与水杨酸钠浓度成正比，可用光电比色法测定给药后血浆中的水杨酸钠浓度。

6. 水杨酸钠血药浓度计算：$C_n = A_n/A_8 \times 400$（μg/ml）

7. 绘制水杨酸钠浓度 - 时间曲线和对数浓度 - 时间曲线。

8. 计算水杨酸钠的药物代谢动力学参数。

表 15-13 血样处理步骤

离心管编号	10% 三氯乙酸（ml）	血样（ml）	蒸馏水（ml）	0.04% 水杨酸钠（ml）	10% 三氯化铁（ml）
0	3	0.8	1.0		1
1	3	0.8	1.0		1
2	3	0.8	1.0		1
3	3	0.8	1.0		1
4	3	0.8	1.0		1
5	3	0.8	1.0		1
6	3	0.8	1.0		1
7	3	0.8	1.0		1
8	3	0.8	1.0		1

（1）求消除项的直线回归方程：$\log C_t = \log C_0 - \dfrac{K}{2.303} \times t$，因 $\log C_0$ 及 $-K/2.303$ 为常量，直线回归方程可简化为：$Y = a + bX$；用直线回归法算出式中 a、b 值即可确定水杨酸钠在家兔体内消除规律的直线回归方程。

$$b=\frac{\Sigma(X-\overline{X})(Y-\overline{Y})}{\Sigma(X-\overline{X})^2}=\frac{L_{XY}}{L_{XX}}$$

$$a=\overline{Y}-b\overline{X}$$

（2）计算消除速率常数：$K=-2.303b$

（3）计算半衰期（$t_{1/2}$）：$t_{1/2}=0.693/K$

（4）计算表观分布容积（V_d）：$V_d=D_0/C_0=D_0/\log^{-1}a$（$D_0$ 为用药剂量）

$\because a=\log C_0 \quad \therefore C_0=\log^{-1}a$

（5）计算清除率（CL）：

$$CL=\frac{0.693}{t_{1/2}}\times V_d$$

（6）计算血药浓度 - 时间曲线下面积（AUC）：$AUC=C_0/K_e=C_0V_d/CL$（$\because K_e=CL/V_d$）

将结果填入表 15-14。

表 15-14　水杨酸钠血药浓度测定记录

记录项	用药后时间（min）						
	5	15	30	45	60	90	120
吸光度							
血药浓度（μg/ml）							
对数血药浓度（μg/ml）							

【注意事项】

1. 各试管要做好标记，避免混淆或交叉污染。

2. 静脉给药时，应一次将全部的药液注入血管内。

3. 以开始采血时间作为血样时间，若未能按时采血，则以实际采血时间参加计算。

4. 血样处理时对沉淀物必须充分搅拌，以减少浓度测定误差。

【思考题】

1. 简述药物体内消除的类型与特点。

2. 简述药物代谢动力学参数的临床意义。

3. 某患者体重 50kg，静脉恒速滴注某抗生素，已知其治疗浓度范围 4 ～ 8mg/L，半衰期 2.5h，$V_d=0.25$l/kg，试计算滴注速率。

（李佩琼）

实验二十三　乙酰胆碱量效关系

药物的量效关系是指一定浓度范围内，药物剂量与药物效应呈正比例的关系。以效应强度为纵坐标、药物剂量或药物浓度为横坐标作图则得量效曲线（dose-effect curve）。受体激动药（一般指完全激动药）能与受体结合并激动受体产生效应；受体拮抗药（通常指竞争性拮抗药）也能与受体结合，本身不产生效应，但可占据受体而拮抗激动药的效应。受体占领学说认为当受体激动药与少量受体结合时，产生比较弱的效应，随着受体激动药与受体结合量的增多，所产生的效应也随之增强，当受体激动药与全部受体结合时，则产生最大效应。受体激动药与受体的亲和力大小可用 pD_2 [亲和力指数，是受体激动药半数有效剂量（浓度）的负对数值] 表示，pD_2 大者亲和力大。受体激动药与受体结合时，若有相应受体拮抗药存在，该拮抗药可竞争受体激动药与受体的结合，使激动药的效应减弱。受体拮抗药对激动药的拮抗作用强度可用 pA_2（拮抗参数，即当激动药与拮抗药合用时，若 2 倍浓度的激动药所产生的效应恰好等于未加入拮抗药时激动药所产生的效应，则所加入拮抗药摩尔浓度的负对数值）表示，pA_2 值越大者拮抗作用越强。乙酰胆碱（ACh）为 M 受体激动剂，可引起豚鼠平滑肌收缩，按对数累加剂量给药可得到“S”形累加剂量反应曲线（cumulative dose-response curve，CDRC），根据 CDRC 可求得其 pD_2。pD_2 值越大，说明激动剂作用越强。阿托品为 M 受体竞争性拮抗剂，可使 ACh 的 CDRC 平行右移，根据公式可算出 pA_2。pA_2 值越大，说明拮抗剂作用越强。

【实验目标】

1. 技能目标

（1）掌握离体豚鼠肠段标本的制备方法及实验方法。

（2）观察胆碱受体激动药对离体豚鼠肠的作用及存在拮抗剂 10^{-6}mol/L 阿托品情况下 ACh 的曲线。

（3）掌握药物量效关系的实验方法及 pD_2 和 pA_2 的算法，并绘制量效关系曲线。

2. 知识目标

（1）掌握药物量效关系及 pD_2 和 pA_2 的概念。

（2）加深对激动剂、拮抗剂、量效关系和竞争性拮抗的理解。

3. 素质目标

（1）制备离体豚鼠肠段标本的过程中，动作不能粗暴，要善待实验动物；标本制作结束后要以人道方式对实验动物给予临终关怀，符合动物实验的伦理要求。

（2）通过理论与实践相结合，了解药物作用的性质，在临床治疗中牢固树立合理用药、生命第一、患者至上的良好医德。

【实验对象】 离体豚鼠肠段。

【实验药品和器材】 硫酸阿托品 10^{-6}mol/L、10^{-5}mol/L、10^{-4}mol/L，乙酰胆碱 10^{-8}mol/L、10^{-7}mol/L、10^{-6}mol/L、10^{-5}mol/L、10^{-4}mol/L、10^{-3}mol/L、10^{-2}mol/L、10^{-1}mol/L。生物机能实验系统，张力换能器，恒温平滑肌槽。组织剪，敷料镊，木槌，培养皿，小烧杯，1ml 注射器，弯圆针，丝线，台氏液。

【实验操作和观察】

1. 仪器装置 准备好生物机能实验系统的张力换能器记录装置。安装好离体肠平滑肌收缩实验的灌流装置，调节恒温平滑肌槽水温至 37℃。

2. 手术操作

（1）肠段标本制备：取豚鼠 1 只，巴比妥钠腹腔注射麻醉后断头致死。迅速打开腹腔找到回盲部，然后在距回盲部 2cm 处剪断回肠。取回肠 8 ～ 9cm，放入盛有台氏液的培养皿中，用台氏液将肠内容物冲洗干净，然后将回肠剪成数段备用（每段长 1.0 ～ 1.5cm）。

（2）调节浴槽水温至 37℃，在恒温平滑肌槽中加入台氏液 20ml，取备用回肠一段，一端用带线弯圆针钩系于通气钩上，另一端与张力换能器相连，然后置于恒温平滑肌槽中，调节放出的氧气速度为每秒 1 ～ 2 个气泡，待肠段稳定 10 ～ 15min。

（3）将张力换能器接上生物机能实验系统的输入接口，调节仪器参数，以记录肠段张力信号波形。

3. 观察与记录

（1）肠段稳定后，从 10^{-8}mol/L 浓度开始，按蓄积法给予 ACh，滴加至出现最大收缩效应。具体操作如下：首先，加入 10^{-8}mol/L 的 ACh 药液 0.3ml 于 30ml 的浴槽中，并通过“标记”按钮做好标记，此时浴槽中 ACh 的实际浓度为 $1.0\times10^{-8}\times0.3/30=1.0\times10^{-10}$mol/L，对于这个剂量肠段没有反应或稍后有一点反应，接着加 0.6ml 该浓度的药液，蓄积浓度为 $(1.0\times10^{-8}\times0.6)/30+1.0\times10^{-10}=3\times10^{-10}$mol/L，依此类推，累积给药（表 15-15），直到肠段 ACh 的反应不再增加为止，如图 15-13。

表 15-15　ACh 剂量蓄积操作表

步骤	加入药液浓度（mol/L）	加入药液量（ml）	蓄积浓度（$\times10^{-10}$mol/L）
1	1.0×10^{-8}	0.3	1.0
2	1.0×10^{-8}	0.6	3.0
3	1.0×10^{-7}	0.21	10
4	1.0×10^{-7}	0.6	30
5	1.0×10^{-6}	0.21	100
6	1.0×10^{-6}	0.6	300
7	1.0×10^{-5}	0.21	1000
8	1.0×10^{-5}	0.6	3000

注：继续加药，直到肠段对 ACh 的反应不再增加为止。

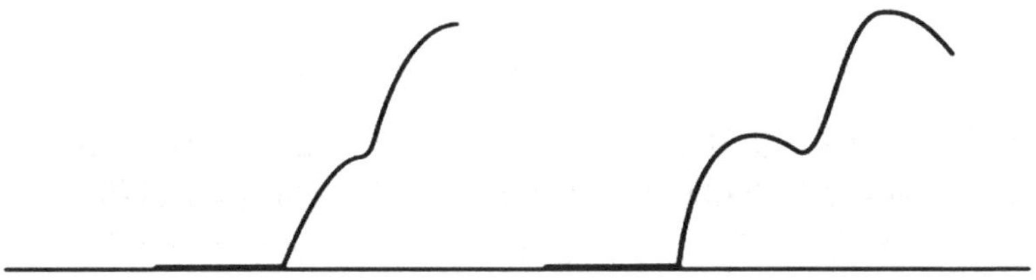

图 15-13　药物蓄积曲线

（2）以上实验完毕后，换入新鲜的台氏液反复冲洗 3 次，平衡稳定后加入 10^{-6}mol/L 阿托品 0.3ml，再以同样的方法制作存在拮抗剂 10^{-6}mol/L 阿托品情况下 ACh 的量效曲线。具体操作是：加入 10^{-6}mol/L 阿托品 0.3ml 预处理肠段 2min 后，按上法从未加阿托品（A=0）前 ACh 最小有效浓度起依次加入 ACh，直至出现最大收缩效应，绘制出在 10^{-6}mol/L 浓度的阿托品（$A=A_1$）作用下 ACh 的量效曲线，此时可见到量效曲线平行右移，最大效应不变，如图 15-14。充分洗去药物后，再以同样的方法，制作出在 10^{-5}mol/L、10^{-4}mol/L 浓度阿托品（$A=A_2$ 及 $A=A_3$）作用下 ACh 的量效曲线。

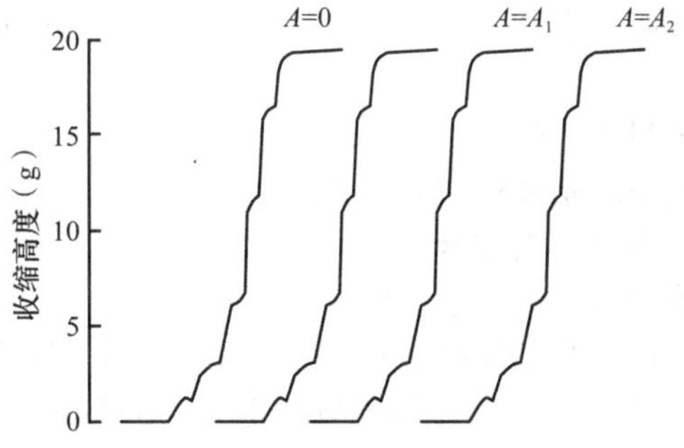

图 15-14　阿托品对乙酰胆碱收缩豚鼠回肠平滑肌作用的原始记录

（3）计算 pD_2 及 pA_2：BL-410/BL-420 生物机能实验系统中已经设定了一定的数据处理程序，其中有 pA_2、pD_2 和 pD_2' 计算程序，现简单介绍其使用方法：

单击主菜单中“数据处理”选项，弹出的子菜单中选择 pA_2、pD_2 和 pD_2' 的计算，在呈现含 4 个表单的新窗口内依次填入相应的浓度（D_i）、效应（E_i）、回归点数、拮抗剂浓度（A_i），选择计算类型——pA_2 或 pD_2，单击“计算结果”按钮，可求得 pA_2 或 pD_2，单击“量效曲线”按钮，可得到量效曲线。

【注意事项】

1. 制备肠段应动作轻柔，不要用镊子夹肠段中部，也不要过度牵拉组织，以免造成损伤。

2. 为使记录基线稳定，实验前必须给回肠加以一定的拉力（0.5 ～ 1.0g）。

【思考题】

1. 什么是激动剂？什么是拮抗剂？如何区别药物作用的效价强度与效能？

2. 根据实验结果，分析药物的剂量和效应间的关系，这种量效关系有何规律？说明药物应用过程中应注意哪些问题？

3. 何谓 pD_2 ？何谓 pA_2 ？ pD_2、pA_2 有何意义？

（王丹妹　邝少轶）

实验二十四　小白鼠缺氧实验

一、几种类型的缺氧

氧是生命活动的必需物质。空气中的氧经过外呼吸进入血液，随血流运送到组织细胞，经内呼吸供细胞所利用。氧的整个供给和利用过程主要涉及“肺部摄氧 - 血液携氧 - 循环运氧 - 组织用氧”4 个环节，其中任一环节发生障碍，均可引起缺氧。不同环节障碍所导致的缺氧具有不同的特点，其发生机制也不同。本实验选取小白鼠为受试对象，复制乏氧性缺氧、血液性缺氧模型，观察不同类型缺氧呼吸和血液颜色的变化，并探讨其发生机制。

【实验目标】

1. 技能目标

（1）掌握不同类型缺氧动物模型的复制方法。

（2）掌握不同类型缺氧动物模型呼吸、血液和肝脏颜色的观察方法。

（3）掌握小白鼠捉拿、腹腔注射的规范操作。

（4）掌握实验结果的正确记录和表述方法。

2. 知识目标

（1）掌握缺氧的分类以及不同类型缺氧的发生原因和机制。

（2）掌握不同类型缺氧呼吸、血液和肝脏颜色的变化特点及其机制。

3. 素质目标

（1）培育实验推导结论的科学思维。

（2）养成认真观察、客观记录实验结果的行为习惯。

（3）培养善待动物、珍视生命的人文素养。

【实验对象】 小白鼠，体重 18 ～ 22g，雌雄不拘。

【实验药品和器材】 钠石灰（NaOH·CaO），甲酸，浓硫酸，5% 亚硝酸钠，1% 葡萄糖亚甲蓝注射液，生理盐水。天平，酒精灯，小白鼠缺氧瓶（100 ～ 125ml 带塞广口瓶），一氧化碳（CO）发生装置，广口瓶，5ml、2ml 刻度吸管，1ml 注射器，剪刀，镊子，弯盘。

【实验操作和观察】

1. 动物分组　取体重相近（18 ～ 22g）的小白鼠 5 只，雌雄不拘，随机分为对照组 1 只，乏氧处理组 1 只，CO 处理组 1 只，5% 亚硝酸钠处理后注射 1% 葡萄糖亚甲蓝注射液、生理盐水各 1 只。

2. 对照组　将对照组小白鼠放入 125ml 广口瓶内，不盖瓶盖，观察动物的一般情况，观察皮肤和口唇的颜色，于实验前和实验后每 3min 计算呼吸频率和幅度。

3. 乏氧处理组　称取钠石灰少许（约 5g）放在缺氧瓶内（图 15-15），抓取乏氧处理组的小白鼠放入缺氧瓶内，观察动物的一般情况，计算呼吸频率和幅度、皮肤和口唇的颜色，然后塞紧瓶塞，记录时间，每3min重复观察上述指标一次（如有其他变化则随时记录）直到动物死亡为止，计算存活时间。

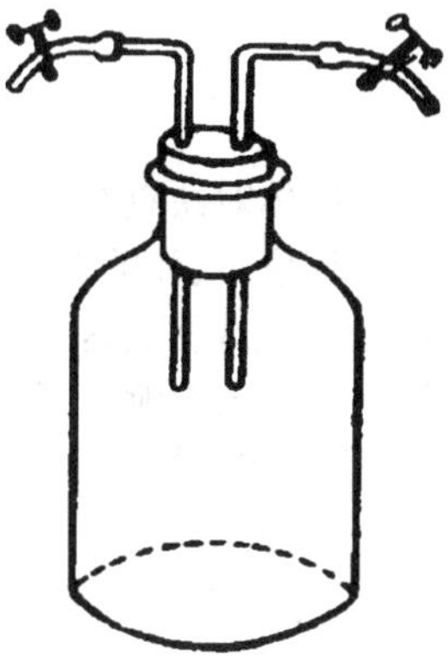

图 15-15 小白鼠缺氧瓶

4. CO 处理组

（1）装好 CO 发生装置（图 15-16）。

（2）将 CO 处理组小白鼠放入广口瓶中。观察其正常表现，然后与 CO 发生装置连接。

（3）取甲酸 3ml 放于试管内，加入浓硫酸 1ml，塞紧（可用酒精灯加热，加速 CO 的产生，但不可过热以至液体沸腾，因 CO 产生过多、过快，动物迅速死亡，血液颜色改变不明显）。

（4）观察指标与方法同上。

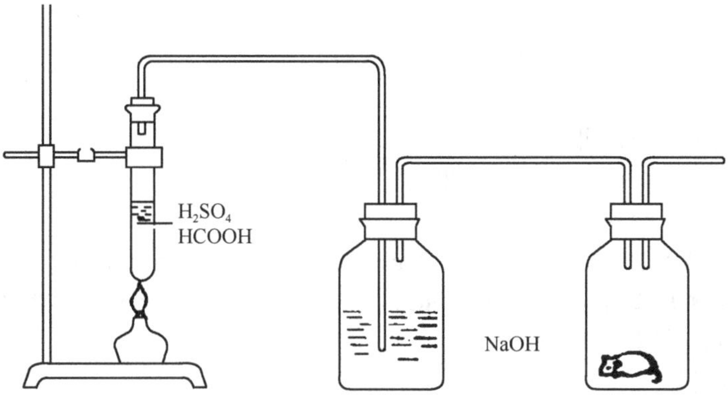

图 15-16 CO 发生装置示意图

5. 亚硝酸钠处理组

（1）取 2 只亚硝酸钠处理组小白鼠，观察正常表现后，腹腔注射 5% 亚硝酸钠 0.3ml，其中一只注射亚硝酸钠后，立即再向腹腔内注射 1% 葡萄糖亚甲蓝注射液 0.3ml，另一只再注射生理盐水 0.3ml。

（2）观察指标与方法同上。

6. 比较各组动物血液和肝脏的颜色 将以上处理的 5 只小白鼠尸体置于弯盘内，标记好组别，再依次打开其腹腔，比较并记录不同处理组小白鼠血液和肝脏的颜色。

【注意事项】

1. 缺氧瓶一定要密封，可用凡士林涂在瓶外面。

2. 小白鼠腹腔注射，应稍靠左下腹，勿损害肝脏，也应避免将药液注入肠腔或膀胱。

3. 实验操作过程要注意避免靠近 CO 的排出口，以免吸入 CO。

【思考题】

1. 本实验的受试对象为什么选择小白鼠？可以选择其他受试对象吗？

2. 除了本实验介绍的不同类型缺氧模型的方法，你还能设计其他的缺氧模型复制方法吗？

3. 不同类型缺氧发生的原因和机制有何不同？其呼吸和血液变化有何特点？为了更进一步观察不同类型缺氧的特点，还需设计哪些观测指标？

4. 防治 CO 中毒的最有效措施是什么？

（莫燕娜）

二、影响缺氧耐受性的因素

机体对缺氧有一定的耐受能力。有许多因素能够影响机体对缺氧的耐受性，包括缺氧的类型、发育程度、机体的功能代谢状态、外界环境因素等。这些能够促进或阻止疾病发生发展的机体状态、自然环境或社会因素，也称为条件因素。本实验通过观察外界环境温度、不同机体发育程度对缺氧耐受性的影响，了解条件因素在缺氧中的作用。

【实验目标】

1. 技能目标

（1）掌握乏氧性缺氧动物模型的复制方法。

（2）掌握小白鼠的捉拿操作。

（3）掌握实验结果的记录方式。

2. 知识目标

（1）掌握对比讨论的实验分析方法。

（2）熟悉不同条件因素对缺氧的影响及其机制。

3. 素质目标

（1）培育扎实的推理分析思维。

（2）养成认真观察、客观记录实验结果的行为习惯。

（3）培养善待动物、珍视生命的人文素养。

【实验对象】 成年小白鼠，体重 18 ～ 22g，雌雄不拘。3 ～ 5 日新生小白鼠 1 只。

【实验药品和器材】 钠石灰（NaOH·CaO），冰块。水浴锅，天平，大烧杯，温度计，小白鼠缺氧瓶（100 ～ 125ml 带塞广口瓶），镊子。

【实验操作和观察】

1. 环境温度对缺氧耐受性的影响

（1）取体重相近的小白鼠 3 只，雌雄不拘，随机分为室温组 1 只，高温组 1 只，低温组 1 只。

（2）取小白鼠缺氧瓶 3 只，各放入少许钠石灰（约 5g）。

（3）取大烧杯 2 个。一个放入冰块和冰水，水温调至 0 ～ 4℃；一个放入温水，水温调至 38 ～ 40℃。

（4）将 3 只小白鼠分别放入装有钠石灰的缺氧瓶。将 3 个缺氧瓶分别放置于冰水烧杯、温水烧杯、常温环境中。塞紧瓶口并开始计时。

（5）观察各组小白鼠的活动情况直至死亡，记录存活时间。

2. 机体发育程度对缺氧耐受性的影响

（1）将成年小白鼠和新生小白鼠分别放入装有钠石灰的缺氧瓶，塞紧瓶口并开始计时。

（2）记录存活时间。

【注意事项】

1. 缺氧瓶一定要保证密封。

2. 温度计应全程放入烧杯中，保证温度控制在相应的范围内。

3. 实验的开始时间及小白鼠的死亡时间应准确记录。

【思考题】

1. 环境温度对缺氧耐受性有何影响？其相关机制是什么？

2. 机体发育程度对缺氧耐受性有何影响？其相关机制是什么？

3. 什么是冬眠疗法？其适应证有哪些？

（高　畅）

实验二十五 人体ABO血型与Rh血型鉴定及交叉配血

血型就是红细胞膜上特异抗原的类型。在ABO血型系统中，红细胞膜上的抗原称为凝集原（agglutinogen），分为A和B两种抗原；而血清中的抗体称为凝集素（agglutinin），分为抗A和抗B两种抗体。A抗原加抗A抗体或B抗原加抗B抗体，则产生凝集现象。血型鉴定是将受试者的红细胞加入标准A型血清（含有抗B抗体）与标准B型血清（含有抗A抗体）中，观察有无凝集现象，从而测知受试者红细胞膜上有无A和（或）B抗原。在ABO血型系统中，根据红细胞膜上是否含A、B抗原而分为A、B、AB、O四型（表15-16）。

表15-16 ABO血型中的抗原和抗体

血型	红细胞膜上所含的抗原	血清中所含的抗体
O	无A和B	抗A和抗B
A	A	抗B
B	B	抗A
AB	A和B	无抗A和抗B

交叉配血是将受血者的红细胞与血清分别同供血者的血清与红细胞混合，观察有无凝集现象（图15-17）。临床输血时，若血型不合时，可引起红细胞发生凝聚反应，从而引起一系列的临床症状，严重时甚至危及生命。因此，交叉配血、输血时，一般主要考虑供血者的红细胞不要被受血者的血清所凝集；其次才考虑受血者的红细胞不被供血者的血清所凝集。前者叫交叉配血试验的主侧（也叫直接配血），后者叫交叉配血的次侧（也叫间接配血）。只有主侧和次侧均无凝集，称为“配血相合”，才能进行输血；如果主侧凝集，称为“配血不合”或“配血禁忌”，绝对不能输血；如果主侧不凝集，而次侧凝集，可以认为“基本相合”，但输血要特别谨慎，不宜过快、过多，密切观察有无输血反应。

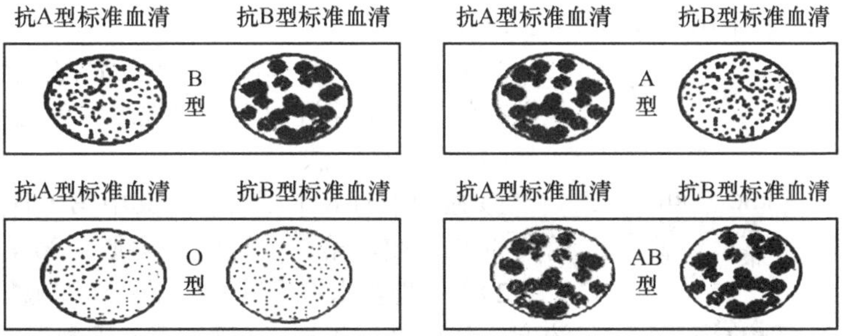

图15-17 玻片法ABO血型鉴定示意图

【实验目标】

1. 技能目标

（1）掌握ABO和Rh血型鉴定正定法（反定法）操作与鉴定方法。

（2）掌握交叉配血的方法选择、操作与结果判断。

2. 知识目标

（1）掌握血型鉴定和交叉配血的临床意义。

（2）掌握输血原则。

（3）加深对ABO血型和Rh血型分型原则的理解。

（4）了解凝聚胺介质配血法的实验原理。

3. 素质目标

（1）培养学生将基础理论知识和临床实际应用融会贯通的能力，建立基础联系临床、临床融合基础的医学思维。

（2）培养学生团队协作精神，提高临床分析和解决问题的能力。

（3）培养学生树立救死扶伤、积极参与献血的大爱精神。

【实验对象】 人体（学生志愿者）。

【实验药品和器材】 显微镜，离心机。采血针，消毒注射器，双凹玻片，小试管，竹签，棉球，蜡笔。标准A血清（抗B抗体），标准B血清（抗A抗体），D抗标准血清，生理盐水，酒精，碘酒。

【实验操作和观察】

1.ABO血型和Rh血型鉴定方法

（1）玻片法（有正向、反向两种方法）

1）取双凹玻片1块，用干净纱布轻拭，使之洁净，在玻片两端用蜡笔标明A及B，并分别各滴入A、B及D抗标准血清，或抗A血清、抗B血清各1滴。

2）细胞悬液制备从指尖或耳垂取血1滴，加入含1ml生理盐水的小试管内，混匀，即得约5%红细胞悬液。采血时应注意先用酒精消毒指尖或耳垂。

3）用滴管吸取红细胞悬液，分别各滴一滴于玻片两端的血清上，注意勿使滴管与血清相接触。

4）竹签两头分别混合，搅匀。

5）10～30min后观察结果。如有凝集反应，可见到呈红色点状或小片状凝集块浮起。先用肉眼看有无凝集现象，肉眼不易分辨时，则在低倍显微镜下观察，如有凝集反应，可见红细胞聚集成团。

6）判断血型：根据受试者红细胞是否被A、B型标准血清所凝集，判断其血型（图15-18）。

（2）试管法

1）取试管2支，分别标明A、B字样，分别加入相应标准血清2滴，各管加入受试者的红细胞悬液1～2滴摇匀。

2）将上述2支试管用1000r/min离心1min。

3）取出试管，轻弹底部，如沉淀物呈团块状浮起为凝集，呈散在烟雾状上浮进而恢复原混悬状为无凝集（图15-18）。

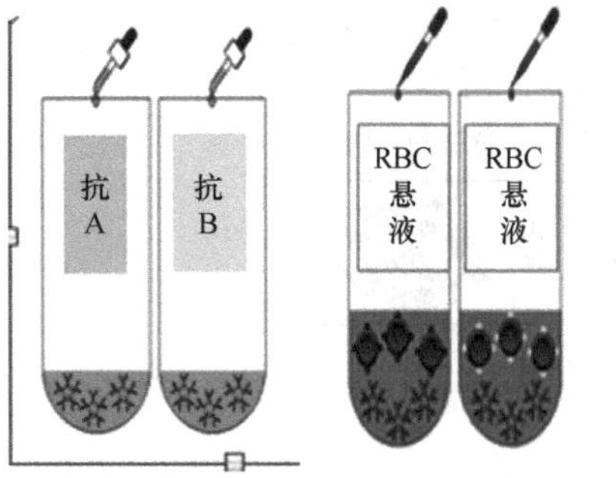

图15-18 试管法ABO血型鉴定示意图

（3）微柱凝胶法

1）血型卡有6个凝集管。其中第1管为抗A凝胶，第2管为抗B凝胶，第3管为抗D凝胶，第4～6管为中性胶。

2）用生理盐水将受试者的压积红细胞配制成0.8%～1.0%浓度，分别加入第1～3管和第6管微管中，每管50μl。

3）将A型、B型红细胞分别加入到第4和第5管中，每管50μl。

4）将受试者血浆分别加入到第4～6管中，每管25μl。

5）混匀后置专用离心机离心5min。

6）离心结束后，取出观察结果并记录。

7）结果判定：见图15-19。

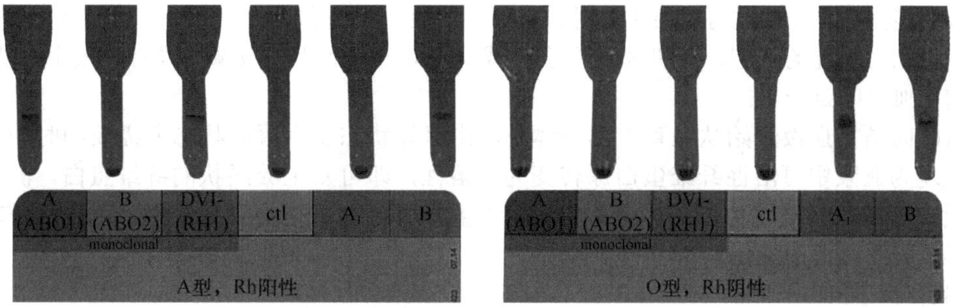

图 15-19　微柱凝胶法血型鉴定示意图

2. 交叉配血　交叉配血原理如图 15-20 所示。

（1）玻片法

1）用碘酒及酒精棉球消毒皮肤后，用消毒干燥的注射器抽取受血者及供血者静脉血各 2ml，各用 1 滴制备红细胞悬液，分别标明供血者与受血者。

余下血分别注入干净小试管，也标明供血者与受血者，待其凝固后析出血清备用。

2）在 2 个凹玻片左侧标上“主”（即主侧）；右侧标上“次”（即次侧）。主侧滴入供血者红细胞悬液 1 滴和受血者血清 1 滴；次侧滴入受血者红细胞悬液 1 滴和供血者血清 1 滴。分别用竹签混匀。

3）15 ～ 30min 后，观察结果。如两侧均无凝集现象，可多量输血；如主侧无凝集而次侧有凝集，只可考虑少量输血；如主侧凝集，则不能输血。

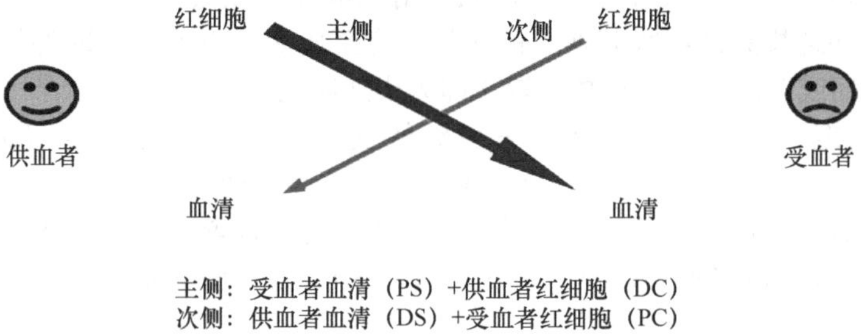

图 15-20　交叉配血示意图

（2）试管法：取 2 支试管，分别注明“主”“次”字样，管内所加内容物同玻片法，混匀后 1000r/min 离心 1min，取出观察结果。

【注意事项】

1. 所用双凹玻片的试管在实验前必须清洗干净，以免出现假凝集现象。

2. A 及 B 标准血清绝对不能相混，所用滴管上贴橡皮膏标明 A 及 B，红细胞悬液滴管头不能接触标准血清液面，去混匀一侧的竹签端不能去接触另一侧。

【思考题】

1. O 型血是可以给任何血型的人输血吗？

2. 交叉配血时为何主侧不凝集而次侧凝集时，可以少量输血？还需注意些什么？

3. 简述 Rh 血型在临床输血和妊娠中的临床意义。

（王丹妹）

实验二十六　出血时间和凝血时间测定

出血时间是指小血管破裂后，血液自行流出到出血自行停止所需要的时间。测定出血时间与小血管收缩能力和血小板生理特性（黏附、释放、聚集、收缩和吸附）相关，即出血时间长短可以反映生理性止血功能的状态，如机体的血小板减少，即可因血小板数量的异常导致止血功能障碍，从而引起出血时间延长。

凝血时间是指血液开始从血管流出到体外，由流体状态变为凝胶状态所需要的时间。血液凝固最终表现为血浆中可溶性纤维蛋白原转变为不溶性，即可发生凝固状的纤维蛋白。测定凝血时间可以反映机体血液凝固功能是否正常。血浆中多数凝血因子是由肝脏产生，所以肝脏功能的障碍可以影响凝血时间的变化。

【实验目标】

1. 技能目标

（1）学会测定、记录出血时间和凝血时间的方法和结果。

（2）能准确判断出、凝血时间是否正常。

2. 知识目标 描述出生理性止血的原理及血液凝固的基本过程。

3. 素质目标 熟悉并能解释临床血液应用的相关原理，养成严谨的工作作风和严肃的工作态度。

【实验对象】 人体（学生志愿者）。

【实验药品和器材】 一次性采血针，消毒干棉球，秒表，滤纸，玻片，酒精棉球。

【实验操作和观察】

1. 出血时间测定 以酒精棉球消毒耳垂或指端的皮肤后，用消毒的一次性采血针快速刺入皮肤 2 ～ 3mm 深，观察并用以下方法记录血液由自然流出到自行停止的时间，即为出血时间（bleeding time，BT），正常人为 1 ～ 4min。

当第一滴血液流出时用秒表开始计时，立即用滤纸轻触吸去血滴。以后每间隔 30s，重复以上过程，并间隔有序地排列滤纸吸除血滴的印记，直至血液不再流出时即为停止时间，读取血液开始流出到停止时间或以滤纸上血点数除以 2 即为出血时间。

2. 凝血时间测定 用消毒的一次性采血针快速刺入酒精棉球消毒好的耳垂或指端皮肤 2 ～ 3mm 深。用干净的玻片接住自然流出的第一滴血，开始计时；每间隔 30s 朝同一方向用针尖挑血一次，观察是否出现血丝，若出现血丝立即停止计时，读取玻片接下第一滴血到血丝出现的时间即为凝血时间（clotting time，CT）。正常人为 2 ～ 8min（玻片法）。

【注意事项】

1. 测定出血时间 针刺不宜过深，血液为自然流出，不能挤压出血。

2. 测定凝血时间 按时间间隔要求针尖挑血，且应朝同一个方向由血滴边缘向中心横穿直挑，勿频繁拨动，避免破坏已形成的纤维蛋白网状结构，以致读取凝血时间出错。

3. 采血和消毒的实验操作要仔细、规范，避免人为感染；所有与测试相关带血的用品放入指定收集区域，避免实验环境污染。

【思考题】

1. BT 测定异常（延长或缩短）的原因是什么？与哪些临床疾病相关？

2. CT 测定异常（延长或缩短）的原因是什么？与哪些临床疾病相关？

（翁启芳）

实验二十七 人体心音听诊、血压测量和心电图、脑电图的测定

一、人体心音听诊

在心动周期中，心肌收缩、瓣膜关闭、血流撞击等引起的振动都可以通过周围组织传递到胸壁，

把听诊器置于胸部的某些位置可听到相应的声音，即为心音。正常情况下可听到第一心音（S_1）和第二心音（S_2），在某些青年人和健康儿童可以听到第三心音。心音发生在心动周期的某些特定时期，其音调和持续时间也有一定的规律。

S_1 的产生主要是房室瓣关闭引起，其特点是音调低、持续时间较长，在心尖部听得最清楚。S_1 是收缩期开始的标志，其响度和性质的变化，常可反映心室肌收缩强弱以及房室瓣膜的功能状态。S_2 的产生主要是半月瓣关闭引起，其特点是音调高、持续时间较短，在心底部听得较清楚，S_2 是舒张期开始的标志，其响度常可反映动脉压的变化。

【实验目标】

1. 技能目标

（1）熟悉听诊器的主要结构和使用方法。

（2）掌握心音听诊的方法。

（3）准确分辨 S_1 与 S_2。

2. 知识目标

（1）了解心音产生的原理。

（2）掌握 S_1 与 S_2 的特点。

3. 素质目标

（1）养成认真观察、客观记录实验结果的行为习惯。

（2）培养关爱患者、尊重生命的人文素养。

【实验对象】 人体（学生志愿者）。

【实验药品和器材】 听诊器。

【实验操作和观察】

1. 确定听诊部位

（1）受试者解开上衣，面向亮处静坐在检查者对面。

（2）参照图（图 15-21），认清心音听诊的各个部位。二尖瓣听诊区：左锁骨中线内侧第 5 肋间处（心尖冲动处）；三尖瓣听诊区：胸骨右缘第 4 肋间处或胸骨剑突下；主动脉瓣听诊区：胸骨右缘第 2 肋间处（主动脉瓣第一听诊区）或胸骨左缘第 3、4 肋间（主动脉瓣第二听诊区）；肺动脉瓣听诊区：胸骨左缘第 2 肋间处。

2. 心音听诊

（1）检查者戴好听诊器，以一只手拇指、示指和中指轻持听诊器的胸件，紧贴于受试者胸壁皮肤上，按照二尖瓣听诊区→主动脉瓣听诊区→肺动脉瓣听诊区→主动脉第二听诊区→三尖瓣听诊区的顺序依次听诊心音。

（2）在每个听诊区，注意区分 S_1 和 S_2。可以根据心音的性质（音调高低、持续时间）和间隔时间的长短来辨别 S_1 和 S_2。若难以区别时，可在听心音的同时，结合触诊心尖冲动或颈动脉搏动帮助辨别 S_1 和 S_2，与搏动同时出现的心音为 S_1。

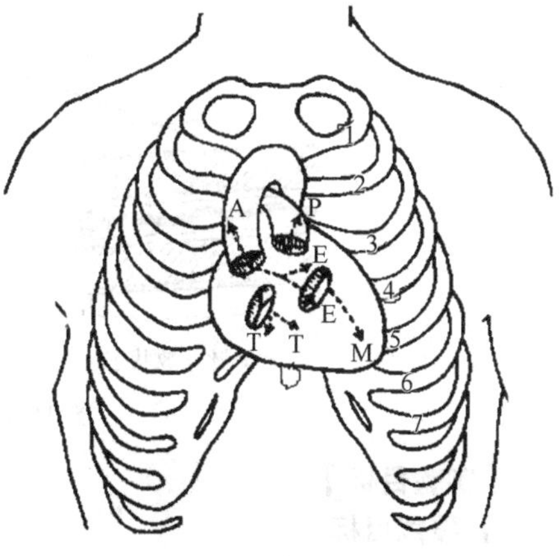

图 15-21　心音听诊区图

A. 主动脉瓣听诊区；P. 肺动脉瓣听诊区；E. 主动脉瓣第二听诊区；T. 三尖瓣听诊区；M. 二尖瓣听诊区

【注意事项】

1. 听诊时环境应保持安静，如果呼吸音影响听诊时，可嘱咐受试者暂停呼吸。

2. 正确使用听诊器，听诊器的耳件方向应与外耳道方向一致（斜向前方）。听诊器的胸件要不紧不松地紧贴胸壁皮肤，不要隔着衣服听诊。橡胶管不可交叉、扭曲或打结，勿与其他物体摩擦，以免影响听诊。

【思考题】

1. 比较你所听到的 S_1 和 S_2 有什么不同？

2. 各瓣膜的听诊区是否就在各瓣膜体表投影位置上？

（张彩彩）

二、人体动脉血压测定

动脉血压是指血管内流动的血液对血管侧壁的压强。人体动脉血压测定最常用的是袖带间接测量法，即用血压计和袖带在动脉外加压，根据血管音的变化来测量。测量部位通常为肱动脉。

血液在血管内流动时通常听不到声音，若在血管外施加压力使血管变窄，则血流通过狭窄处形成涡流可产生声音。测量血压时，用带有螺旋阀的橡皮球将空气打入缠绕于上臂的血压计袖带内，当袖带内压力超过收缩压时，便可完全阻断肱动脉内的血流，此时用听诊器在肱动脉的远端听不到声音，也触不到桡动脉的脉搏。当缓慢放气降低袖带内的压力，在其压力稍低于肱动脉收缩压时，心脏收缩可使血液通过被压迫变窄的肱动脉，形成涡流，用听诊器可在肱动脉的远端听到声音，此时袖带内压力即为收缩压。继续放气，当袖带内的压力越接近于舒张压，通过的血流量也越多，血流持续时间越长，听到的声音也越清晰。当袖带内压力等于或稍低于舒张压的瞬间，血管内的血流由断续流动变为连续流动，血管音变弱或消失，脉搏也随之恢复正常，此时袖带内的压力即为舒张压（图 15-22）。

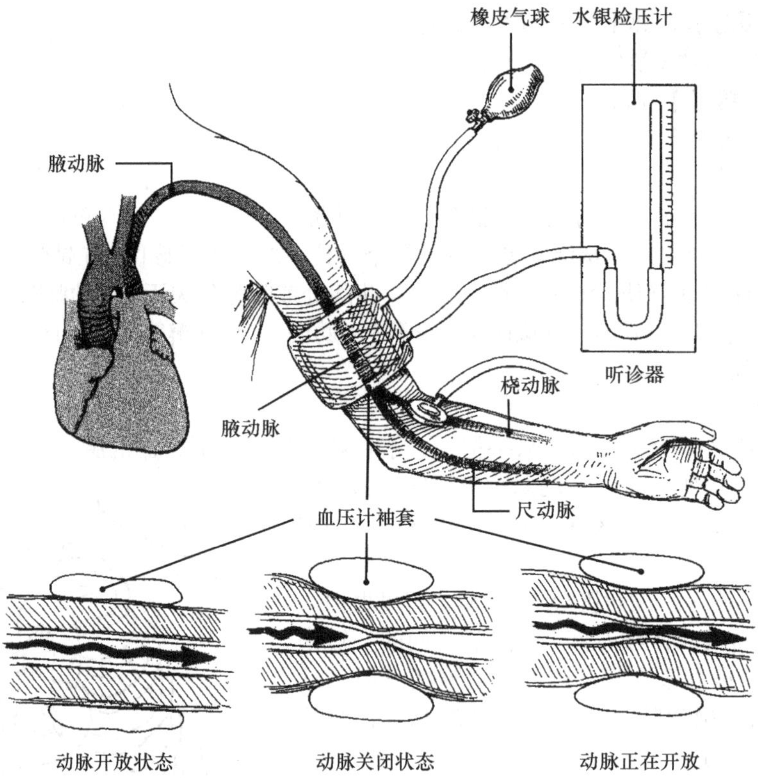

图 15-22　间接法测量血压原理示意图

【实验目标】

1. 技能目标

（1）熟悉血压计的主要结构和使用方法。

（2）掌握动脉血压的测量原理和方法。

2. 知识目标

（1）掌握动脉血压的形成条件和影响因素。

（2）掌握动脉血压的正常值和高血压的诊断标准。

3. 素质目标

（1）培养良好的医患沟通能力，关爱患者、珍视生命的人文素养。

（2）引导本科学生实验联系理论和总结影响动脉血压测量结果因素的分析能力。

（3）培养学生们养成良好的职业素质，为以后的学习和临床相关工作打下良好的基础。

【实验对象】 人体（学生志愿者）。

【实验药品和器材】 水银血压计，听诊器，桌椅。

【实验操作和观察】

1. 熟悉血压计的结构 目前常用的血压计有 2 种类型，即水银柱式和电子式（图 15-23）。水银柱式血压计由袖带、橡皮气球和水银检压计 3 部分组成。

水银柱式血压计的检压计是一个标有 0 ～ 40kPa（0 ～ 300mmHg）刻度的玻璃管，上端与大气连通，下端与水银储槽相通。袖带是一个外包布套的长方形橡皮囊，借由橡皮管分别和检压计的水银槽及橡皮球相连通。橡皮球带有螺旋阀，供充气和放气使用。电子式血压计也有袖带和橡皮球部分，而检压计由数字模块整合形成。

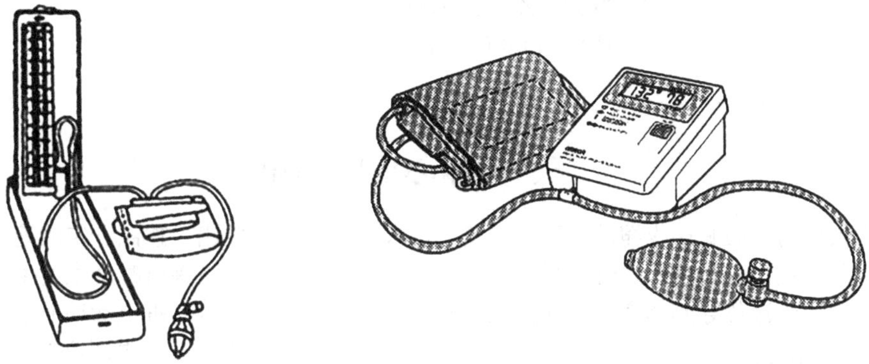

图 15-23 水银柱式血压计及电子血压计

2. 听诊法测量动脉血压的方法

（1）水银柱式血压计测定动脉血压

1）受试者脱去右臂衣袖，静坐 5min，全身放松，右肘关节轻度弯曲平放在实验桌上，上臂中心部以及水银槽应与心脏在同一水平。手掌向上。

2）打开血压计，松开血压计橡皮球的螺旋阀，排尽袖带内残留气体，再将螺旋阀旋紧。

3）将袖带缠绕于右上臂，带下缘位于肘关节上约 2cm 处，松紧以能伸进一根手指到袖带内为宜，开启水银槽开关。

4）在肘窝内侧先用示指和中指触及肱动脉搏动，再将听诊器胸器贴在搏动明显处。将听诊器耳件塞入外耳道，注意调整弯曲方向与外耳道一致。

5）测量收缩压：旋紧螺旋阀，挤压橡皮球使袖带充气，充气时需注意听诊，待检压计内水银柱逐渐上升到听诊器听不到脉搏音，再继续充气使水银柱上升 20 ～ 30mmHg（2.7 ～ 4.0kPa）。随即慢慢松开螺旋阀徐徐放气，使水银柱的液面匀速下降，在观察水银柱下降的同时仔细听诊，当听到第一声“咚”样的声音时，检压计内水银柱的液面所示高度即代表收缩压。

6）测量舒张压：继续使袖带徐徐放气，这时声音先依次增强，后又逐渐减弱，最后完全消失。在声音突然由强变弱（或声音消失）瞬间，检压计内水银柱的液面对应数值代表舒张压。

7）血压记录常以收缩压 / 舒张压（mmHg）表示，如收缩压、舒张压分别为 110mmHg 和

70mmHg，则记为 110/70mmHg。

8）列表记录所测得的血压数值。

（2）电子式血压计测定动脉血压：按照上述方法绑好袖带后，按电子血压计上“开始”按钮，待袖带自动完成充气和放气后，屏幕可显示收缩压、舒张压和心率数值。

【注意事项】

1. 室内务必保持安静，测量血压前需嘱受试者静坐放松，以排除体力活动、精神紧张因素对血压的影响。

2. 袖带缠绕不能太紧或太松。听诊器胸器最好用膜型。安放时既不能压得太重，也不能接触过松，更不能直接压在袖带底下进行测定。

3. 动脉血压测定通常连续测定 2 ～ 3 次，间隔 3 ～ 5min，一般取 2 次较为接近的数值为准。重复测定前，袖带内压力须降至“0”后再打气。

4. 若发现测得的血压超过正常范围时，应将袖带解下，让受试者休息 10min 后复测。

5. 结束测量后，应将袖带内气体驱尽、卷好、放置盒内，以防玻璃管折断；将血压计向右倾斜 45°，确保管内水银退回到水银槽内再关闭开关，防止水银泄露。

【思考题】

1. 正常男、女成人的血压值范围是多少？你测得的同学血压值是否正常？

2. 测量血压时，听诊器的胸件为何不能插入袖带下？

3. 为什么测量血压时，水银槽应与心脏在同一水平？

（张彩彩）

三、人体心电图描记

在正常人体内，心脏在收缩前先发生电变化，兴奋由窦房结发出，按照一定的途径和时程，依次传至心房和心室，引起整个心脏的兴奋。人体是个容积导体，心脏兴奋时产生的生物电变化，可通过导电组织和体液传导到体表。如在体表按一定的引导方法，可将心脏电活动所致的电位变化曲线记录下来，即心电图。心电图反映了心脏内综合电位变化的产生、传播及恢复过程，与心肌的收缩活动无直接关系。根据引导电极放置的位置和导联方式不同，测得的心电图波形也可有所不同。正常心电图的基本波形有 P、QRS 和 T 三个波及 PR、QT 两个间期（图 15-24）。P 波反映的是左、右心房的去极化过程；QRS 波群反映左、右心室去极化过程；T 波则反映的是心室的复极化过程。PR 间期代表窦房结产生的兴奋由心房传导至心室，并引起心室兴奋所需要的时间；QT 间期则代表心室开始去极化到完全复极化所需要的时间。

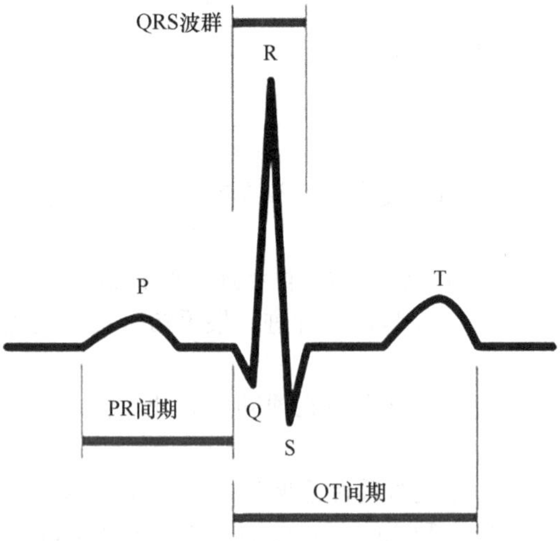

图 15-24 心电图波形示意图

学习人体心电图的描记和测量方法，了解正常人体心电图三个波形及两个间期的生理意义，协助判断心跳频率与节律及心脏兴奋起源、传导和恢复过程中有无异常现象。

【实验目标】

1. 技能目标

（1）掌握人体体表心电图的记录方法。

（2）辨认正常心电图的波形。

（3）掌握心电图各波形的测量和分析方法。

2. 知识目标

（1）掌握正常人体心电图三个波形及两个间期的生理意义。

（2）了解心电图的临床应用。

3. 素质目标

（1）培养良好的医患沟通能力，关爱患者的职业素养。

（2）尊重患者，注意保护患者隐私的职业道德。

（3）引导本科学生充分利用实验联系理论分析心电图产生的机制，实验验证理论的科学素养。

【实验对象】 人体（学生志愿者）。

【实验药品和器材】 酒精棉球，电极膏。心电图机，检查床，圆规。

【实验操作和观察】

1. 仪器连接

（1）连接好心电图机的电源线、地线和导联线，并接通电源，预热 5min。

（2）让受试者去掉手表、项链等金属物品，静卧在检查床上，全身肌肉放松。

（3）把准备安放电极的位置先用酒精棉球擦拭去脂，涂上少许电极膏，以减小皮肤电阻，然后安放标准肢体导联和胸导联电极，连接导联线。标准肢体导联线：红色——右手；黄色——左手；绿色——左足；黑色——右足。安放胸部 V_1、V_2、V_3、V_4、V_5、V_6 这 6 个胸导联电极。

2. 心电图描记

（1）描记前需校正输入信号电压放大倍数，以 1mV 标准电压使描笔振幅 10mm（记录纸上纵坐标为 10 小格）为宜，将基线调至中央。设置走纸速度为 25mm/s。

（2）先后描记标准肢体导联Ⅰ、Ⅱ、Ⅲ；加压单极肢导联 aVR、aVL、aVF；胸导联 V_1、V_2、V_3、V_4、V_5、V_6。

（3）打印结果并注明受试者姓名、性别、年龄及记录日期。

3. 心电图分析

（1）在心电图纸上辨认各导联的 P 波、QRS 波群、T 波，以及 PR 间期和 QT 间期。

（2）测量 P 波、QRS 波群、T 波的电压幅值和 PR 间期、QT 间期时间。

（3）测定相邻两个 RR 间期所经历的时间，用以下公式计算心率。

$$心率 = 60/[RR\ 间期\ (s)] = 次 / 分$$

【注意事项】

1. 受试者应尽量放松。电极要紧贴皮肤，防止记录过程中电极脱落。避免以下因素对记录结果的影响：室温过低、身体移动、深大呼吸、精神紧张等。

2. 基线不稳或有干扰时，应排除后再进行描记。

3. 测量波幅幅值时，注意向上波应测量基线上缘至波峰顶点距离；向下波为基线下缘至谷底距离。

【思考题】

1. 正常心电图有哪三个波和哪两个间期？它们各表示什么生理意义？

2. 为什么不同导联引导出来的心电图波形有所不同？

3. 为什么正常心电图中 T 波方向和 QRS 波群主波方向一致？

（张彩彩）

四、人体脑电图的描记

人脑具有自发电活动，即在未受到明显刺激的安静状态下，大脑皮质存在持续的节律性电活动。若在头皮放置电极，可通过脑电图机观察和记录到这些电活动，所得到的图形称为脑电图

（electroencephalogram，EEG）。

EEG 的波形可根据其频率不同分为 4 类（图 15-25）：

α 波：频率为 8 ～ 13Hz，幅度为 20 ～ 100μV。常表现为梭形，α 波在枕叶皮层最为显著。成年人在清醒、安静、闭目时出现，睁眼或接受其他刺激时立即消失，并呈现快波（β 波），这一现象称为 α 阻断（alpha block）。

β 波：频率为 14 ～ 30Hz，幅度为 5 ～ 20μV。在额叶和顶叶较显著，是新皮层处于紧张活动状态的标志。

θ 波：频率为 4 ～ 7Hz，幅度为 100 ～ 150μV，是学龄前儿童的基本波形，成年人困倦时也会出现。

δ 波：频率为 0.5 ～ 3.0Hz，幅度为 20 ～ 200μV，是婴儿大脑的基本波形，在成人入睡后、处于极度疲劳或麻醉时也会出现。

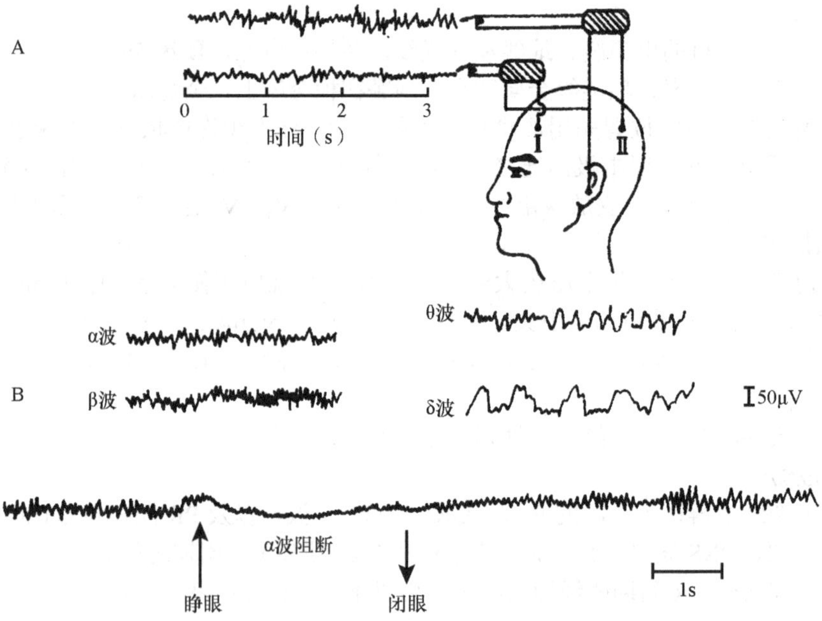

图 15-25　正常脑电波各种波形

影响脑电波的因素很多。正常脑电波与年龄大小有密切关系。意识活动、情绪表现以及思维能力等精神因素更会影响到脑电波。由于大脑自发电活动的振幅较低，由皮层引导后须经过放大才能记录到波形。当发生某些中枢神经系统疾病时，如癫痫发作、皮层占位性病变等，常出现特殊的 EEG 改变，因此临床上常将 EEG 作为上述疾病的辅助诊断方法。

【实验目标】

1. 技能目标

（1）掌握人体脑电图机的使用方法。

（2）掌握正常人的 EEG 的初步分析方法。

2. 知识目标

（1）掌握正常人体 EEG 的波形特征。

（2）掌握 α 波阻断现象产生的原理及特点。

3. 素质目标

（1）养成科学严谨的工作态度。

（2）养成认真观察、客观记录实验结果的行为习惯。

（3）培养保持良好生活作息的生活习惯。

【实验对象】 人体（学生志愿者）。

【实验药品和器材】 计算机、生物电放大器（Bio Amp）、电极膏、粘贴式电极片、放大器导线、固定绷带。

【实验操作和观察】

1. 连接实验仪器 打开计算机及 Bio Amp，确认仪器与电脑正常连接。

2. 安放电极 受试者静坐于靠背椅上，肌肉放松。在受试者前额中线两侧约 5cm，距离眉毛上方约 3cm 处，分别连接电极。将负（白色）电极放在右侧，并将接地（绿色）电极放在左侧。沿着中线和头后部的最宽点放置正（黑色）电极，尽量保持头发分开。使电极与皮肤确保良好接触。用力按压使它们黏附良好。用绷带将电极覆盖并将其牢牢固定到位。将电极、导线以及 Bio Amp 连接，如图 15-26 所示。

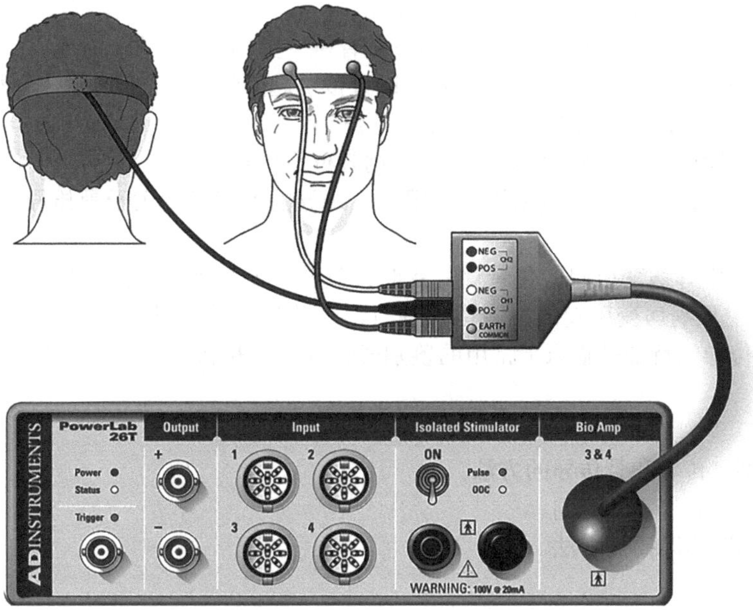

图 15-26 生物电放大器仪器连接与电极放置示意图

3. 观察和记录

（1）受试者保持安静状态，情绪放松，不思考问题，闭目养神，记录并观察 EEG 波形。波形稳定后，注意识别和观察 α 梭形波。

（2）当观察到 α 波后，令受试者睁眼 5 ～ 15s，观察是否有 α 波阻断现象。如此反复进行多次。

（3）受试者安静闭目状态下，与其交谈，或者让其心算数学题，或者用声音刺激，观察是否有 α 波阻断现象。

【注意事项】

1. 在粘贴电极的位置涂抹电极膏。

2. 注意不要移动位置或移动电极，让电极保持在原位。如有必要，小心拧紧绷带。

3. 如有肌电活动干扰，嘱受试者均匀呼吸，尽量放松肌肉，停止眨眼、咀嚼或吞咽等动作。

【思考题】

1. EEG 波形成的机制是什么？

2. 正常 EEG 的基本波形有哪些？各有何特征？

3. 什么是 α 波阻断现象？

（张彩彩）

实验二十八　声音的传导途径

听觉是人类认识自然、获取信息、沟通交流的重要方式之一。人的听觉器官由外耳、中耳和内耳耳蜗组成，其适宜刺激是声波。声波经外耳、中耳传入内耳的耳蜗，耳蜗具有感音换能作用，最终将声波的机械能转换为可在听神经上传导的动作电位，传入到听觉中枢，从而产生听觉。

正常情况下，声音传入内耳的途径有2条：

1. 气传导（air conduction） 声波传导的主要途径，主要是指声波经外耳道引起鼓膜振动，再经听骨链和卵圆窗传入内耳耳蜗。鼓膜振动还可以引起鼓室内的空气振动，经圆窗将声波传入耳蜗。这一途径也属气传导，但在正常情况下并不重要。

气传导的传音途径为：声波→外耳→鼓膜→听骨链→卵圆窗→内耳。

2. 骨传导（bone conduction） 是指声波可以直接引起颅骨振动，经颅骨和耳蜗骨壁传入耳蜗。骨传导的效能较低，因此在正常听觉产生中的作用极小。

骨传导的传音途径为：声波→颅骨振动→耳蜗骨壁→内耳。

在正常情况下，由于中耳的增益放大作用，气传导的效能远远大于骨传导，因此气传导是主要的传导途径。

发生鼓膜或者中耳病变引起的传音性耳聋时，气传导明显受损，而骨传导不受影响甚至可能相对增强。而发生耳蜗病变引起的感音性耳聋时，气传导和骨传导均有不同程度的减弱。因此，检查气传导和骨传导的特征是临床上常用的鉴别传音性耳聋和感音性耳聋的方法。

【实验目标】

1. 技能目标

（1）掌握检测气传导和骨传导的方法。

（2）比较2种传导途径的异同。

（3）学习鉴别听力障碍的方法。

2. 知识目标

（1）掌握气传导和骨传导的途径。

（2）熟悉2种途径的特点和作用。

3. 素质目标

（1）培养实验推导结论的科学思维。

（2）养成保护听力的生活习惯。

【实验对象】 人体（学生志愿者）。

【实验药品和器材】 音叉（频率256Hz或512Hz），棉球。

【实验操作和观察】

1. 林纳试验（Rinne test，RT） 检测和比较同侧耳的气传导和骨传导（图15-27，表15-17）。

（1）受试者坐在安静的室内。检查者敲响音叉后，立即将振动的音叉柄置于受试者一侧颞骨乳突部。此时，受试者可听到音叉的响声，随后声音逐渐减弱。当受试者刚刚听不到响声时，立即将音叉移至同侧外耳道口约2cm附近，此时受试者又可以重新听到响声。反之，先将振动的音叉置于外耳道口附近，当听不到响声时再将

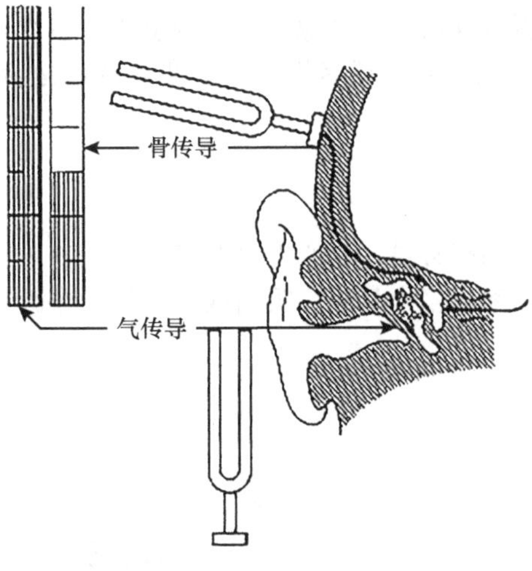

图15-27　林纳试验示意图

音叉移至乳突部，受试者仍听不到响声。说明气传导的时间大于骨传导的时间，临床上称为林纳试验阳性。无听力损伤的健康人林纳试验均为阳性。

（2）用棉球塞住受试者同侧外耳道（模拟气传导途径障碍），重复上述实验步骤，则会出现气传导时间缩短，等于或者小于骨传导时间，临床上称为林纳试验阴性。

表 15-17　林纳试验结果

部位	不塞	塞住
左耳	气传导≥骨传导	
右耳		

2. 韦伯试验（Weber test，WT） 检测和比较双侧耳的骨传导（表 15-18，表 15-19）。

（1）检查者敲响音叉后，将振动的音叉柄的底端置于受试者前额正中发际处，让受试者比较两耳听到的声音强度有无差别。健康人两耳听到的声音强度是相等的。

（2）用棉球塞住受试者一侧外耳道（模拟气传导途径障碍），再重复上述实验步骤，让受试者比较两耳听到的声音强度是否一致？哪一侧的强度更大一些？如果是传音性耳聋，则患侧的声音强度更大一些；反之，如果是感音性耳聋，则健侧的声音强度更大一些。

表 15-18　韦伯试验结果

检测项目	不塞耳	塞左耳	塞右耳
两耳的声音强度	左边＝右边		

表 15-19　林纳试验和韦伯试验结果判断

检查方法	试验结果	结果说明	听力判断
林纳试验	阳性	气传导＞骨传导	听力正常
	阴性	气传导＜骨传导	传音性耳聋
韦伯试验	两侧相同	两侧骨传导相同	听力正常
	偏向患侧	患侧气传导减弱	患侧传音性耳聋
	偏向健侧	患侧感音功能减弱	患侧感音性耳聋

【注意事项】

1. 室内需保持安静，以免影响测试效果。

2. 振动音叉时不要用力过猛，可用手掌或者橡皮锤敲击。切忌在坚硬物体上敲击，避免损坏音叉。

3. 将音叉放到外耳道口时，应将音叉臂的振动方向正对外耳道口约 2cm 处。

4. 棉球要塞紧外耳道。

5. 在操作过程中，只能用手指持音叉柄，避免音叉臂与皮肤、毛发或其他物体接触，影响振动。

【思考题】

1. 健康人声波传导的途径有哪些？各种传导途径的特点是什么？

2. 如何根据林纳试验和韦伯试验鉴别传音性耳聋和感音性耳聋？

3. 耳内疾病如化脓性中耳炎、内耳疾病患者，其气传导和骨传导听力有何变化？

（张彩彩）

实验二十九 人体腱反射的评估

神经系统对人体机能调节的基本方式是反射，反射活动的结构基础和基本功能单位是反射弧。反射弧包括感受器、传入神经、反射中枢、传出神经和效应器5个基本成分组成，反射弧任何一部分受损都会使反射减弱或消失。

腱反射是牵张反射的一种类型，是指快速、短暂地牵拉肌腱时，引起被牵拉的肌肉发生收缩的反射活动或骨膜、肌腱中深部感受器受刺激而引起的反射，又称为深反射。腱反射的感受器是肌梭，反射的中枢在脊髓前角，其效应器主要是肌肉收缩较快的快肌纤维。若腱反射减弱或消失，则提示该反射弧受损，而腱反射亢进，则提示高位中枢病变。临床上常通过腱反射来了解神经系统的功能状态。腱反射是体内唯一的单突触反射，其反射中枢只涉及1～2个脊髓节段。

【实验目标】

1. 技能目标

（1）掌握不同腱反射在人体上引导出来的检查方法。

（2）熟练掌握肱二头肌反射、肱三头肌反射、膝反射和跟腱反射的评估方法。

2. 知识目标

（1）掌握腱反射反应的分级情况。

（2）掌握健康评估腱反射检查。

3. 素质目标

（1）养成良好的人文素养并渗透于过硬的专业技术中，在将来的工作、学习和研究能够更加有效地进行。

（2）培养善待患者、珍视生命的人文素养，使医患、护患能够达到一种相互理解、彼此信赖的良好关系。

（3）养成认真观察、客观记录实验结果的行为习惯。

【实验对象】 人体（学生志愿者）。

【实验药品和器材】 叩诊锤。

【实验操作和观察】

1. 肱二头肌反射 被检查者肘关节半屈曲，前臂和手置于检查者左臂上；检查者用左手托起被检查者的肘部，左拇指置于被检查者肱二头肌肌腱上；检查者右手持叩诊锤叩击检查者左拇指，可引起肱二头肌快速、短暂收缩，前臂快速屈曲。反射中枢位于颈髓5～6节段。

2. 肱三头肌反射 被检查者肩关节外展，肘关节处于半屈曲位，前臂和手置于检查者左臂上；检查者用左手托起被检查者上臂近肘关节处，右手持叩诊锤直接叩击尺骨鹰嘴上方肱三头肌肌腱，可引起肱三头肌快速、短暂收缩，肘关节伸展。反射中枢位于颈髓6～7节段。

3. 膝反射 被检查者取坐位，膝关节屈曲，两小腿自然悬空下垂或一侧下肢膝关节屈曲，另一侧下肢架于其上，小腿自然悬垂；或被检查者取仰卧位，检查者以左手托起其膝关节，使之屈曲约120°，检查者持叩诊锤轻叩被检查者髌骨下缘的股四头肌肌腱，可引起股四头肌收缩，被检查侧膝关节伸展。反射中枢位于腰髓2～4节段。

4. 跟腱反射 被检查者取仰卧位，髋及膝关节屈曲，髋关节置于外旋外展位，检查者左手将踝关节背屈90°，检查者持叩诊锤轻叩跟腱，引起腓肠肌收缩，足向跖屈曲。反射中枢位于骶髓1～2节段。

5. 桡骨骨膜反射 被检查者前臂置于半屈半旋前位，检查者左手托起其前臂近腕关节处，使手自然下垂，持叩诊锤轻叩桡骨茎突，引起肱桡肌收缩，产生屈肘、前臂旋前动作。反射中枢位于颈髓5～6节段。

6. 其他腱反射

（1）Hoffmann 征：检查者左手持被检查者前臂近腕关节处，以右手中指和示指中节夹住被检查者中指中节前端并稍向上提，使腕关节置于适度过伸位，再以右手拇指快速弹刮被检查者中指指甲，引起其余四指掌屈为阳性。反射中枢位于脊髓的颈 7 ～胸 1 节段。

（2）髌阵挛：被检查者双下肢伸直，检查者以拇指和示指置于髌骨上缘并用力向下肢远端快速推动髌骨，如此反复数次，突然停止并将髌骨固定，股四头肌出现连续节律性收缩、髌骨上下移动为阳性反应。

（3）踝阵挛：被检查者取仰卧位，检查者左手持检查侧小腿，右手持足掌前端，突然用力使踝关节背屈并固定，腓肠肌、比目鱼肌连续节律性收缩，踝关节交替出现屈伸动作为阳性反应。

这 3 个反射均为腱反射亢进的表现，见于上运动神经元受损的患者，但 Hoffmann 征可见于腱反射活跃的健康人。健康评估常检查的腱反射见表 15-20。

表 15-20　健康评估常检查的腱反射

反射名称	传入神经	中枢部位	传出神经	效应器	检查方法	反应
肱二头肌反射	肌皮神经	颈髓 5 ～ 6 节段	肌皮神经	肱二头肌	叩击肱二头肌肌腱	前臂快速屈曲
肱三头肌反射	桡神经	颈髓 7 ～ 8 节段	桡神经	肱三头肌	叩击肱三头肌肌腱	肘关节伸展
膝反射	股神经	腰髓 2 ～ 4 节段	股神经	股四头肌	叩击股四头肌肌腱	膝关节伸展
跟腱反射	胫神经	骶髓 1 ～ 2 节段	胫神经	腓肠肌	叩击跟腱	足向跖屈曲

7. 观察　临床上通过腱反射检查可以帮助了解牵张反射的反射弧生理完整性和高位中枢对脊髓的控制状态及病变部位。某腱反射减弱或消失时，可提示病变部位位于该反射的反射弧部分；腱反射亢进，提示病变部位位于高位中枢。

腱反射程度可分为 6 级。(−)：反射消失；(+)：反射存在，但无相应关节活动，表明反射减弱，可以是正常或病理状况；(++)：肌肉收缩，伴有关节活动，是正常反射；(+++)：反射增强，可为正常或病理状况；(++++)：反射亢进，伴有非持续性阵挛，见于病理状态；(+++++)：反射明显亢进，伴有持续性阵挛，见于病理状态。

【注意事项】

1. 消除被检查者的紧张情绪，检查时肢体肌肉应尽量放松。

2. 被检查者姿势要正确，密切配合检查者。

3. 叩击肌腱的部位应准确，叩击力量大小适度、均匀。

4. 检查时应注意与肢体双侧对比。

【思考题】

1. 为何腱反射在临床上对患者进行检查必须要双侧对比、上下对照？

2. 在腱反射的检查中为什么最重要的是观察反射的幅度？

（董战玲）

实验三十　视敏度测定、视野测定和盲点测定

一、视敏度测定

视力又称视敏度，是眼睛所能分辨物体细微结构的能力。其本质测定的是在亮光下中央凹处的视力。临床规定，当能分辨两点间最小视角为 1 分时，视力为 1.0，两点距离为 1.5mm。

【实验目标】

1. 技能目标

（1）掌握视敏度的测定方法。

（2）准确记录受试者的视力值。

2. 知识目标

（1）掌握视觉产生的机制。

（2）掌握不同光线、不同距离视物对视觉的影响。

3. 素质目标

（1）培育实验推导结论的科学思维。

（2）养成认真观察、客观记录实验结果的行为习惯。

（3）培养爱护眼的生活习惯。

【实验对象】 人体（学生志愿者）。

【实验药品和器材】 标准视力表，遮眼板，指示棒，米尺等。

【实验操作和观察】

1. 将视力表挂在光线充足而均匀的地方，悬挂的高度要求表上第 10 行字母与受试者眼睛在同一水平。

2. 受试者站立，与视力表间隔 5m 距离。

3. 受试者用遮眼板遮挡左眼，检测右眼视力。检测者用指示棒从第一行开始，依次向下移动，要求受试者用手势指出或说出图上字母开口的方向，直到受试者不能辨认的字母行止。返回上一行多次指示该行字母，确定受试者可以准确辨认。该字母行所对应的表旁数值即为该眼的视力。

4. 受试者转换遮眼板遮挡右眼，按照上述方法检测左眼视力。

5. 若受试者对第一行字母就不能确认，则需让受试者向前移动，直到能够辨认为止。此时，受试者的视力按照公式：视力 = 0.1× 距离 /5 计算；若在 0.5m 内仍无法辨认第一行字母，可令受试者辨认测试者手指数目，或测试其感知手动、光线能力等。

6. 根据检查结果记录受试者视力值。

【注意事项】

1. 使用遮眼板时，禁止用力按压眼睛，以免产生视物模糊，影响测定结果。

2. 测定环境光线充足且均匀。

3. 避免喧哗，以免影响受试者的注意力。

【思考题】

1. 近视眼、远视眼产生的原因及机制是什么？如何矫正？

2. 在日常生活中，如何做到科学用眼？

（樊守艳）

二、视野测定

单眼固定注视正前方一点时，所能看到的空间范围称为视野，又称为周边视力，其本质测定的是黄斑中央凹以外的视力。健康人的视力范围在额侧和鼻侧较窄，在下侧和颞侧较宽。在相同的亮度下，不同的颜色具有不同的视野，这与面部结构有关，更取决于不同感光细胞在视网膜上的分布情况。视野测定有助于了解视网膜、视觉传导和视觉中枢的功能。

【实验目标】

1. 技能目标

（1）熟悉视野计的结构及其使用方法。

（2）掌握视野的测定方法。

2. 知识目标

（1）理解视野测定的意义。

（2）掌握影响视野的因素及其作用机制。

3. 素质目标

（1）培养学生有效沟通、系统询问的职业素养。

（2）能理论联系实际对临床眼科视野缺失的原因进行分析，培养学生早临床的意识。

【实验对象】 人体（学生志愿者）。

【实验药品和器材】 视野计（图 15-28），白色、蓝色、红色及绿色视标，视野图纸，铅笔，遮眼板。

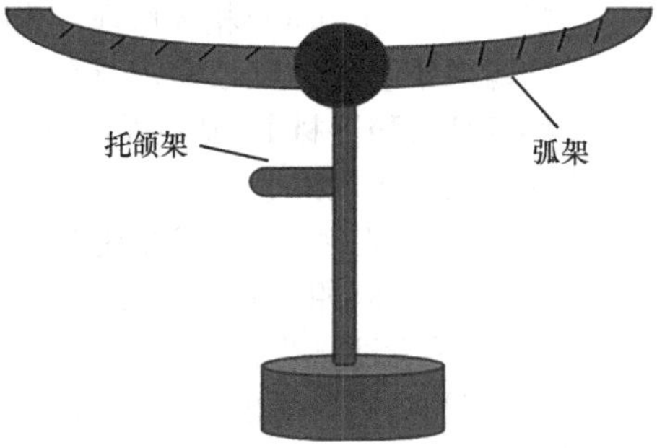

图 15-28 弧形视野计

【实验操作和观察】

1. 在明亮的光线下，受试者取坐位，下颌放在视野计的托颌架上，眼眶下缘靠在眼眶托上。调整托颌架的高度，使眼与弧架的中心点在同一水平面上。用遮眼板遮住一眼，另一眼注视弧架中心点，接受检测。

2. 检测者手持白色视标，紧贴弧架从周边向中央缓慢移动，直到受试者看到为止，记录此时视标所在部位的弧架上标示的刻度；退回视标，重复操作一次，取 2 次结果的平均值，将结果标记在视野图纸相应的经纬度上。

3. 将弧架依次转动 45°，重复上述操作，共 4 次，得出 8 个度数，依次连接视野图上 8 个点，即得出白色视野图。每做完弧的一个位置，休息 2min。

4. 按上述方法，分别测出该侧眼的蓝色、红色、绿色视野，并用相应色笔绘出轮廓。

5. 依同法，检测另一侧眼的视野。

6. 在视野图纸上标记不同颜色视标测得的视野范围。

【注意事项】

1. 检测过程中，受试者的眼必须始终注视弧架的中心点，不能跟随视标移动。

2. 检测时，以受试者确实看到视标为准。

【思考题】

1. 不同颜色的视野有何不同？

2. 夜盲症患者的视野会发生什么变化？为什么？

3. 视交叉病变时，患者视野会出现什么变化？为什么？

（樊守艳）

三、盲点测定

视神经离开视网膜的部位，即视神经乳头所在部位，没有光感受细胞。外来光线成像于此，不能引起视觉，该部位即为生理性盲点。由于生理性盲点的存在，视野中也存在生理性盲点的投射区，此区为绝对性虚性暗点，在检查时，是完全看不到视标的部位。根据物体成像的原理，通过测定投射区域的位置和范围，可以根据相似三角形对应边成比例的定理，计算出生理性盲点所在的位置和范围。

【实验目标】

1. 技能目标

（1）掌握人眼视觉盲点的测定方法。

（2）掌握盲点所在位置和范围的计算方法。

2. 知识目标

（1）掌握视觉盲点形成的原理。

（2）了解人体视觉的其他生理现象及产生原理。

3. 素质目标

（1）培养学生通过实验讨论分析后推导结论的科学思维。

（2）学会盲点测量及相关原理，为将来临床相关知识的学习打下良好基础。

【实验对象】 人体（学生志愿者）。

【实验药品和器材】 遮眼板，白纸，铅笔，白色视标。

【实验操作和观察】

1. 将白纸贴在墙上，要求光线充足且均匀。受试者站立于纸前 50cm 处，用遮眼板遮住一只眼，在白纸上与另一眼相平的地方用铅笔划一“十”字标记。

2. 令受试者注视“十”字。检测者将视标由“十”字位贴着纸面向被测眼颞侧缓慢移动，受试者被测眼直视前方，不能随视标的移动而移动。当受试者刚好看不到视标时，在白纸上标记视标的位置。

3. 将视标继续向颞侧缓慢移动，直至又看到视标时记下其位置。

4. 由所记 2 点连线之中心点起，沿着各个方向移动视标，找出并记录各方向视标刚能被看见得到各点，将其依次相连，得到一个椭圆形的盲点投射区。

5. 根据相似三角形各对应边成正比定理，可计算出盲点与中央凹的距离及盲点直径（图 15-29）。

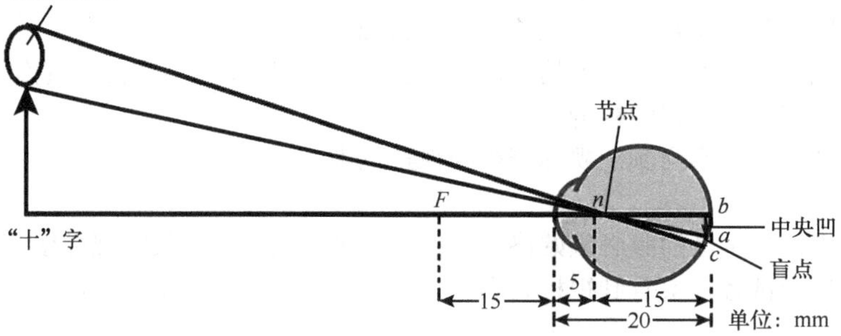

图 15-29 盲点测定示意图

（1）节点至中央凹距离为 15mm，节点至“十”字距离为 500mm。

（2）盲点距中央凹的距离 = 盲点投射区至“十”字距离 ×15/500（mm），盲点直径＝盲点投射区直径 ×15/500（mm）。

6. 画出盲点投射区。

7. 计算并记录盲点至中央凹的距离、盲点的直径。

【注意事项】

1. 受试者与“十”字距离必须始终保持在 50cm。

2. 保持室内安静，避免分散受试者注意力，影响实验结果。

【思考题】

1. 我们日常注视物体时，为什么没有感觉到生理性盲点的存在？

2. 当盲点范围发生变化时，我们应注意什么问题？

（樊守艳）

第十六章　综合性实验

实验一　离体蛙心灌流及不同因素对离体心脏活动的影响

正常心脏的活动受神经调节、体液调节和自身调节的影响。适宜的理化环境是心脏正常节律性活动的必要条件。内环境变化，如 K^+、H^+、Ca^{2+}、OH^- 等，都可对心肌收缩力产生重要影响。心脏受到交感神经和迷走神经的双重支配，其神经末梢释放的神经递质对心脏的活动也产生重要影响。交感神经兴奋时，其节后神经末梢释放去甲肾上腺素，可使心肌收缩力加强，传导速度增快，心率加快；而迷走神经的神经末梢释放乙酰胆碱，当其兴奋的时候，可使心肌收缩力减弱，传导速度减慢，心率下降。

离体心脏灌流实验是一种通过人为改变理化性质，观察体液因素及药物对心肌影响的重要实验手段。两栖类动物心脏无冠状循环，心肌的血液供应直接来自心室腔，故灌流时套管插入心室腔内，但灌流哺乳动物心脏时则须通过冠状血管。

本实验是将蛙心离体后，用人工配制理化特性近似蛙血浆的林格液灌流，在一定时间内，可保持节律性收缩和舒张，如改变林格液的组成成分或浓度，心脏活动的强度和频率将受到影响。

【实验目标】

1. 技能目标

（1）掌握蛙类动物捉拿方法。

（2）掌握蛙类动物离体心脏手术方法。

（3）掌握蛙类动物离体蛙心灌流手术操作方法。

（4）掌握实验结果的正确记录和描记方法。

2. 知识目标

（1）掌握心脏活动神经、体液及自身调节过程及机制。

（2）掌握内环境变化对心肌细胞的影响及机制。

（3）观察内环境变化对离体蛙心收缩功能的影响。

3. 素质目标

（1）了解实验动物的替代方法，在不影响实验结果的前提下，尽量减轻实验动物的痛苦。

（2）结合目前“人造心脏”的应用，促进学生智力开发。

【实验对象】 蛙或蟾蜍。

【实验药品和器材】 林格液，0.65% NaCl，2% $CaCl_2$，1% KCl，3% 乳酸，2.5% $NaHCO_3$，1 ∶ 10 000 去甲肾上腺素、1 ∶ 10 000 乙酰胆碱。生物机能实验系统，张力换能器，温度计，恒温水浴器。蛙类手术器械一套，铁支架，双凹夹，离体蛙心灌流装置。棉线，试管夹，蛙心插管，滴管，烧杯。

【实验操作和观察】

1. 仪器装置

（1）准备好生物机能实验系统及张力换能器记录装置。

（2）准备好离体蛙心灌流装置，并与记录仪器相连接（图 16-1）。

2. 手术操作

（1）取蛙（或蟾蜍）一只，用探针破坏脑和脊髓，剪开心包膜，暴露心脏。

（2）肉眼识别腹面结构：主动脉干、左心房、右心房、动脉圆锥、心室；背面：心室、左心房、右心房、半月形白线、静脉窦的后腔静脉等解剖位置。

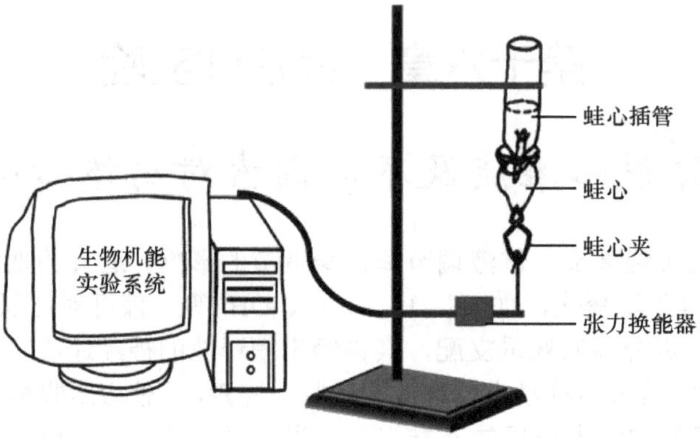

图 16-1　蛙心灌流实验装置示意图

（3）在主动脉干下方穿一根线并打一松结，在左主动脉下穿一根线结扎。用玻璃分针把心脏向上翻，暴露后腔静脉，把前、后腔静脉及左、右肺静脉放在一起结扎（注意不要结扎静脉窦）。随后把心脏放至原位。接下来在左主动脉下穿两根线，一根线结扎在左主动脉的远心端，另一线放到主动脉位置备用。一手提起左主动脉的远心端线头，用眼科剪在左主动脉上靠近动脉圆锥处剪一斜口，把装有少量林格液的蛙心插管由此口插至主动脉。当插至动脉圆锥时需略向后退。在心室收缩时，把插管向心室后壁方向下插，需经主动脉瓣插至心室腔（切不可插入过深，以免心室壁堵住插管下口）。如若成功插心室时，插管内液面会随心室收缩舒张而上下波动（此为重要标志）。此时用左主动脉上近心端的备用线结扎固定在插管侧面的小突起处。

（4）一手提起插管，另一手在结扎线远心端处分别剪断左主动脉及右主动脉。再略微提起插管，剪断其左右肺静脉及前后腔静脉。一手轻轻将心脏离体，另一手轻轻用滴管吸除插管内余血并加入新鲜林格液。反复换洗 3 ～ 5 次，使插管内液体完全澄清。在实验操作过程中需要保持灌流液面高度恒定（1 ～ 2cm）。

3. 观察与记录（表 16-1）

（1）描记正常蛙心收缩曲线：①曲线幅度：表示心脏收缩的强度。②曲线疏密：表示心脏收缩频率。③曲线的规律性：表示心室节律性。④曲线的顶点水平：表示心室收缩程度。⑤曲线的基线：表示心室舒张程度。

（2）离子的影响：①用吸管抽出管内全部灌流液，灌入 0.65% NaCl，观察心肌收缩曲线变化，待观察结束后，吸出液体，用新鲜林格液换洗 3 ～ 5 次，至心肌收缩曲线恢复平稳。②滴入 1 ～ 2 滴 2% $CaCl_2$ 至灌注液中，观察心肌收缩曲线变化。待观察结束后，用新鲜林格液换洗 3 ～ 5 次，至心肌收缩曲线恢复平稳。③滴入 1 ～ 2 滴 1% KCl 至灌注液体，待观察结束后，用新鲜林格液换洗 3 ～ 5 次，至心肌收缩曲线恢复平稳。

（3）递质的作用：①滴入 1 ～ 2 滴 1 ∶ 10 000 去甲肾上腺素至灌流液中，待观察结束后，用新鲜林格液换洗 3 ～ 5 次，至心肌收缩曲线恢复平稳。②滴入 1 ～ 2 滴 1 ∶ 10 000 乙酰胆碱至灌流液中，待观察结束后，用新鲜林格液换洗 3 ～ 5 次，至心肌收缩曲线恢复平稳。

（4）温度的影响：将管内的灌注液抽出，换入 4℃的灌注液，观察心肌收缩曲线变化，待观察结束后，换入室温的林格液，至心肌收缩曲线恢复平稳。

（5）酸碱的影响：①滴入 2.5% $NaHCO_3$ 溶液 1 ～ 2 滴至灌注液中，观察心肌收缩曲线变化，待观察结束后，用新鲜林格液换洗 3 ～ 5 次，至心肌收缩曲线恢复平稳。②滴入 3% 乳酸 1 ～ 2 滴至灌注液中，观察心肌收缩曲线变化。待观察结束后，再滴入 1 ～ 2 滴 2.5% $NaHCO_3$，观察此时心肌收缩曲线变化。

表 16-1 不同因素对离体蛙心活动的影响曲线

实验项目	收缩强度		心率（次/分）	
	处理前	处理后	处理前	处理后
林格液				
0.65% NaCl				
1～2 滴 2% $CaCl_2$				
1～2 滴 1% KCl				
1～2 滴 1 ∶ 10 000 去甲肾上腺素				
1～2 滴 1 ∶ 10 000 乙酰胆碱				
4℃的灌注液				
1～2 滴 2.5% $NaHCO_3$ 溶液				
1～2 滴 3% 乳酸				

【注意事项】

1. 每次更换液体时，插管内的液面高度保持恒定。

2. 在记录曲线时，做好更换液体标记。

3. 更换液体时，注意吸管的及时更新，切勿混淆、污染，以免影响实验结果。

4. 实验过程中如若药物作用不明显时，可加量但需做好记录。

5. 由于实验持续时间较长，在实验过程中随时在心脏表面滴注林格液使其表面湿润。

【思考题】

1. 影响心脏活动的因素有哪些？其机制如何？

2. 你认为本实验还有哪些需要改进的地方？

（朴伶华）

实验二 动物血压的影响因素、药物对家兔血压的影响及受体机制分析

血压是由心脏射血、外周血管阻力和血管内血液充盈量 3 个基本要素形成。受神经、体液调节。在心血管活动的反射性调节中，最重要的是颈动脉窦与主动脉弓压力反射，此反射通过心输出量和外周阻力，调节动脉血压。拟交感胺类药通过激动分布于心血管上的肾上腺素受体，影响心排血量和血管阻力，从而影响血压。此类药对血压的作用可被肾上腺素受体阻断药所拮抗。

本实验通过观察家兔动脉血压，了解神经因素、拟交感胺类药和肾上腺素受体阻断药对家兔血压的影响。

【实验目标】

1. 技能目标

（1）掌握颈总动脉分离、插管手术和神经分离方法。

（2）掌握神经的电刺激方法。

2. 知识目标

（1）掌握 α、β 受体在心血管的分布和效应。

（2）掌握拟交感胺类各药对心血管的作用机制、药理作用。

（3）掌握 α、β 受体拮抗药对心血管的作用，对拟交感胺类药作用的影响。

3. 素质目标

（1）通过比较观察，培养学生发现不同药物对心血管作用的区别和联系。培养学生同中求异，异中求同，求同求异的观察能力。

（2）培养学生实验结果分析能力，能正确运用理论知识，以推理形式进行思维和表达。

【实验对象】 家兔，体重 2.0 ～ 2.5kg，雌雄不拘。

【实验药品和器材】 3% 戊巴比妥钠，0.5% 肝素，10^{-4}mol/L 肾上腺素，10^{-4}mol/L 去甲肾上腺素，10^{-5}mol/L 异丙肾上腺素，1% 酚妥拉明，10^{-3}mol/L 普萘洛尔，生理盐水。压力换能器，BL-420 生物机能实验系统，刺激电极。手术台，手术器械 1 套，动脉插管，活动双凹夹，铁支架，三通管，静脉输液装置 1 套，注射器（1ml 4 支，2ml 2 支，5ml 1 支）。

【实验操作和观察】

1. 麻醉与固定 取家兔 1 只，称重后耳缘静脉注射 3% 戊巴比妥钠 1ml/kg（30mg/kg），仰卧位固定于兔台，并将头部固定使颈部伸展平直，为接下来的颈部手术做准备。

2. 手术 减去颈部手术野的被毛，以甲状软骨凸起处为起点，颈部正中纵行切开皮肤 5 ～ 7cm，用止血钳钝性分离皮下组织及浅层肌肉，暴露气管及左右两侧颈总动脉。用玻璃分针轻轻分离两侧动脉鞘内的迷走神经（最粗）和减压神经（最细）2 ～ 3cm，穿线备用。分离两侧颈总动脉约 2cm，备线。右侧结扎远心端，用动脉夹夹住其近心端，用眼科剪剪一倒“V”形斜口，将动脉套管向近心方向插入颈总动脉内，用丝线结扎固定。

3. 连接与开通 将压力换能器的另一端连接在 BL-420 生物机能实验系统的任一通道，打开开关，在 Windows 操作系统桌面上，启动 BL-420 图标，进入兔动脉血压调节模块，松开动脉夹后，记录、观察血压曲线。

4. 观察与记录

（1）正常血压：主要由一级波和二级波组成。一级波也叫心搏波，是由心室舒缩活动而引起的血压波动。收缩时上升，舒张时下降，频率与心率一致。二级波也叫呼吸波，是由呼吸时肺的张缩、胸内负压的起伏引起血压的波动。吸气时血压先下降后升高，呼气时相则先升高后下降。有时还会看到三级波，可能与血管运动中枢紧张性的周期性变化有关。

（2）神经的调节

1）夹闭左侧颈总动脉：用颈动脉夹夹闭动脉 5 ～ 10s，观察和记录血压变化。

2）按压颈动脉窦：在颈内动脉起始部轻轻按压 5 ～ 10s，但不完全阻止血液流动，观察和记录血压变化。

3）电刺激迷走神经和减压神经，观察和记录血压变化。

4）减断迷走神经，先电刺激中枢端，后刺激外周端，分别观察和记录血压变化。

5）减断减压神经，先电刺激中枢端，后刺激外周端，分别观察和记录血压变化。

（3）拟交感胺类药物对血压影响：由耳缘静脉依次注入下列药物，观察和记录血压变化。每次给药后，立即用生理盐水慢慢冲管，使管里的药液及时完全进入血液。要等前一种药物的作用消失或平稳不再变化后，再给下一种药物。

1）A 组药物：①生理盐水 3ml；② 10^{-4}mol/L 肾上腺素 0.1ml/kg；③ 10^{-4}mol/L 去甲肾上腺素 0.1ml/kg；④ 10^{-5}mol/L 异丙肾上腺素 0.1ml/kg。

2）B 组药物：① 1% 酚妥拉明 0.3ml/kg，3min 后再给下一种药；② 10^{-4}mol/L 肾上腺素 0.1ml/kg；③ 10^{-4}mol/L 去甲肾上腺素 0.1ml/kg；④ 10^{-5}mol/L 异丙肾上腺素 0.1ml/kg。

3）C 组药物：① 10^{-3}mol/L 普萘洛尔 0.3ml/kg（缓慢注射，防止血压迅速降低）；② 10^{-5}mol/L 异丙肾上腺素 0.1ml/kg；③ 10^{-4}mol/L 肾上腺素 0.1ml/kg；④ 10^{-4}mol/L 去甲肾上腺素 0.1ml/kg。

实验结果记录于表 16-2、表 16-3。

表 16-2　神经对血压的调节结果记录表

操作	血压变化描记曲线
夹闭左侧颈总动脉	
按压颈动脉窦	
刺激迷走神经	
刺激迷走神经中枢端	
刺激迷走神经外周端	
刺激减压神经	
刺激减压神经中枢端	
刺激减压神经外周端	

表 16-3　A、B、C 组拟交感胺类药对血压影响的结果比较表

拟交感胺类药	血压变化描记曲线		
	A 组：无阻断药	B 组：α 受体阻断	C 组：β 受体阻断
肾上腺素			
去甲肾上腺素			
异丙肾上腺素			
	生理盐水	酚妥拉明	普萘洛尔

【注意事项】

1. 因家兔的耐受性比较差，实验时间不宜过长。最好先给予兴奋心和收缩血管的药物，后给予抑制心脏和扩张血管的药物。

2. 分离神经时，动作要轻柔谨慎，不可损伤神经组织。

3. 动脉血压较大，为了防止血液从动脉套管（与换能器接口处）流出，插管前用肝素冲管时，要检查连接处和三通管关闭是否紧密。

4. 实验药物应临用前配制。

【思考题】

1. 比较肾上腺素、去甲肾上腺素和异丙肾上腺素对血压的作用特点，并分析其作用机制。

2. 比较肾上腺素的 A、B、C 三组给药结果有何不同？请分析其机制。同样，比较和分析去甲肾上腺素、异丙肾上腺素三组给药结果。

（王小蒙）

实验三　家兔失血性休克及其实验性治疗

休克是机体在强烈致病因子的作用下，有效循环血量急剧减少，组织器官血液灌流量严重不足，引起细胞缺血、缺氧，以至于重要生命器官的功能、代谢障碍和结构损害的全身性危重病理过程。大量失血引起的失血性休克是常见的一种休克，休克的治疗可以扩充血容量、合理使用血管活性药物来改善组织微循环。本实验选取家兔为实验对象，从股动脉快速大量放血复制失血性休克模型，观察失血性休克血压、中心静脉压、心率、呼吸、尿量以及肠系膜微循环变化，并探讨其发生机制，并通过输血输液以及血管活性药物治疗休克，观察其疗效并分析其机制。

【实验目标】

1. 技能目标

(1) 掌握家兔失血性休克模型的复制方法。

(2) 掌握家兔微循环的观测方法。

(3) 掌握家兔插管、颈总动脉插管和颈外静脉插管的技术。

(4) 熟悉家兔尿道插管操作。

2. 知识目标

(1) 掌握失血性休克的发生机制。

(2) 观察家兔失血性休克时呼吸系统、循环系统及泌尿系统功能的变化及其机制。

(3) 熟悉扩容对休克的治疗效果。

(4) 熟悉扩容基础上应用血管活性药物治疗失血性休克的机制。

(5) 观察失血性休克时家兔的肠系膜微循环变化。

3. 素质目标

(1) 培养客观收集和整理数据的能力。

(2) 培养总结实验经验和实验教训的能力，分析问题和解决问题的能力。

(3) 培养从现象探索未知规律的能力。

【实验对象】 家兔，雄性，体重 2kg 以上。

【实验药品和器材】 生理盐水，3% 戊巴比妥钠（10% 苯巴比妥钠），0.3% 肝素生理盐水，1% 普鲁卡因溶液，0.01% 硫酸异丙肾上腺素葡萄糖溶液，0.5% 肝素钠溶液。兔固定台，哺乳类动物实验手术器械一套，BL-420F 生物机能实验系统，BI-2000 显微系统，压力换能器，呼吸换能器，中心静脉压检测装置，恒温灌流盒，输液装置，动脉插管，导尿管，气管插管，婴儿秤，三通阀，1ml、10ml、50ml 注射器，温度计，输液瓶。纱布、线、棉球。

【实验操作和观察】

1. 动物分组 使用家兔 6 只，随机分为 A、B、C 三组。A 组为单纯输血组，B 组为生理盐水组，C 组为异丙肾上腺素组。

2. 仪器装置 按操作规程准备好生物机能实验系统的装置（参见第十一章《生物信号的采集、处理与分析》）。

3. 手术操作

(1) 称重、麻醉、固定：家兔称重后，以 3% 戊巴比妥钠（10% 苯巴比妥钠）按 1ml/kg（1.2ml/kg）剂量由耳缘静脉缓慢注入麻醉。将麻醉好后的家兔仰卧位固定于兔台。

(2) 备皮：减除家兔颈部、腹部和一侧腹股沟三角区的被毛。

(3)分离气管和血管：在家兔甲状软骨下正中做 4 ～ 6cm 切口，钝性分离软组织后，游离出气管、左侧颈总动脉和右侧颈外静脉，穿双线备用。在腹股沟三角，触及股动脉搏动处，沿动脉走向做长 2 ～ 3cm 切口，穿双线备用。

(4) 导尿：导尿管起始部用液体石蜡润滑后，插入尿道进行导尿。

(5) 全身肝素化：耳缘静脉缓慢注射 0.5% 肝素钠溶液 2ml/kg。

(6) 血管插管和气管插管：气管插管与呼吸换能器相连。左颈总动脉插管经压力换能器与仪器连接，记录血压。静脉导管从右颈外静脉插到上腔静脉入右心房口处（长 4 ～ 6cm），通过三通管连接输液装置和中心静脉压检测装置，在测压前保持输液状态（10 ～ 15 滴 / 分），以保持管道通畅。

(7) 肠系膜微循环标本的制备：在右侧腹直肌旁做约 6cm 的纵向切口，钝性分离肌肉，打开腹腔，找出一段游离度较大的回肠袢，轻轻从腹腔中拉出，放置在微循环恒温灌流盒中，使用 BL-2000 显微系统，观察家兔小肠系膜的微循环变化。

4. 观测指标

（1）家兔的一般情况、皮肤黏膜颜色。

（2）家兔的呼吸频率和深度。

（3）家兔的动脉平均动脉压、心率、脉压和中心静脉压。

（4）家兔的肛温、尿量。

（5）家兔微循环：观测微血管的内径、流速、流态等。

5. 复制失血性休克模型　记录好家兔上述正常数据后，从股动脉快速放血至已加入少量肝素的 50ml 注射器，一直到平均动脉压下降至 40 ～ 45mmHg，调整注射器内血量，使平均动脉压维持在此水平 20min。在维持阶段每隔 10min 记录指标 1 次（图 16-2）。

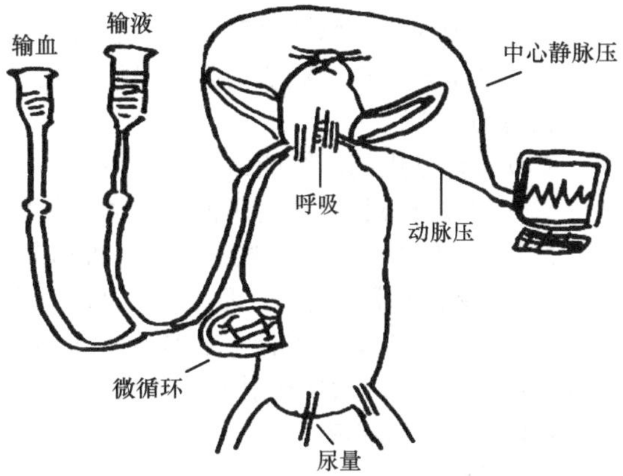

图 16-2　失血性休克各插管连接示意图

6. 休克的实验性治疗　实验性治疗分为 3 组，观测并记录各组的抢救效果。

（1）单纯输血组：将放出的血液倒入输液瓶，从颈外静脉快速回输放出的血液（50 滴 / 分）。

（2）生理盐水组：将放出的血液回输后，再输入 15ml/kg 的生理盐水。

（3）异丙肾上腺素组：将放出的血液回输后，再输入 0.01% 硫酸异丙肾上腺素葡萄糖溶液 0.1ml/kg。

【注意事项】

1. 麻醉深浅要适度，麻醉过浅可引起神经源性休克，如果麻醉效果不佳，可酌情适量补加药量或切口部位用普鲁卡因局部麻醉。

2. 手术部位较多，操作动作要轻柔仔细，尽量避免失血。

3. 血管插管和放血的注射器事先应加一定量的肝素。

4. 腹部切口不易过大，以防止内容物大量脱出。肠袢保持湿润，切勿过度牵拉，以免影响肠道血运。

5. 全身肝素化一定要在气管和血管分离之后、插管之前进行，以减少出血。

【思考题】

1. 股动脉快速、大量放血引起休克的机制是什么？

2. 家兔失血性休克不同时期血压、微循环有何变化？为什么？

3. 家兔停止放血后早期有无血压回升？为什么？

4. 为什么有些家兔回输全部丢失的血液后血压没有回升正常？

5. 失血性休克的治疗原则有哪些？各组治疗的效果如何？为什么？

（郑奕迎）

实验四　心功能不全及抢救

心脏的主要功能是推动血液流动，向器官、组织提供充足的血流量，以供应氧和各种营养物质，并带走代谢的终产物（如二氧化碳、尿酸等），使细胞维持正常的代谢和功能。体内各种内分泌的激素和一些其他体液因素，也要通过血液循环将它们运送到靶细胞，实现机体的体液调节，维持机体内环境的相对恒定。本实验选取家兔为受试对象，制作急性冠状动脉收缩和心脏后负荷急剧升高引发的心功能不全模型，并探讨其发生和抢救机制。

【实验目标】

1. 技能目标

（1）掌握家兔耳缘静脉穿刺注射方法。

（2）掌握连接兔心电图的方法。

（3）掌握颈动脉插管测血压的方法。

2. 知识目标

（1）掌握正常心电图。

（2）掌握冠状动脉缺血对心电图和心功能的影响。

（3）了解紧急扩张冠状动脉的治疗方案。

3. 素质目标

（1）锻炼学生的思维能力与应用能力。

（2）通过对心脏的直观认识，有助于其体会理论知识的实际应用，提高医学生的综合能力。

【实验对象】 家兔，健康，体重 2kg 以上。

【实验药品和器材】 生理盐水，3% 戊巴比妥钠，1% 普鲁卡因溶液，硝酸甘油，垂体后叶素。兔固定台，哺乳类动物实验手术器械一套，BL-420F/N 生物机能实验系统，压力换能器，动脉插管，20ml 注射器一个，微量注射器。纱布，线，棉球。

【实验操作和观察】

1. 动物分组 实验室使用家兔 6 只，随机分为对照组和实验组。

2. 对照组 取家兔 1 只，称重，3% 戊巴比妥钠按 1.2ml/kg 剂量由耳缘静脉缓慢注入麻醉。麻醉后，仰卧位固定于兔固定台上，剪去颈部被毛，沿颈部正中做一长 3 ～ 4cm 的切口，进行右颈动脉插管，通过压力换能器连接生物机能实验系统。家兔四肢小腿皮下和左胸第 5 ～ 6 肋间近胸骨处插入针状电极，电极连接于心电图机上，记录Ⅱ导联和左胸前各导联。然后耳缘静脉注射垂体后叶素，剂量为 1.5 ～ 2.5U/kg，注射在 30s 内完成，在注射垂体后叶素结束后 0s、5s、10s、15s、30s、1min、2min、5min、15min、20min、30min 各时段分别记录上述导联心电图（特别注意观察心率、ST 段、T 波的变化），观察血压的变化。

3. 实验组 取家兔 1 只，连接好Ⅱ导联和左胸前各导联并制造心功能不全模型（步骤同对照组），然后硝酸甘油耳缘静脉注射，剂量为 50μg/kg。在注射硝酸甘油结束后 0s、5s、10s、15s、30s、1min、2min、5min、15min、20min、30min 各时段分别记录上述导联心电图（特别注意观察心率、ST 段、T 波的变化），观察血压的变化。

【注意事项】 选择麻醉后心电图正常的家兔进行实验。

【思考题】

1. 垂体后叶素的对冠状动脉循环和体循环影响的病理生理学机制是什么？
2. 冠状动脉收缩时治疗的关键是什么？

（闫庆峰）

实验五　强心苷的强心作用和毒性作用观察

强心苷具有正性肌力作用，使心肌收缩力增强、心肌收缩敏捷、心肌纤维收缩速度加快。其机制是强心苷可以抑制心肌细胞膜上的 Na^+-K^+-ATP 酶，使细胞内 Ca^{2+} 浓度增高所致。当剂量增加，过度抑制 Na^+-K^+-ATP 酶，使细胞内 Ca^{2+} 高、K^+ 低，易诱发心律失常。

本实验以离体蛙心为实验对象，通过观察心肌收缩的振幅、心跳频率和节律，观察强心苷对心脏的正性肌力作用以及过量时的中毒反应。

【实验目标】

1. 技能目标

（1）掌握青蛙的捉拿及捣损脑组织和脊髓的方法。

（2）掌握蛙心的分离和建立体外人工循环系统的方法。

2. 知识目标

（1）掌握强心苷的抗心力衰竭的药理作用、作用机制和不良反应。

（2）掌握强心苷心脏毒性的机制、预防和处理。

3. 素质目标

（1）加深对强心苷引起心脏毒性的认识，以及预防中毒和及时救治重要性的认识。

（2）对治疗窗口小的药物，掌握其给药方法、剂量、血药浓度监测和防治措施的重要性。提高学生对掌握专业知识重要性的意识。

【实验对象】 青蛙。

【实验药品和器材】 0.025% 毒毛花苷 K 溶液（或 0.02% 去乙酰毛花苷），林格液，1% 氯化钙溶液，0.1% 利多卡因溶液。张力换能器，BL-420 生物机能实验系统。蛙板，蛙钉，蛙心夹，普通剪刀，眼科剪，眼科镊，细线，铁支架，套管夹，小烧杯，吸管。

【实验操作和观察】

1. 制备离体蛙心，建立人工循环系统

（1）取蛙 1 只，捣损脑组织与脊髓（使呼吸停止，四肢松软），背位固定于蛙板。打开胸腔，充分暴露心脏。

（2）结扎右动脉弓，将心脏向头端翻转，露出后腔静脉，用眼科剪在其上（远离静脉窦）剪一“V”形小口。将盛有林格液的套管插入后腔静脉，用细线自左、右前腔静脉向下后拉，将左、右前腔静脉及肺静脉、静脉套管一并结扎（注意切勿扎及静脉窦）。

（3）左动脉弓剪一小口，将动脉套管向心方向插入，有灌流液从管中流出时，用细线结扎固定。接着剪掉连系心脏的周边组织，将心脏分离出来，并将套管固定支架上，观察林格液流入心脏，从左动脉流出，进入灌流装置，形成一个人工循环系统。用吸管吸去灌流管中的血液，并用林格液反复冲洗至无色，并保留 1ml 液量进行循环。

2. 连接仪器 将系有长线的蛙心夹夹住心尖，线另一端连接到换能器，接通 BL-420 生物机能实验系统，观察和记录心脏舒缩时张力的变化曲线。

3. 给药并观察与记录

（1）观察正常蛙心跳动张力曲线。

（2）观察强心苷强心作用：往灌流管中滴入 0.025% 毒毛花苷 K 溶液 0.1ml，每隔 30s 再等量追加（可追加 3 ～ 4 次），观察强心苷的正性肌力作用和量效关系。

（3）观察强心苷的中毒作用：加入 1% 氯化钙溶液 0.1ml，待作用明显后，继续每隔 30s 往灌流管中滴入 0.025% 毒毛花苷 K 溶液 0.1ml，直至心跳节律出现异常。

（4）观察利多卡因解救作用：加入 0.1% 利多卡因溶液 0.1ml，观察心律变化，若无明显好转，1min 后再重复给药，直至心律恢复正常。

（5）实验结果：将强心苷对心脏正性肌力作用和毒性作用及解救结果记录于表 16-4。

表 16-4　强心苷对心脏正性肌力作用和毒性作用及解救结果记录表

实验项目	林格液	毒毛花苷 K	氯化钙	追加毒毛花苷 K	利多卡因
心搏振幅					
心率（次 / 分）					
心律					

【注意事项】

1. 结扎血管要牢固，切勿损伤静脉窦。

2. 换药前后静脉插管中液面应保持一致。

3. 实验过程中，要经常滴生理盐水，保持心脏表面湿润。

4. 本实验以青蛙心脏为好。因蟾蜍皮下腺体有强心苷样物质，可降低对强心苷的敏感性。

【思考题】 观察强心苷毒性作用前，为何要加入氯化钙？钙与强心苷的中毒机制有何联系？治疗上有何指导意义？

（王小蒙）

实验六　呼吸运动调节及肺功能不全

在呼吸运动的调节下，呼吸有节律地进行，并能适应机体代谢的需要。机体通过呼吸运动调节血液中 O_2、CO_2 和 H^+ 的水平，动脉血中 PO_2、PCO_2 和 H^+ 浓度的变化又通过化学感受性反射调节呼吸运动，从而维持机体内环境中这些因素的相对稳定。通气功能障碍、气体弥散障碍以及通气与血流比例失调均可引起肺功能不全。本实验通过观察神经与体液因素对呼吸运动的调节，探讨呼吸运动调节的发生机制。通过复制家兔实验性肺水肿模型，观察肺水肿时血气与呼吸的变化，探讨肺水肿及肺功能不全的发生机制。

【实验目标】

1. 技能目标

（1）掌握家兔急性肺水肿模型的复制方法。

（2）掌握湿啰音的分辨听诊。

（3）掌握呼吸曲线的观察与记录方法。

2. 知识目标

（1）掌握呼吸运动调节的神经体液因素及机制。

（2）掌握肺水肿的发生机制。

（3）掌握呼吸功能不全的基本发生机制。

（4）熟悉肺水肿及呼吸功能不全的临床表现。

3. 素质目标

（1）培育学生科研设计的严密思维方法。

（2）使学生高度认识大气污染对呼吸系统疾病的影响，调动其对低碳生活的倡导，人与自然和谐共生。

【实验对象】 家兔，健康，性别相同，体重相近。

【实验药品和器材】 生理盐水，3% 戊巴比妥钠（10% 苯巴比妥钠）溶液，1% 普鲁卡因溶液，3% 乳酸。BL-420F/N 生物机能实验系统。兔手术台，手术器械一套，婴儿秤，听诊器，注射器。纱布，0 号缝合线，棉球。

【实验操作和观察】

1. 动物分组 每实验室使用家兔 6 只，随机分为 A、B 两组。A 组为对照组（快速滴注生理盐水），B 组为实验组（快速滴注生理盐水 + 注射肾上腺素），其实验步骤和内容详见下述。

2. 仪器装置 按操作规程准备好生物机能实验系统的装置（参见第十一章生物信号的采集、处理与分析）。

3. 手术操作

（1）麻醉、固定与备皮：将家兔称重后，以 1.2ml/kg 剂量由耳缘静脉缓慢注入 3% 戊巴比妥钠（10% 苯巴比妥钠）溶液。将家兔仰卧固定于兔手术台，剪去颈部手术野被毛。

（2）气管插管：沿颈部正中切开皮肤，分离气管，行气管插管，用于描记呼吸曲线。

（3）分离出颈部一侧迷走神经，穿线备用。

（4）颈总动脉插管：分离一侧颈总动脉，在颈总动脉插入动脉插管并连接于压力换能器，用于记录动脉血压。

（5）颈外静脉插管：先准备好静脉输液装置，排除输液管道的气体。分离一侧颈外静脉，结扎颈外静脉远心端，在近心端靠近结扎处剪开一小口并插入静脉导管，结扎并外固定，以 10 ～ 15 滴 / 分速度输入生理盐水以维持管道通畅。

4. 观察与记录　先描记一段正常呼吸和血压曲线，用听诊器听肺呼吸音，然后按以下项目观察记录。

（1）呼吸运动调节

1）增加吸入气中 CO_2 浓度：将装有 CO_2 的球胆管口对准气管插管侧管（两者有一定距离），逐渐松开球胆夹子，使 CO_2 气流缓慢地随吸气进入气管。记录高浓度 CO_2 对呼吸运动的影响。夹闭 CO_2 球胆，观察呼吸恢复过程。

2）增大无效腔：把 50cm 长的橡皮管连接在气管插管侧管上，观察家兔呼吸运动变化情况。待呼吸有明显变化后即去掉橡皮管，使其恢复正常。

3）缺氧：将气管插管的侧管通过钠石灰与盛有空气的球胆相连，随着呼吸的进行，球胆中 O_2 的减少，记录呼吸运动的变化情况。待呼吸运动恢复正常再进行其他观察。

4）血中酸性物质增多：由耳缘静脉较快地注入 3% 的乳酸 2ml，观察呼吸运动变化情况。

5）切断一侧迷走神经：在迷走神经近心端结扎，于结扎线下剪断迷走神经。连接电极，将迷走神经中枢端放在电极上，选择电压 1mV，连续单刺激，观察家兔呼吸运动变化。

（2）呼吸功能不全：在记录一段正常呼吸曲线，用听诊器听肺呼吸音，采正常动脉血测血气指标后，进行以下操作。

1）快速大量输液：按总量 100ml/kg、输液速度为 160 ～ 180 滴 / 分，给家兔输入 37℃生理盐水。

2）给药：待快速滴注完输液总量后，对实验组家兔，从三通管向静脉缓慢注入 4 ～ 10mol/L 肾上腺素生理盐水，肾上腺素剂量按 0.5mg/kg 体重。注射完肾上腺素后，继续以 10 ～ 15 滴 / 分的速度输入生理盐水维持管道通畅（对照组家兔不注射肾上腺素）。

3）在输液前后及注射肾上腺素前后及过程中，密切动态观察并记录下列指标变化：①呼吸频率和幅度有无变化？如何变化？有无呼吸急促、困难；②肺部听诊有无啰音？何种性质？③气管插管处有无粉红色泡沫液流出？如果上述指标有明显改变，表明肺水肿已经发生。

4）解剖取出肺脏：动物发生肺水肿后，用血管钳夹住气管，处死动物，打开胸腔，先将心肺一起取出，再小心分离肺脏，用丝线在气管分叉处结扎气管，用天平称肺重量（g），计算肺系数（正常家兔肺系数为 4 ～ 5）。

$$肺系数=\frac{肺重量（g）}{体重量（kg）}$$

5）肉眼观察肺脏：观察肺的形状和颜色，肺组织切面有无液体溢出（液体的量、颜色及性质）。

6）光镜下观察肺组织切片。

7）小结：分别于给药前、给药后采家兔动脉血并做血气分析。

【注意事项】

1. 忌用术前呼吸功能异常的家兔。

2. 打开胸腔时，注意不要损伤肺表面和挤压肺组织，以防止水肿液流出，影响肺系数。

3. 重复使用肾上腺素，不宜过频，2 次间隔时间为 10 ～ 15min。

【思考题】

1. 缺氧、PCO_2 升高及乳酸增多，分别对呼吸运动有什么影响？其机制各有何不同？

2. 迷走神经在节律性呼吸运动中起何作用？

3. 实验组家兔为什么会出现粉红色泡沫液？

4. 实验组家兔在快速大量输液后，注射肾上腺素发生肺水肿的机制是什么？

5. 家兔肺水肿属于哪种类型的呼吸衰竭？其机制是什么？

（龙儒桃）

实验七　高血钾的实验模型与抢救

钾是人体重要的阳离子之一，其参与细胞的新陈代谢、维持细胞静息膜电位、调节体液的渗透压和酸碱平衡。血清钾浓度的正常值为3.5～5.5mmol/L。当血清钾浓度高于5.5mmol/L，称为高钾血症（hyperkalemia）。高钾血症对机体的危害主要表现在心脏。高钾血症时心肌的自律性降低，传导性降低，兴奋性轻度时增高、重度时降低，收缩性降低，其主要危险就在于可能引起严重的传导阻滞、室颤甚至心搏骤停。本实验通过复制高钾血症动物模型，观察心电图变化，了解高钾血症对心脏的影响及高钾血症的抢救治疗措施，探讨高钾血症致心脏损害的发生机制。

【实验目标】

1. 技能目标

（1）掌握医学实验设计的基本原则。

（2）掌握家兔高钾血症模型的复制方法。

（3）掌握心电图的观察与记录方法。

2. 知识目标

（1）掌握高钾血症对心肌生理特性的影响。

（2）熟悉引起高钾血症的原因及临床表现。

（3）熟悉高钾血症的防治原则。

3. 素质目标

（1）加强认识高钾血症对心脏的危害，有可能会导致心搏骤停。

（2）学会从实验结果中，开拓临床思维能力。

【实验对象】 家兔，健康，性别相同，体重相近。

【实验药品和器材】 生理盐水，3%戊巴比妥钠（10%苯巴比妥钠），1%普鲁卡因溶液，5%氯化钾溶液，10%氯化钙溶液。BL-420F/N生物机能实验系统，心电针型电极。兔手术台，手术器械一套，婴儿秤，听诊器，注射器（5ml、10ml、25ml），三通管，小儿头皮针。纱布，0号缝合线，棉球。

【实验操作和观察】

1. 动物分组 每实验室使用家兔6只。

2. 仪器装置 按操作规程准备好生物机能实验系统的装置（参见第十一章《生物信号的采集、处理与分析》）。

3. 手术操作

（1）麻醉、固定与备皮：将家兔称重后，以1.0ml/kg（1.2ml/kg）剂量由耳缘静脉缓慢注入3%戊巴比妥钠（10%苯巴比妥钠）溶液。将家兔仰卧固定于兔手术台，剪去颈部手术野被毛。

（2）颈总动脉插管：分离一侧颈总动脉，在颈总动脉向心端插入动脉插管，且不固定并连接于压力换能器，用于记录动脉血压。

（3）连接心电图各导联电极，描记心电图：将心电针型电极分别插入家兔四肢远端踝部皮下。导联线按右前肢（红）、左前肢（黄）、左后肢（绿）、右后肢（黑）的顺序连接，电极的另一端连接至BL-420F/N生物机能实验系统。开启实验系统，选择Ⅱ导联（或aVF导联）描记正常心电图波形。

（4）复制高钾血症模型：腹腔注射 5% 氯化钾溶液 1ml，每隔 5min 注射 1 次，密切观察心电图变化。当出现 P 波低平，QRS 波压低、变宽和高尖 T 波后，立即记录心电图变化，并由颈总动脉采血记录血钾浓度。

（5）抢救治疗：当出现高钾血症心电图时，迅速将 10% 氯化钙溶液 2ml/kg 由耳缘静脉注入并抢救。待心电图恢复正常时，记录心电图波形及采血测血钾浓度。

（6）颈总动脉插管取血：分别于实验前、注射氯化钾后、抢救治疗后打开颈总动脉的动脉夹，经颈总动脉三通管采血，并注入装有肝素的静脉采血器中，用血气分析仪测血钾浓度。

（7）观察高血钾致心脏搏动状态及致死作用：打开家兔胸腔，看到心脏搏动后，经耳缘静脉推注 5% 氯化钾溶液 10ml/kg，观察心肌颤动直到心脏停搏。

4. 观察与记录 观察家兔呼吸（频率、幅度、节律）、心电图变化、血浆钾浓度。

【注意事项】

1. 针型电极刺入部位要对称，位于皮下，导联避免纵横交错。
2. 实验台保持干燥，保证正确记录心电图波形。
3. 开胸观察家兔心脏时需小心，勿伤到胸膜，以免造成气胸致动物死亡。
4. 血钾测定避免使用溶血标本。

【思考题】

1. 引起高钾血症的常见原因有哪些？
2. 高钾血症时心电图的变化特征有哪些？其心脏生理特性变化机制有哪些？
3. 高钾血症的抢救措施有哪些？

（龙儒桃）

实验八 药物的镇痛作用

疼痛是伤害性刺激所引起的情绪反应、行为反应以及生理功能障碍，是许多疾病的症状，是机体受到不良刺激或损害的一种信号和反应。根据疼痛所表现出的行为反应，目前应用的疼痛模型有如下 4 种。

1. 热刺激法

（1）辐射热刺激法：用一定强度的温度来刺激动物躯体的某一部分使其产生疼痛反应。大白鼠以甩尾反应时间为痛反应指标。实验时，用秒表计时，从照射开始到甩尾的时间作为痛阈值。

（2）热板法：实验时，把小白鼠放在预先加热到 55℃的热板仪上，用秒表计时，以小白鼠开始舔后足的时间作为痛阈值。

（3）注意事项：①反复连续测定时应注意防止局部烫伤而影响结果。②正常鼠体温与室温相近，室温尽量控制在 20℃左右。③给药前测试痛阈时，注意反应时间若分别少于 2s（辐射热）、10s（热板法）或大于 10s（辐射热）、30s（热板法）表示该动物反应过敏或迟钝，则剔除不用。④热板法要求必须用雌性动物。⑤但由于辐射热刺激法甩尾反应是一种脊髓反射，因此骨骼肌松弛药也会出现阳性结果，需注意区分。

2. 机械刺激法 大白鼠尾尖压痛法：用钝刀口用力压大白鼠尾，以产生嘶叫作为痛阈值。此法与大白鼠的年龄关系很大，以 100 ～ 150g 体重为宜。压痛部位以大白鼠尾尖 1/3 处敏感性较高。

3. 电刺激法

（1）齿髓刺激法：目前，公认牙髓神经是对痛颇敏感的刺激部位，其痛反应近似临床病理性疼痛。因此，齿髓刺激法是评价镇痛药的标准而可靠的方法。此法适用于犬、猫、家兔、大白鼠等，其中以家兔应用最多。动物在麻醉下用电钻在牙齿上钻孔后，将电极插入齿髓作慢性埋藏电极。

电刺激时，动物因疼痛会出现咀嚼运动与摆头等反应，这些反应可视为痛阈的指标。

（2）鼠尾刺激法：以串脉冲方波刺激大白鼠尾尖 1/3 处，以引起甩尾和嘶叫反应的电流强度作为痛反应指标。

4. 化学刺激法　许多化学物质如强酸、强碱、钾离子、缓激肽等，接触到完整的皮肤和黏膜时，即引起疼痛反应。因此，将某些化学物质给入动物体内可产生疼痛，造成疼痛模型，可作为研究疼痛生理及筛选镇痛药物的方法。

采用一些化学刺激物注入小白鼠腹腔内，引起深部的、大面积而较持久的疼痛刺激，致使小白鼠产生扭体反应（腹部内凹、躯干与后腿伸张、臀部高起）。观察给予化学刺激药物 15min 内发生扭体反应的小白鼠或各小白鼠发生的扭体次数，将给药组与对照组相比，若使扭体反应发生率减少 50% 以上，可认为有镇痛作用。常用致痛剂如：酒石酸锑钾、乙酸等。化学刺激法是筛选非麻醉性镇痛药的常用方法。

【实验目标】

1. 技能目标

（1）掌握小白鼠腹腔注射方法。

（2）掌握小白鼠的性别区分方法。

（3）掌握小白鼠正确的捉拿、固定方法。

（4）掌握疼痛模型的 2 种建立方法。

2. 知识目标

（1）观察热刺激以及乙酸等化学刺激物对小白鼠的致痛反应。

（2）观察吗啡的镇痛作用。

（3）了解吗啡的作用机制及临床应用。

3. 素质目标

（1）学会在实验中认真观察关键指标，能够用理论解释实验现象。

（2）能够懂得团队协作，高效完成预订实验计划。

一、热　板　法

【实验对象】　雌性小白鼠，体重 18 ～ 25g。

【实验药品和器材】　0.1% 盐酸吗啡溶液，生理盐水。电子天平，智能热板仪，注射器（1ml），5 号针头，玻璃鼠罩。

【实验操作和观察】

1. 智能热板仪温度控制在（55±0.5）℃，并要保持热板仪表面干燥。

2. 筛选小白鼠　将小白鼠放入热板仪，测定其痛觉反应时间，即痛阈值。本实验观察的痛阈值为从小白鼠放入热板到出现舔后足现象的时间，用秒表计时。应测 2 次痛阈时间，取均值，但需注意 2 次测定的时间间隔应超过 5min。放入热板仪后，若小白鼠跳跃则剔除。痛阈时间应在 10 ～ 30s 之间，否则剔除。

3. 取筛选合格的小白鼠 4 只，称重并编号 1 ～ 4，记录各小白鼠的给药前痛阈值。

4. 实验组小白鼠 2 只，腹腔注射吗啡 0.1ml/10g；对照组小白鼠 2 只，腹腔注射生理盐水 0.1ml/10g。给药 15min、30min、45min 后再分别测定各小白鼠痛阈值。对于痛阈值大于 60s 的，应立即取出，并按 60s 计，以防小白鼠烫伤。

5. 记录整个实验室结果，见表 16-5、表 16-6。根据不同时间所测得的痛阈平均值，计算痛阈提高百分率：

$$\text{痛阈值提高百分率}=\frac{\text{给药后平均痛阈值}-\text{给药前平均痛阈值}}{\text{给药前平均痛阈值}}\times 100\%$$

表 16-5 本小组药物的镇痛效果（$\bar{x}\pm s$）

组别	编号	体重（g）	剂量	给药前平均痛阈值	给药后平均痛阈值		
					15min	30min	45min
对照组	1						
	2						
实验组	3						
	4						

表 16-6 本次实验各组药物的镇痛效果（$\bar{x}\pm s$）

组别	只数	剂量	给药前平均痛阈值	给药后平均痛阈值			痛阈值提高百分率		
				15min	30min	45min	15min	30min	45min
对照组									
实验组									

二、化学刺激法

【实验对象】 小白鼠，体重 18 ～ 25g，雌雄不拘。

【实验药品和器材】 1% 乙酸溶液，0.1% 盐酸吗啡溶液，生理盐水。电子天平，注射器（1ml），5 号针头，玻璃鼠罩。

【实验操作和观察】

1. 取小白鼠 4 只，称体重，编号，分组，置于玻璃鼠罩中观察小白鼠的正常活动。

2. 分别给小白鼠腹腔注射 0.1% 盐酸吗啡溶液 0.1ml/10g（实验组）、等容量生理盐水（对照组）。30min 后，每只鼠再由腹腔注射 1% 乙酸溶液 0.2ml/10g，观察 5 ～ 15min 内各组出现扭体反应的小白鼠数量，以及各小白鼠发生的扭体次数。

3. 将结果记录于表 16-7、表 16-8，综合全实验室数据，计算镇痛药的镇痛百分率：

$$镇痛百分率=\frac{对照组扭体次数-给药组扭体次数}{对照组扭体次数}\times100\%$$

或

$$镇痛百分率=\frac{实验组无扭体反应的鼠数-对照组无扭体反应的鼠数}{对照组扭体反应鼠数}\times100\%$$

表 16-7 本小组实验结果

组别	编号	体重（g）	剂量	给药	扭体反应的鼠数（只）	扭体反应的次数
对照组	1			生理盐水 +1% 乙酸溶液		
	2			生理盐水 +1% 乙酸溶液		
实验组	3			0.1% 盐酸吗啡溶液 +1% 乙酸溶液		
	4			0.1% 盐酸吗啡溶液 +1% 乙酸溶液		

表 16-8 本次实验各组药物的镇痛效果

组别	只数	剂量	给药	扭体鼠数（只）	扭体次数	发生扭体反应百分率（%）	镇痛百分率（%）
对照组			生理盐水 +1% 乙酸溶液				
实验组			0.1% 盐酸吗啡溶液 + 1% 乙酸溶液				

【注意事项】

1. 腹腔注射在小白鼠下腹部，切勿进针过深损伤内脏，否则内脏出血导致小白鼠死亡，影响实验进行。

2. 热板法实验时，应避免实验周围环境的改变，如室温、光线、声音等。

3. 结果以全实验室的数据进行统计，当实验组比对照组的扭体发生率减少 50% 以上时，才能认为有镇痛作用。

4. 小白鼠体重较轻，扭体反应发生率较低。扭体反应表现为小白鼠腹部内凹，躯干与后腿伸张，臀部抬高。

5. 乙酸溶液必须现配。

【思考题】

1. 肾绞痛患者，应如何对症进行处理？

2. 吗啡与阿司匹林的镇痛作用有何区别？

（刘　嫱）

实验九　普萘洛尔的抗缺氧作用

缺氧是指组织、细胞供氧不足或用氧障碍，而导致代谢、功能、形态结构发生改变的病理过程。机体功能代谢水平、年龄及性别等因素可以影响个体对缺氧的耐受情况。普萘洛尔是一种非选择性的 β 肾上腺素受体阻断剂，其药理作用包括：减慢心率，减弱心肌收缩力，减少心输出量，降低心肌耗氧量，降低血压等。本实验以小白鼠作为实验对象，复制乏氧性缺氧模型，观察普萘洛尔对缺氧的影响，探讨普萘洛尔的作用机制。

【实验目标】

1. 技能目标

（1）掌握医学实验设计的基本原则。

（2）掌握小白鼠乏氧性缺氧模型的复制方法。

（3）熟悉小白鼠腹腔注射的基本操作。

（4）了解小白鼠的标记方法。

2. 知识目标

（1）掌握乏氧性缺氧的发生原因与机制。

（2）掌握普萘洛尔对缺氧的影响。

（3）熟悉乏氧性缺氧时的肤色变化。

（4）了解统计分析的基本方法。

3. 素质目标

（1）培育实验分组的科研方法。

（2）掌握缺氧对身体健康造成的损伤，培养实践能力和锻炼临床思维能力。

【实验对象】 小白鼠，雄性，体重 18 ～ 22g。

【实验药品和器材】 0.1% 盐酸普萘洛尔溶液，0.1% 硫酸异丙肾上腺素溶液，生理盐水，钠石灰，凡士林。缺氧瓶（125 ～ 250ml 带塞广口玻璃瓶），注射器，计时器，电子天平。

【实验操作和观察】

1. 动物分组　每实验室使用小白鼠 3 只，随机分为 A、B、C 三组。A 组为生理盐水组，B 组为异丙肾上腺素组、C 组为普萘洛尔组，做好标记并称重。

2. 仪器装置　准备 3 个缺氧瓶，做好标记，每个瓶中装入 5g 钠石灰。

3. 实验操作

（1）注射给药：对A、B、C三只小白鼠分别腹腔注射生理盐水，0.1%硫酸异丙肾上腺素溶液，0.1%盐酸普萘洛尔溶液。剂量均为0.2ml/10g。

（2）缺氧实验：给药15min后，将各组小白鼠分别放入对应缺氧瓶，瓶口涂适量凡士林后密封，记录封瓶时间。

4. 观察与记录

（1）观察和记录小白鼠的活动变化及存活时间。

（2）综合全班实验结果，计算出各处理组小白鼠的平均存活时间。

（3）与A组相比，计算B、C组小白鼠平均存活时间变化率。

存活时间变化率＝(B组或C组平均存活时间－A组平均存活时间)/A组平均存活时间×100%

【注意事项】

1. 缺氧瓶必须完全密封。

2. 实验过程中请勿刺激小白鼠。

3. 小白鼠腹腔注射部位为左下腹，注意避开肝脏、膀胱等脏器。

【思考题】

1. 普萘洛尔的抗缺氧作用机制是什么？

2. 普萘洛尔在临床上有何应用？

3. 还有哪些药物可能具有抗缺氧作用？

（高　畅）

实验十　八臂迷宫与Morris水迷宫实验

一、八臂迷宫实验

八臂迷宫（8-arm maze）实验系统包括八臂迷宫测试仪和分析测试软件2个部分，采用红外探测的方式追踪大白鼠（或小白鼠）的行动轨迹，是研究（小白鼠）空间学习和记忆能力常用的实验装置。八臂迷宫法主要用于不同药物的处理以及疾病模型下动物学习、记忆、觅食策略、空间认知等多方面的研究，可测定指定时间内在每个臂的滞留时间、运动路程、最大深度、进入次数、参考记忆错误次数（RME）以及工作记忆错误次数（WME）等实验指标（图16-3）。

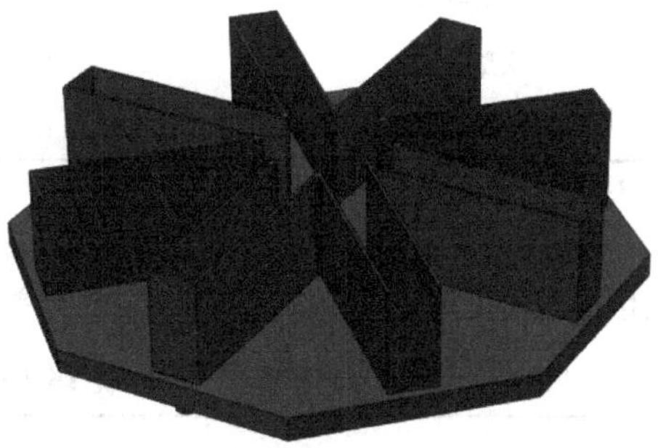

图16-3　八臂迷宫实验示意图

学习记忆是指习得行为的保持和再现，学习记忆功能是大脑重要的高级神经功能之一，同时也是中枢神经系统功能的整合。动物学习记忆的关键是条件反射的形成，观察各种因素对动物条件反射形成的影响是学习记忆的研究方法之一。动物或人的学习记忆情况是无法直接观察到的，只能根据对刺激的反应来推测和观察脑内的一系列变化。

【实验目标】

1. 技能目标

（1）掌握八臂迷宫的使用方法及实验结果的评价与分析。

（2）掌握大、小白鼠正确捉拿及腹腔注射、灌胃的规范操作。

（3）熟悉学习记忆损伤动物模型的复制以及恢复实验操作技术的方法等。

2. 知识目标

（1）掌握八臂迷宫和学习记忆的实验原理。

（2）了解恢复损伤学习记忆能力药物的药效学研究方法。

3. 素质目标

（1）培育创新的科学思维方式，与时俱进，紧跟科学前沿。

（2）启发学生的创新思维能力。

【实验对象】 小白鼠，雄性，体重 20 ～ 22g。

【实验药品和器材】 生理盐水，东莨菪碱，多奈哌齐。八臂迷宫测试系统，1ml 注射器。

【实验操作和观察】

1. 适应环境 实验前小白鼠先在迷宫中适应 2 天，每天 2 次，8 臂末端均放置食物。适应时 4 只小白鼠同时置于迷宫中，自由摄取食物 10min。

2. 小白鼠筛选 连续训练 20 天，每天 2 次，选择迷宫其中的 4 个臂末端放置食物，维持此放置顺序至实验结束；每次将 1 只小白鼠置于迷宫中央区，关闭 15s 后将门打开，小白鼠自由觅食，直至 5min 后或提前完成所有臂的觅食，即结束 1 次训练。训练成功指标如下：

（1）工作记忆错误（WME）：在同一次训练中，动物再次进入已经吃过食物的臂。

（2）参考记忆错误（RME）：动物进入未曾放置过食物的臂。

（3）总记忆错误（TE）：在 5min 内出现错误的总数。连续 5 次 TE ≤ 1，同时 WME=0 为训练成功。

3. 动物分组 将八臂迷宫训练成功的 30 只小白鼠随机分为 3 组，分别为空白对照组、模型组、阳性对照组，每组 10 只。

4. 给药方式 自分组起，连续 7 天按表 16-9 向小白鼠腹腔注射药物，实验中药物应在 0.5h 内注射完毕。

5. 八臂迷宫实验测定小白鼠学习记忆能力 给药造模后，八臂迷宫实验观察小白鼠的学习记忆能力以判定模型的成败。八臂迷宫测试系统记录分析各组小白鼠 WME、RME 及 TE，每只小白鼠测试 2 次，取平均值。

表 16-9 小白鼠的药物注射

动物	只数（只）	药物（1mg/kg）	造模用药（1mg/kg）
空白对照组	10	生理盐水	生理盐水
模型组	10	生理盐水	东莨菪碱
阳性对照组	10	多奈哌齐	东莨菪碱

6. 记录 结果记录于表 16-10，各组数据进行统计学分析，结果以均数 ± 标准差（$\bar{x}\pm s$）表示，组间比较采用 t 检验，以 $P < 0.05$ 为差异有统计学意义。

表 16-10 小白鼠学习记忆损伤的测定

动物分组	学习记忆指标		
	工作记忆错误	参考记忆错误	总记忆错误
空白对照组			
模型组			
阳性对照组			

【注意事项】

1. 小白鼠腹腔注射，应稍靠左下腹，勿损伤肝脏，也应避免将药液注入肠腔或膀胱。

2. 实验环境要适宜并保持一致，如室内温度、湿度、光照和杂音等，减少实验中非特异性因素的干扰。

3. 每次实验后，需用清洁软抹布擦拭清洁仪器后放置于通风处，切勿使用有机溶剂清洗仪器。

【思考题】

1. 东莨菪碱和多奈哌齐的作用机制分别是什么？

2. 八臂迷宫实验用于学习记忆检测的优缺点是什么？

3. 除本实验方法外，还有哪些检测动物学习记忆能力的实验方法？

4. 本实验方法可应用于哪些方面的实验？

（李　霜　邓加艾　王丹妹）

二、Morris 水迷宫实验

Morris 水迷宫实验（water maze test）是由圆形水池、自动摄像及分析系统 3 部分组成，具有定位航线和空间探索 2 种实验模式，是开展药理学空间记忆研究的经典实验。这一实验的基础是，啮齿类动物在水中有强烈的逃避水环境的动机，并以最快、最直接的途径逃离水环境。学会逃避水环境的过程体现了动物的学习能力；根据周围环境进行空间定位，有目的地游往水中安全的地方（平台），体现动物的空间记忆能力。该实验系统实时追踪大白鼠（或小白鼠）的运动轨迹，测算经过虚拟平台的次数以及在虚拟平台停留的时间，实验完毕自动分析报告相关参数。

D- 半乳糖可诱导衰老模型动物机体和细胞产生过量自由基，造成细胞损伤及抗氧化酶活力下降、过氧化产物增多。模型大白鼠（或小白鼠）血液、大脑和肝脏中的各氧化生物指标与自然衰老动物相似，是一种较为理想的衰老模型复制剂。

维生素 C 可以减轻 D- 半乳糖诱导亚急性衰老动物模型的氧化损伤，延缓线粒体衰老，发挥清除自由基的作用，使机体处于低氧化损伤状态。

【实验目标】

1. 技能目标

（1）掌握常用衰老动物模型和空间记忆损伤动物模型的复制与修复的实验方法。

（2）掌握定位航行实验和空间探索实验的操作方法。

2. 知识目标

（1）掌握水迷宫和空间记忆能力实验的原理。

（2）了解国内外恢复损伤学习记忆能力药物的研究进程。

3. 素质目标

（1）培育学生具有逻辑思维和创新能力的科研设计思路。

（2）培养学生关爱实验动物并主动从点点滴滴做起的良好科学素养，了解最新科学前沿，思考可替代手段。

【实验对象】 小白鼠，雄性，体重 14 ～ 17g。

【实验药品和器材】 生理盐水，D- 半乳糖，维生素 C 溶液（100mg/kg）。水迷宫实验系统，1ml 注射器。

【实验操作和观察】

1. 动物分组　将 30 只小白鼠置 SPF 级动物房适应环境饲养 1 周，再将其随机分为 3 组（每组 10 只），即：正常组、衰老对照组和阳性对照组。

2. 造模处理　分组完成后，连续 4 周，每日给衰老对照组和阳性对照组的小白鼠腹腔注射

1 次 D- 半乳糖（120mg/kg），正常组则注射等量生理盐水。每周称重 1 次，根据重量调整给药剂量。

3. 给药处理 从第 5 周开始，持续 4 周，正常组除每日继续注射等体积的生理盐水外，另每日灌胃 0.1ml/10g 剂量的蒸馏水；衰老对照组每日继续腹腔注射 D- 半乳糖（120mg/kg）和灌胃 0.1ml/10g 体积的蒸馏水；阳性对照组除每日腹腔注射 D- 半乳糖（120mg/kg）外，还需按 0.1ml/10g 剂量灌胃维生素 C 溶液。每周末称重，按照体重变化调整注射及灌胃剂量。

4. Morris 水迷宫实验 小白鼠末次给药后进行 Morris 水迷宫实验。整个水迷宫实验包括定位航行实验和空间探索实验 2 部分。检测指标如下：

（1）定位航行实验（place navigation）：用于测量小白鼠对水迷宫学习和记忆的获取能力。实验历时 4 天，上、下午各训练 1 次，共计 8 次。实验观察和记录大小白鼠寻找并爬上平台的路线图及所需时间，即记录其潜伏期和游泳速度。

（2）空间探索实验（spatial probe test）：用于测量小白鼠学会寻找平台后，对平台空间位置记忆的保持能力。定位航行实验结束后，撤去平台，从同一个入水点放入水中，测其第一次到达原平台位置的时间、穿越原平台的次数。

5. 数据处理

（1）随着训练时间延长，各组小白鼠逃避潜伏期时间记录于表 16-11，说明维生素 C 溶液对 D- 半乳糖诱导的衰老小白鼠的学习记忆力有改善作用。

表 16-11 小白鼠寻找平台潜伏期的影响

组别	只数（只）	逃避潜伏期（s）			
		第 1 天	第 2 天	第 3 天	第 4 天
正常组	10				
衰老对照组	10				
阳性对照组	10				

（2）记录 3 组的穿越平台次数、初始角度、平台象限游泳时间比例、平台象限游泳路程比例于表 16-12，说明维生素 C 对衰老模型小白鼠记忆保持能力的作用。

表 16-12 小白鼠空间探索能力的影响

组别	穿越平台次数（次）	初始角度（°）	平台象限游泳时间比例（%）	平台象限游泳路程比例（%）
正常组				
衰老对照组				
阳性对照组				

【注意事项】

1. 每天应在固定时间测试，操作轻柔，避免不必要的应激刺激。

2. 实验环境要适宜并保持一致，如室内温度、湿度、光照和杂音等，减少实验中非特异性因素的干扰。

3. 注意动物的性别、品系、泳池的尺寸和水温等多种因素对实验结果的影响。

4. 当以游泳速度作为观察指标时，应考虑动物的体重、年龄以及骨骼肌发育状况等对游泳速度可能造成的影响。

5. 定期换水，以免水腐败变质。

【思考题】

1. D- 半乳糖和维生素 C 溶液的作用机制分别是什么？

2. 水迷宫用于学习记忆检测的优缺点是什么？对于学习记忆的研究现有哪些新方法？

3. 本实验方法可应用于哪些方面的实验？

（李 霜 王丹妹）

实验十一 家兔心肌缺血 - 再灌注损伤及救治

恢复缺血组织的血液灌流是治疗缺血性损伤的重要手段。大多数情况下，在组织器官缺血后恢复血液供应，可以使缺血组织的血供得到重建，缺血部位的结构和功能得到恢复。在少数情况下，恢复血供不仅不能使其功能、损伤结构得到修复，反而会造成其功能障碍和结构破坏进一步加重，也就是发生了缺血 - 再灌注损伤。心肌缺血 - 再灌注损伤的发生受到缺血、缺氧的时间和程度，组织器官的结构、功能和代谢特点，再灌注的条件等多因素的影响，其发生机制与活性氧产生增多、细胞内钙超载和白细胞活化等变化相关。本实验以家兔为实验对象，复制心肌缺血 - 再灌注损伤模型，比较缺血性损伤与缺血 - 再灌注损伤的区别，探讨心肌缺血 - 再灌注损伤的发生条件，观察心肌缺血 - 再灌注损伤引起的心功能变化及其发生机制，观察缺血后适应对家兔缺血 - 再灌注损伤心肌的保护作用与机制。

【实验目标】

1. 技能目标

（1）掌握医学实验设计的基本原则。

（2）掌握家兔心肌缺血 - 再灌注损伤模型的复制方法。

（3）掌握心电图的观察与记录方法。

2. 知识目标

（1）掌握心肌缺血 - 再灌注损伤的发生原因与条件。

（2）熟悉心肌缺血 - 再灌注损伤的发生机制。

（3）熟悉心肌缺血 - 再灌注损伤时心肌的功能代谢变化。

（4）了解缺血后适应救治缺血 - 再灌注损伤的方法。

3. 素质目标

（1）培育科研设计的严密思维方法。

（2）了解缺血 - 再灌注损伤的研究进展，灵活地应用基础知识到临床诊疗，为临床对心肌缺血 - 再灌注损的治疗提供一条新思路。

【实验对象】 家兔，雄性，体重 1.5 ～ 2.5kg。

【实验药品和器材】 生理盐水，3% 戊巴比妥钠（10% 苯巴比妥钠）溶液，1% 普鲁卡因溶液。兔手术台，BL-420F/N 生物机能实验系统。手术器械一套，婴儿秤，听诊器，注射器。纱布，0 号缝合线，棉球。

【实验操作和观察】

1. 动物分组 每实验室使用家兔 6 只，随机分为 A、B、C 三组。A 组为缺血性损伤组，其实验步骤、条件和内容详见下述。B、C 组分别为缺血 - 再灌注损伤组、缺血后适应组，手术操作与 A 组相同。

2. 仪器装置 按操作规程准备好生物机能实验系统的装置（参见第十一章生物信号的采集、处理与分析）。

3. 手术操作

（1）麻醉，固定与备皮：将家兔称重后，以 1ml/kg（1.2ml/kg）剂量由耳缘静脉缓慢注入 3% 戊巴比妥钠（10% 苯巴比妥钠）溶液。将家兔仰卧固定于兔台，剪去左胸部被毛。

（2）连接仪器：将针形电极分别刺于兔左上肢、右上肢、左下肢皮下，记录导联心电图。

（3）胸部手术：在家兔胸骨正中线左侧 1cm 处切开第 2 肋至第 5 肋之间的皮肤，切口 3 ～ 5cm。在家兔胸骨正中线左侧 1cm 和腋中线以内的范围，沿胸肌纤维走向分离胸肌，可见肋骨。沿第 4 ～ 5 肋间开胸，暴露心脏。剪开心包膜，在心脏左背侧找出左冠状动脉。在左冠状动脉上中 1/3 处穿一根 0 号线，结扎血管。导联心电图显示 ST 段明显抬高，表示结扎成功。闭合胸腔，以湿纱布块覆盖切口。

（4）缺血与再灌注：A 组为缺血性损伤组：连续缺血 90min。B 组为缺血 - 再灌注损伤组：在缺血 30min 后剪断结扎线，再灌注 60min。C 组为缺血后适应组：在缺血 30min 后剪断结扎线，再灌注 60min，并且在再灌注开始的 1min 内再次缺血 30s，再灌注 30s，一共连续重复 3 次循环后恢复冠状动脉血流。

4. 观察与记录

（1）A 组于术前、结扎成功时、结扎后 30min、结扎后 60min、结扎后 90min 5 个时间点各记录一次。

（2）B 组于术前、结扎成功时、结扎后 30min、再灌注 30min、再灌注 60min 5 个时间点各记录一次。

（3）C 组于术前、结扎成功时、结扎后 30min、再灌注 30min、再灌注 60min 5 个时间点各记录一次。

【注意事项】

1. 忌用术前心电图异常的家兔。

2. 开胸手术应避免损伤胸内动脉以及邻近大血管，术中及时止血。

3. 应严格控制各组手术操作的一致性。

【思考题】

1. 缺血 - 再灌注损伤对心肌有何影响？机制如何？

2. 缺血性损伤与缺血 - 再灌注损伤组对心功能的影响有何不同？

3. 缺血后适应对家兔缺血 - 再灌注损伤的心肌保护作用的机制是什么？

4. 在本实验中，除了心电图，还可用何种方法鉴别再灌注损伤的发生？

5. 在本实验中，如何提供能量和液体支持，提高动物的耐受性？

（高　畅）

实验十二　跑步运动对人体血压、心率的影响

心脏是推动血液循环的重要动力器官。人体通过血液循环完成物质的运输，从而确保新陈代谢的进行。血压和心率是反映心脏泵血功能的重要指标，受神经和体液等因素的调节。交感神经系统活动增强时，心肌收缩力增大，心率加快，心输出量增加，外周血管阻力增加，血压升高；副交感神经系统活动增强时，则产生相反的变化。肾上腺髓质分泌增强，会使心肌收缩力增强，心率加快，血压升高；心房钠尿肽则可降低血压、降低心率。人体运动时，交感神经活动加强，肾上腺髓质分泌增多，导致血压和心率的改变。

【实验目标】

1. 技能目标

（1）掌握血压、心率的测量方法。

（2）掌握跑步机的使用方法。

（3）掌握计数资料的统计学处理方法。

2. 知识目标

（1）掌握动脉血压的形成机制。

（2）掌握血压、心率的神经体液调节机制。

（3）掌握运动状态下，血压和心率的调节机制。

3. 素质目标

（1）能够为临床科学化运动处方的开展提供实验依据。

（2）培养热爱运动，强身健体的良好习惯。

（3）遵循循证医学原则、重视心血管疾病防治，提倡防胜于治的科学理念。

【实验对象】 运动者（学生志愿者），年龄 18 ～ 25 岁，男性 10 ～ 15 人，女性 10 ～ 15 人。

【实验药品和器材】 电动跑步机，血压计，听诊器。

【实验操作和观察】

1. 用抽签法将受试者，即参与运动的学生（20 ～ 30 人），随机分为 A 组和 B 组，每组 10 ～ 15 人。

2. 受试者将自己的姓名、学号、性别、年龄、身高、体重、健康状况等填写入实验结果记录表中个人信息栏内。

3. 受试者静坐 5min 后，测量者（可组内学生互相测量）测定其跑步前血压、心率，记录在实验结果记录表中。

4. A 组受试者选择跑步机慢速挡（3 ～ 4 挡）运动 3min，B 组受试者选择跑步机快速挡（8 ～ 10 挡）运动 3min。

5. 跑步运动 3min 结束时，即刻测量受试者血压、心率，记录在实验结果记录表中。

6. 跑步运动结束，休息 10min 后，再次测量受试者血压、心率，记录在实验结果记录表中。

7. 整合 A、B 两组实验结果记录表，作为该实验组的实验结果。

8. 整理实验数据，用 t 检验方法对运动前后，A 组与 B 组的血压、心率数据以及运动后 A 组与 B 组之间的血压、心率数据进行统计学处理，并对处理结果进行分析、讨论，撰写实验报告。

【注意事项】

1. 确诊有心血管疾病的人员不能作为受试者。

2. 跑步运动开始前，应先学习跑步机的使用要领，注意安全，避免跌倒。

3. 跑步运动 3min 结束时，即刻测量受试者的血压、心率，以避免影响实验结果的准确性。

4. 受试者的选择必须遵循随机的原则。

【思考题】

1. 慢速跑步运动前后，血压和心率有无变化？试述其可能的机制。

2. 快速跑步运动前后，血压和心率有无变化？试述其可能的机制。

3. 慢速跑步后与快速跑步后，血压和心率的改变有无统计学意义？试述其可能的机制。

4. 请根据实验结果推测，长期的不同方式的跑步运动，会对心脏产生怎样的影响？如有人向你咨询跑步运动锻炼的注意事项，你有何建议？并试述其依据。

（樊守艳）

实验十三　尿生成的影响因素和利尿药作用

尿的生成，包括肾小球的滤过、肾小管与集合管的重吸收和分泌等 3 个基本过程。肾小球的滤过与有效滤过压有关，有效滤过压又与毛细血管血压、肾小球囊内压及血浆胶体渗透压的大小有关；肾小管的重吸收和分泌功能与肾小管的功能状态、肾小管液中溶质浓度及被重吸收的性质有关，凡能引起上述作用的因素，都能引起尿量的改变。肾是维持机体内环境相对稳定的最重要器官之一，其通过尿的生成和排出调节水、电解质及酸碱平衡，以达到机体内环境的相对恒定。水、电解质代谢紊乱是普遍和非常重要的临床问题，若得不到及时纠正，可能危及患者的生命。

利尿药是临床治疗这类疾病的重要药物，它们作用于肾脏，通过抑制各段肾小管对 Na^+ 或 Cl^- 的重吸收，增加电解质和水排泄，发挥利尿作用。目前，临床常用的利尿药不是作用于肾小球，而是作用于肾小管，通过减少它对水、电解质的重吸收而发挥利尿作用。有些药物如多巴胺、氨茶碱等，虽可加强心肌收缩、扩张血管、增加肾血流量和肾小球滤过率，使原尿增加，但由于肾脏存在球 - 管平衡机制，终尿量并未明显增多，利尿作用较弱。常用利尿药按它们的效能和作用部位分为 3 类，高效利尿药：主要作用于髓袢升支组段髓质部和皮质部，如呋塞米、布美他尼、依他尼酸等；中效利尿药：主要作用于远曲小管近段，如噻嗪类、氯噻酮等；低效利尿药：主要作用于远曲小管和集合管，螺内酯、阿米洛利以及作用于近曲小管的利尿药，如乙酰唑胺等。

【实验目标】

1. 技能目标

（1）掌握腹部手术器械的正确使用方法。

（2）掌握家兔的耳缘静脉注射给药方法。

（3）掌握家兔正确的捉拿固定方法。

（4）掌握 2 种收集家兔尿液的手术操作。

2. 知识目标

（1）观察利尿药和脱水药的利尿作用及其对水和电解质的影响。

（2）了解利尿药、脱水药的利尿作用差异。

3. 素质目标

（1）遵守实验动物的伦理原则，培养良好的手术习惯，在不影响实验结果的前提下，给予实验动物仁慈终点。

（2）学会认真观察、客观记录实验结果，能够正确分析数据，得出合理的实验结论。

【实验对象】 家兔，体重 2.0 ～ 3.0kg（雄性为好，雌性应无孕）。

【实验药品和器材】 3% 戊巴比妥钠溶液，0.5% 肝素生理盐水，钠、钾和氯混合标准液，0.5% 焦锑酸钾溶液，1% 四苯硼钠溶液，单一显色剂，无水乙醇，30% 乙醇溶液，生理盐水，1% 呋塞米，50% 葡萄糖溶液，液体石蜡。722 分光光度计，比色杯，记滴器。兔手术台，手术器械一套（手术刀、手术剪、眼科剪、止血钳、镊子各 1 把，膀胱插管器，缝合线若干），开口器，试管架，试管，2ml 注射器，10ml 注射器，输尿管，小烧杯，量筒等。

【实验操作和观察】

1. 仪器装置 准备好 722 分光光度计、比色杯、记滴器。

2. 手术操作

（1）取实验家兔 1 只，称重，以 3% 戊巴比妥钠 1ml/kg（30mg/kg）耳缘静脉注射麻醉。

（2）麻醉后将家兔仰位固定于兔手术台上，剪去下腹部正中被毛。

（3）行双侧输尿管插管（或膀胱插管），连接记尿滴装置，记录尿量。

3. 观察与记录

（1）观察记录给药前正常尿量（ml/min）及每分钟尿滴数（正常对照）。

（2）从耳缘静脉注射下列各药并收集尿液。

1）注射生理盐水 20ml，收集 10min 尿量并记录尿滴数。

2）注射 1% 呋塞米 1ml/kg（10mg/kg），收集每 10min 尿量并记录尿滴数，至尿量明显减少（30 ～ 40min）。

3）注射 50% 葡萄糖溶液 2ml/kg（1g/kg），同 2）收集尿量。

（3）测尿糖（本尼迪克特尿糖定性检查）

1）原理：在热碱性溶液中，葡萄糖的醛基（—CHO）被氧化，可将试剂中的 Cu^{2+} 还原成 CuO 而出现砖红色沉淀，反应式：

$$C_6H_{12}O_2 + 2Cu^{2+} + NaOH \longrightarrow C_6H_{11}O_7Na + Cu_2O\downarrow + H_2O$$

（本尼迪克特试剂）　　　　　　（砖红色）

2）操作步骤：取试管 1 支，加入本尼迪克特试剂 2ml，加热至沸，再加尿液 0.2ml，煮沸 2min，观察结果：①蓝色不变（–）（无葡萄糖）；②绿色（+），绿黄色（++），土黄色（+++），砖红色（++++），从绿色到砖红色，尿中葡萄糖逐渐增加。

（4）尿中钠、钾和氯离子浓度测定：取试管 16 支，每 4 支一组，分别标上 N、G、F 和 S。然后把生理盐水、50% 葡萄糖溶液和 1% 呋塞米作用后收集的各样品尿取出 0.1ml，依次加入 N、G、F 管中，S 管内加入钠、钾和氯离子的混合标准溶液 0.1ml。再按各离子测定程序加入试剂（表 16-13 ～表 16-15）。

表 16-13　钠离子的测定

加样（ml）	试管号			
	N	G	F	S
样品尿	0.1	0.1	0.1	—
标准溶液	—	—	—	0.1
蒸馏水	4.9	4.9	4.9	4.9
混匀后，各管吸取 1ml 置相应编号的试管内，依次加入下列试剂				
0.5% 焦锑酸钾溶液	1.0	1.0	1.0	1.0
无水乙醇	1.0	1.0	1.0	1.0
30% 乙醇	2.0	2.0	2.0	2.0

表 16-14　氯离子的测定

加样（ml）	试管号			
	N	G	F	S
样品尿	0.1	0.1	0.1	—
标准溶液	—	—	—	0.1
单一显色剂	4.9	4.9	4.9	4.9

表 16-15　钾离子的测定

加样（ml）	试管号			
	N	G	F	S
样品尿	0.1	0.1	0.1	—
标准溶液	—	—	—	0.1
1% 四苯硼钠溶液	1.0	1.0	1.0	1.0
蒸馏水	3.9	3.9	3.9	3.9

混匀后，选波长 460nm，以蒸馏水调零，测定各样品钠和氯离子的光密度（OD）。各管钾离子的光密度测定，选波长 560nm。

$$\text{样品尿中钠和氯离子浓度} = 150\text{mmol/L} \times \frac{\text{样品尿的光密度（OD）}}{\text{标准溶液的光密度（OD）}}$$

$$样品尿中钾离子浓度 = 5mmol/L \times \frac{样品尿的光密度（OD）}{标准溶液的光密度（OD）}$$

（5）生理盐水、50% 葡萄糖溶液和呋塞米的利尿作用比较，见表 16-16。

表 16-16　生理盐水、50% 葡萄糖溶液和呋塞米的利尿作用比较

药物	尿量（ml/10min）	作用持续时间（min）	Na^+		K^+		Cl^-	
			光密度（mmol/L）	总排量（mmol/L）	光密度（mmol/L）	总排量（mmol/L）	光密度（mmol/L）	总排量（mmol/L）
生理盐水								
50% 葡萄糖溶液								
1% 呋塞米								

【注意事项】

1. 实验动物雄性家兔体重 2.0 ～ 3.0kg。

2. 静脉注射麻醉药时要缓慢，否则容易导致家兔呼吸抑制。

3. 膀胱插管完毕后，轻轻将腹腔内容物回纳入腹腔，盖上生理盐水纱布。

【思考题】

1. 静脉注射 50% 葡萄糖溶液后尿量有何变化？为什么会出现糖尿？

2. 呋塞米与 50% 葡萄糖溶液的药理作用和临床应用有哪些异同点？

3. 各类利尿药与脱水药的代表药有哪些？对水和电解质有哪些影响？

（刘　嫱　王丹妹）

实验十四　肾功能损伤对尿素氮排泄和药物代谢动力学的影响

肾脏是机体重要的排泄器官，机体每天产生的代谢产物大部分经肾脏排出，当肾功能受损，尿素氮等代谢物排泄减少，血中浓度升高。肾功能受损影响药物的排泄，使药物的药物代谢动力学（药代动力学）发生改变。氯化高汞是一种具有细胞毒作用的防腐剂，一旦机体吸收，可损伤肾小管上皮细胞，使肾衰竭。

本实验用氯化高汞制作家兔肾损模型，观察肾功能低下时对代谢产物排泄和药物的药代动力学的影响。

【实验目标】

1. 技能目标

（1）掌握血样采取和处理方法。

（2）掌握药物药代动力学实验方法。

2. 知识目标

（1）掌握影响药物作用的因素。

（2）掌握药代动力学参数的定义和临床意义。

3. 素质目标

（1）加深对肾脏排泄功能的认识，以及肾功能损害对机体代谢产物、药物等的排泄带来严重的影响。

（2）提高职业素养意识。

【实验对象】 家兔，体重 1.5 ～ 2.5kg，雌雄不拘。

【实验药品和器材】 0.5% 氯化高汞溶液，20mg/dl 尿素氮标准液，尿素氮显示剂，蒸馏水，0.6% 苯酚磺酞液（PSP），稀释液（0.9% NaCl 29ml+1mol/L NaOH 1ml），0.1mol/L PSP 标准液。手术刀片，肝素钠试管，10ml 离心管，干棉球，酒精棉球，兔箱，额头手术灯，记号笔，小玻璃棒，刻度吸管（0.5ml、5.0ml、10.0ml）。离心机，水浴锅，分光光度计。

【实验操作和观察】

1. 分组 取家兔 2 只，称重，编号。肾功能损伤组和对照组各 1 只。

2. 建立肾损模型 实验前 48h，肾功能损伤损组家兔皮下注射 0.5% 氯化高汞溶液 1.0ml/kg（5mg/kg）致肾功能损伤，这期间家兔正常饮食。对照组不做任何处理。

3. 观察肾功能损伤家兔血中尿素氮变化 建立肾功能损伤模型前后，各组家兔收集血液各 1 次。

（1）采血：耳缘静脉采血法。将家兔置固定箱中，拔去耳背内缘被毛，使耳缘静脉显露，用酒精棉球擦拭，使血管充分扩张（必要时用额头手术灯烘热）。用手术刀划破皮肤和血管（切口为斜切口），用抗凝试管收集血液 1ml。

（2）处理血样：离心（2500r/min，5min），取血浆 0.2ml 待测定。

（3）血浆尿素氮测定方法见表 16-17。

（4）计算血浆尿素氮浓度。

$$C_{测定管}（血浆尿素氮浓度，mg/dl）= 测定管吸光度 / 标准管吸光度 \times C_{标准管}$$

4. 观察药物肾功能损伤家兔体内药代动力学的影响 分别给肾功能损伤家兔和健康家兔静脉注射 0.6% PSP 0.4ml/kg，注射后各组家兔分别于给药前 5min（测定 0 号管）和给药后 2min、5min、10min、15min、30min、60min（测定 1 ～ 6 号管）各采血 1ml。

（1）血样的采取方法和处理方法同前。

（2）血浆 PSP 吸光度测定见表 16-18。

表 16-17 血浆尿素氮的测定方法

步骤	测定管	空白管	标准管
血浆	0.1ml		
蒸馏水		0.1ml	
尿素氮标准液			0.1ml
尿素氮显色剂	10.0ml	10.0ml	10.0ml
在沸水浴中加热 10min，取出置冷水中冷却			
用 520nm 波长，以空白管调“0”，读取标准管与测定管的吸光度值			

表 16-18 血浆苯酚磺酞吸光度测定方法

步骤	测定管 0 号	测定管 1 ～ 6 号	标准管	空白管
加血浆	0.2ml	0.2ml		
苯酚磺酞标准液			0.2ml	
稀释液	3.0ml	3.0ml	3.0ml	3.2ml
摇匀后，用 520nm 波长，以空白管调“0”，读取标准管与测定管各管的吸光度值				

（3）相关药代动力学参数测定：将 PSP 浓度（C）换算成 $\ln C$。将时间 t 作为 X 轴，$\ln C_t$ 作为 Y 轴，

用直线回归分析法处理数据。求得截距($a=\ln C_0$)及斜率($b=-k$),并计算消除速率(K)、清除率(CL)、表观分布容积(V_d)和消除半衰期($t_{1/2}$)。

$$C_{测定管}(血浆 PSP 浓度，mg/ml) = 测定管吸光度 / 标准管吸光度 \times C_{标准管}$$

5. 实验结果

(1)根据对健康家兔和肾功能损伤家兔的血浆尿素氮吸光度和浓度测定结果填入表 16-19。

表 16-19 肾功能损伤家兔血浆尿素氮的吸光度和浓度结果记录表

组别	吸光度	血浆尿素氮浓度(mg/dl)
对照组		
肾功能损伤组		

(2)将各测定管的吸光度值、PSP 血浆浓度填入表 16-20，并换算成对应 $\ln C_t$ 填入表 16-21。

表 16-20 肾功能损伤组家兔血浆不同时间的吸光度($A_{测定}$)结果记录表

组别	吸光度($A_{测定}$)					
	2min	5min	10min	15min	30min	60min
对照组						
肾功能损伤组						

表 16-21 肾功能损伤组家兔血浆苯酚磺酞浓度测定结果记录表

组别	苯酚磺酞浓度(C_t，mg/ml)					
	2min	5min	10min	15min	30min	60min
对照组						
肾功能损伤组						

(3)将时间作为 x，$\ln C_t$ 为 y，求得截距($a=\ln C_0$)及斜率($b=-k$)，做 PSP 血浆浓度 - 时间曲线。

(4)根据线性回归分析，计算 PSP 的 C_0、K、$t_{1/2}$、CL 和 V_d，并填入表 16-22。

表 16-22 肾功能损伤家兔的药物代谢动力学参数结果

组别	消除速率(min^{-1})	消除半衰期(min)	表现分布容积(ml/kg)	清除率 [ml/(kg·min)]
对照组				
肾功能损伤组				

【注意事项】

1. 显色剂临用时配制，标准液应置冰箱冷藏。

2. 静脉注射时，应一次性将药液注入血管内。

3. 准确记录给药时间，严格按时采血。

【思考题】

1. 肾脏是重要排泄器官，肾功能低下给患者带来什么危害?

2. 肾功能与药物作用之间有什么联系?哪些药物最易受到肾功能状态的影响?如何指导临床用药?

(王小蒙)

实验十五 胰岛素的降糖作用、过量反应及解救

胰岛素是由胰岛B细胞分泌的一种酸性蛋白质，由A链和B链通过2个二硫键相连，主要调节糖、脂肪和蛋白质的代谢。胰岛素通过抑制糖原分解和异生、促进糖的分解和利用而降低血糖。当胰岛素分泌过多或应用外源胰岛素过多时，血糖迅速下降。血糖过低对机体的影响主要以神经系统为主，尤其是交感神经及脑组织。低血糖早期，交感神经释放儿茶酚胺增加，刺激β肾上腺素受体，引起心悸、焦虑、震颤、面色苍白、出汗、饥饿感及血压稍升高等症状。葡萄糖为脑组织的主要能量来源，反复持续低血糖时，脑神经各系统均受影响，出现意识蒙胧、嗜睡、昏迷等症状，甚至神经元变性坏死等病理改变。临床上多采用口服或静脉注射葡萄糖溶液来纠正低血糖反应。

本实验以血糖值为观察指标，通过胰岛素给药前、后比较，以及胰岛素组和对照组比较，观察胰岛素对小白鼠的降血糖作用。本实验还设计不同剂量胰岛素组对血糖的影响，以观察量效关系，以及大剂量胰岛素引起的低血糖反应。

【实验目标】

1. 技能目标

（1）掌握小白鼠的捉拿方法。

（2）掌握小白鼠皮下注射给药法和灌胃给药法。

2. 知识目标

（1）掌握胰岛素药理作用、作用机制和不良反应。

（2）掌握胰岛素所致低血糖的预防和处理。

3. 素质目标

（1）通过给药前后观察、比较，对不同浓度药物作用的观察，培养学生的观察能力。

（2）培养学生用实验来验证已知的药理学理论，以确认或否定其论断。

【实验对象】 小白鼠，体重20～22g，雌雄各半。

【实验药品和器材】 正规胰岛素注射液，10%葡萄糖溶液，生理盐水。血糖仪，电子秤，0.1ml微量注射器，小白鼠灌胃器，小白鼠观察罩。

【实验操作和观察】

1. 动物分组 取小白鼠（已禁食8h）8只，给予称重、标记，随机分为对照组（A组）、胰岛素高剂量组（B组）、胰岛素中剂量组（C组）和胰岛素低剂量组（D组），每组2只，雌雄各1只。

2. 给药 采用项背部皮下注射给药法，将小白鼠项背部皮肤捏起，另一手持注射器刺入皮下，左右摆动针头，若容易摆动，表明已经进入皮下，回抽无血液即可注射。A组给予生理盐水0.05ml/10g；B、C、D组分别给予0.5U/ml胰岛素0.108ml/10g、0.054ml/10g和0.027ml/10g。

3. 测定血糖 于注射后30min、60min和90min分别采集尾静脉血，用血糖仪测定血糖的变化。

4. 解救 于90min采血检测后，各组小白鼠立即灌胃10%葡萄糖溶液0.1ml/10g，尾静脉采血观察30min、60min后血糖的变化。灌胃时，将灌胃针套在注射器针栓上，吸入药液。左手抓住项背部皮肤将小白鼠固定，并使头、颈和身体成一直线，右手持注射器，将灌胃针头弧度面向前，从小白鼠嘴角处插入，压住舌头，抵住上腭，轻轻向内推进，进入食管即可给药。

5. 观察和记录 胰岛素注射前、后，以及葡萄糖解救后小白鼠的活动、呼吸和精神状态等一般情况和血糖变化。

（1）记录小白鼠一般情况（包括活动情况、呼吸、精神状态等），填入表16-23。

表 16-23　小白鼠一般情况观察结果

组别	胰岛素注射前	胰岛素注射后	葡萄糖灌胃后
A 组			
B 组			
C 组			
D 组			

（2）小白鼠血糖测定后，统计全实验室的结果（求平均值），填入表 16-24。

表 16-24　小白鼠血糖测定结果

组别	注射前血糖（mmol/L）	注射后血糖（mmol/L）			灌胃后血糖（mmol/L）	
		30min	60min	90min	30min	60min
A 组						
B 组						
C 组						
D 组						

【注意事项】

1. 灌胃针插入后，先轻轻推药并观察动物反应，若有明显挣扎或呛咳，说明插入肺中，应拔出重新插入。

2. 皮下注射剂量要准确，拔出针头后要压迫注射部位，防止药液流出。

【思考题】

1. 简述胰岛素的作用机制。

2. 简述胰岛素的临床应用和不良反应。

3. 如何预防胰岛素致低血糖反应？

（王小蒙）

实验十六　临床病例讨论

病　例　一

患者，男，72 岁。

主诉：反复气促 5 年余，加重伴水肿 2 周。

现病史：患者 5 年前活动后出现气促，伴有胸闷感，位于心前区，未向他处放射，呈阵发性发作，每次持续时间约数分钟，伴有四肢乏力，休息可缓解。曾在当地医院治疗，治疗后好转出院，其间仍有活动后气促反复发作。2 周前因着凉后出现咳嗽，咳白色黏液痰，气促加重，伴双下肢水肿，当地医院打针治疗后咳嗽、咳痰较前稍好转，气促、水肿无明显缓解，且逐渐加重。2 天前患者出现静息状态下明显气促，持续不缓解，夜间不能平卧，端坐呼吸，伴有头晕、全身乏力，伴有视物模糊，以早晨和晚上加重，逐渐出现四肢明显水肿，无发热、畏寒，无胸痛、心悸，无恶心、呕吐等不适。为求进一步诊治遂来院就诊。患者自发病以来精神、食欲尚可，睡眠欠佳，近期体重未见明显变化。

既往史：有高血压病史 8 年，自诉最高收缩压达 200/102mmHg，规律服用降压药物（具体不详）。8 年前曾因脑出血行外科手术治疗，自诉术后恢复可，无后遗症。否认食物、药物过敏史。否认其他疾病病史。

体检：体温 38℃，脉搏 78 次 / 分，呼吸 26 次 / 分，血压 171/81mmHg。

发育正常，体形中等，平车推入病房，神志清楚，查体合作，言语清晰。颈静脉无怒张，双肺呼吸音清，未闻及干湿啰音。心前区无隆起，心尖冲动位于左锁骨中线外 1.0cm 处，无震颤，心界向左扩大，心率 80 次 / 分，心律不齐，各瓣膜听诊区未闻及明显杂音。腹平软，全腹无明显压痛及反跳痛，肝、脾、肋下未触及，肝区及肾区无叩击痛，肠鸣音正常。双下肢凹陷性水肿（+++）。四肢肌力及肌张力正常，生理反射存在，病理征未引出。

实验室检查：RBC 4.00×10^9/L，WBC 11.2×10^9/L，中性粒细胞百分比 79%，Hb 110g/L，PLT 186×10^9/L。心肌酶：MYO 241μg/L，cTnI 0.33μg/L、NTpro-BNP ＞ 195 997pg/ml。凝血四项：FDP 10.7μg/ml、D- 二聚体 4.23mg/L。电解质：K^+ 3.18mmo/L、Na^+ 140mmol/L、Cl^- 107mmol/L。肾功能：BUN 8.89mmol/L、CREAT 261.6μmol/L、白蛋白 29.1g/L。超敏 C 反应蛋白：0.84mg/L。肝功能、降钙素原测定均未见明显异常。

心脏彩超：心律失常，少量心包积液，左心房室均增大，左心室壁增厚，主动脉增宽，主动脉瓣钙化，左心室舒张功能减低，三尖瓣、主动脉瓣及肺动脉瓣轻度反流。

头颅 CT：①左侧额叶放射冠区脑梗死；②双侧基底节、放射冠区及脑干多发腔隙性脑梗死；③脑萎缩。

胸部 CT：①右侧胸腔中量积液，左侧胸腔少量积液，双肺膨胀不全，双肺少许炎症；②心脏增大，以左心室增大为主，心包少量积液，主动脉及冠状动脉硬化。

治疗经过：入院后经强心、利尿、降压、抗感染等综合治疗，症状好转，出院疗养。

讨论题：

1. 患者入院诊断及诊断依据是什么？

2. 该病例有哪些病理过程？分析其主要发生机制。

3. 分析各病理生理学改变之间有何联系？

病　例　二

患者，男，71 岁，曾是一名锯木厂工人。

主诉：反复咳喘 16 年，双下肢水肿 3 年，近 7 天加重，伴发热、咳痰。

现病史：患者于 16 年前因感冒受凉、发热，出现咳喘，严重时连续性咳嗽，夜间难以入睡。开始时咳少量白色黏液痰，后转为黄痰。早晨起床后量多，但无咯血，经治疗好转，但每于冬春季节或感冒受凉后反复发作。上述症状逐年加重，发作越来越频繁，劳累后感心慌、气短，休息后好转。近 3 年来，出现双下肢水肿，腹胀，上腹痛。咳嗽时伴有气喘，严重时不能平卧，端坐呼吸，尿量减少。一直在当地卫生院治疗，症状稍有减轻，但平时仍有咳喘、吐痰。7 日前因感冒、发热、咳喘加重、少尿而入院。

体检：体温 38℃，脉搏 104 次 / 分，呼吸 26 次 / 分，血压 130/90mmHg，神志清，发育正常，营养中等，口唇轻度发绀伴颜面部水肿，咽部红肿，扁桃体肥大，颈静脉怒张，肝颈征（+），胸廓前后径增宽，叩诊呈过轻音，肺肝界于右锁骨中线第 6 肋间，双肺可闻及干湿啰音。心尖冲动不明显，剑突下可见心脏搏动，心界无明显扩大，心音弱，各瓣膜无明显杂音，心率 120 次 / 分，可闻期前收缩。腹软，右上腹触痛明显，肝肋下 2.5cm，剑突下 4.0cm，脾未触及，移动性浊音（+）。脊柱无畸形，两手可见杵状指，双肾区无叩痛，双下肢凹陷性水肿（++）。神经系统检查：生理反射存在，病理反射未引出。

实验室检查：WBC 11.8×10^9/L，中性粒细胞百分比 80%，嗜酸性粒细胞百分比 1%，淋巴细胞百分比 19%，Hb 110g/L，血小板 80×10^9/L。PaO_2 50mmHg，$PaCO_2$ 56mmHg，HCO_3^- 27.5mmol/L，SB 20.5mmol/L，pH 7.32。肝功能正常，血清总蛋白 42g/L，白蛋白 26g/L，球蛋白 16g/L，心电图显示：P 波高尖，顺时针转位，右心室肥厚，心肌劳损，多源性期前收缩。X 线显示：肺动脉段突出，右心室弓增大，两肺纹理粗乱，肺野透明度增强。

入院后经抗感染、强心、利尿、祛痰、吸氧等综合治疗，病情好转，出院休养。

讨论题：

1. 患者入院诊断及诊断依据是什么？

2. 该病例有哪些病理过程？分析其主要发生机制。

3. 分析各病理生理学改变之间有何联系？

病 例 三

患者，男，62 岁。

现病史：患者患慢性肝炎二十余年，反复上腹部不适及食欲不振十余年，近 5 个月来，进行性消瘦，无力，憔悴，黄疸，鼻和齿龈易出血，2 天前进食牛肉后出现恶心、呕吐、神志恍惚、烦躁而急诊入院。

既往史：喜欢饮酒，长年不断。无其他食物、药物过敏史。

查体：精神异常，言语不清，步履失衡，烦躁不安，皮肤、巩膜深度黄染，面部与前胸可见蜘蛛痣。肝肋下 2cm 可触及、质硬、变钝，叩诊移动性浊音阳性。吞钡 X 线提示食管下静脉曲张。实验室检查：谷丙转氨酶 126U。谷草转氨酶 56U。血浆总蛋白 52g/L，白蛋白 27g/L，球蛋白 25g/L，胆红素 36.2μmol/L，血氨 160μmol/L，血 K^+ 2.8mmol/L。

入院后，限制蛋白质饮食，静脉输注谷氨酸钠和精氨酸，食醋灌肠，口服大量抗生素及纠正电解质紊乱等治疗，患者神志渐清，症状好转。第 5 天大便时患者突觉头晕、虚汗、心跳乏力，昏厥于厕所内。脸色苍白、脉细速，四肢冷湿，血压 60/40mmHg，第 6 天再度神志恍惚，烦躁尖叫，扑翼样震颤，解柏油样大便，继而昏迷。经降氨后症状无改善，乃静脉滴注 L- 多巴 2 周，神志转清醒，住院 55 天，症状基本消失出院。

讨论题：

1. 患者入院诊断及诊断依据是什么？

2. 患者有哪些临床表现？其发生机制是什么？

3. 治疗措施的机制是什么？

病 例 四

患者，女，32 岁。

主诉：反复水肿 16 年，无尿 1 天。

现病史：患者于 16 年前出现反复眼睑水肿，在当地医院就诊治疗，经治疗后好转。5 年来排尿次数增多，每天 10 余次，夜尿 4 ～ 5 次，2500ml/d。其间发现，BP 165/110mmHg，Hb 45 ～ 80g/L，RBC（1.4 ～ 1.8）$\times10^{12}$/L。尿蛋白（+），RBC、WBC、上皮细胞 0 ～ 3/HP。3 年来夜尿更明显，尿量 2500 ～ 3500ml/d，尿的相对密度在 1.008 ～ 1.012。全身骨痛并逐渐加重。近 10 天来尿少、水肿加重，食欲锐减、恶心呕吐、腹痛。四肢麻木，轻微抽搐。一天来无尿，症状加重，急诊入院。

既往史：16 年前曾患肾小球肾炎。无其他食物、药物过敏史。

体检：T 36.8℃，R 23 次 / 分，P 115 次 / 分，BP 180/110mmHg。

患者面色苍白，消瘦，精神不佳，颜面水肿。皮肤、黏膜未见出血点。双肺呼吸音清，未闻及干湿啰音。心界向左略扩大，未闻及杂音，心律齐。腹软，移动性浊音（–），左下腹有轻度压痛，双侧肾区有叩击痛。无病理反射。

实验室检查：RBC 1.45×10^{12}/L，Hb 45g/L，WBC 9.2×10^{9}/L，血磷 2.2mmol/L，血钙 1.85mmol/L，血尿素氮 27.3mmo1/L、血肌酐 620μmo1/L，血 pH 7.32，$PaCO_2$ 30mmHg，HCO_3^- 15mmol/L，尿蛋白（+），RBC 10 ～ 15/Hp，WBC 0 ～ 2/Hp，上皮细胞 0 ～ 2/Hp。

X 线检查：双肺正常，心界略扩大，手骨质普遍性稀疏、骨质变薄。

讨论题：

1. 讨论该病例的发展经过。

2. 该患者有哪些主要的临床表现？分析其发生机制。

（龙儒桃　闫庆峰　郑奕迎）

第四篇　研究创新性实验

第十七章　研究创新性实验项目

研究创新性实验是机能学实验教学的一个关键教学环节，是为了培养医学本科生自主学习、研究性学习，建立创新意识，可根据学生自行设计的程度和实验时间的长短分为探索性实验和拓展性设计实验。研究创新性实验具有多学科交叉融合的特点和较强实践性特征，是本科生对实验教学知识有一个全面了解和掌握的过程后，由教师指引，在现有的实验平台条件下，学会综合地运用有关理论知识和所学的实验基本技能，科学地规划实验设计、实验方法、实验操作及资料的收集与结果分析、论文撰写的全过程，在医学教育中起着承前启后的作用，是促进学生全面系统地掌握医学理论知识，启发和培养学生创新意识的重要环节。医学机能学科无论在理论上或实践中都有大量研究课题可供选择，但对于在校本科生而言，由于各种条件的限制，其选题范围不宜太宽，条件要求不宜太高。主要应围绕生理学、药理学及病理生理学专业所学的理论知识和相关文献，按照科学性、创造性及可行性的原则，并在指导教师的指导下进行选题。使本科生初步掌握医学科学研究的基本程序和方法，培养学生独立进行科学研究的能力。

医学机能学科的研究创新性实验选题可以以人体、实验动物或动物组织器官为研究对象，研究机体的各种生理活动和现象，认识疾病的发生发展过程和规律，揭示生理与病理生理相互转化的关系，探讨药物或干预因素在疾病转归中的作用，为临床应用提供理论依据。

（王丹妹）

实验一　跑步运动对人体呼吸运动的影响

机体与外界环境之间的气体交换过程，称为呼吸。呼吸肌收缩和舒张引起的胸廓节律性扩大和缩小称为呼吸运动，包括吸气运动和呼气运动。呼吸是为了满足机体氧化代谢过程中对氧的摄取及产生二氧化碳的排出，肺的主要功能包括肺与外界的气体交换——肺通气，和肺泡与血液间的气体交换——肺换气。例如，人体在跑步运动时，产生的二氧化碳刺激了人体的呼吸中枢，使呼吸频率加快，肺容量加大，与此同时呼吸肌和呼吸辅助肌得到了锻炼。而跑步的形式、强度、持续时间等的不同，对人体呼吸运动的影响也不同。

【实验目标】

1. 技能目标

熟悉人体肺功能仪的使用方法。

2. 知识目标

（1）掌握实验设计的基本原则及方法。

（2）熟悉跑步运动与呼吸活动之间的关系。

3. 素质目标

（1）了解人体实验的伦理学原则，敬畏生命、尊重生命、关爱生命，做一名有温度的研究者。

（2）培养学生认真仔细观察变化，严守学术诚信，如实全面记录结果的行为习惯。

（3）培养团队协作能力。

【实验对象】 人体（学生志愿者）。

【实验药品和器材】 电动跑步机或实验跑台（或户外跑道），肺功能检查仪（AS-407 型），一次性纸吹嘴。

【实验操作和观察】

1. 将实验设计题目“跑步运动对人体呼吸运动的影响”提前 2 周通知学生，让其以实验小组为单位分别进行本项目的实验设计，并将设计方案交给授课教师评阅。学生进行实验设计时应注意以下几点问题：

（1）应考虑年龄、性别对实验随机分组的影响。

（2）应考虑实验观察指标的合理性及其测量方法的准确性。

（3）应考虑所在实验室的现有条件是否能满足设计的需求。

（4）应考虑实验时长，一般在 3 ～ 4 学时内完成。

2. 课中由每个实验小组逐一将各自设计的实验设计方案进行汇报（PPT 形式，汇报时间 3 ～ 4 min），此后授课教师对每组设计方案逐一点评其优缺点。

3. 授课教师根据学生所提交的设计方案，选择其中可行性较好的作为本次实验设计的最终方案，在课中实施。

4. 实验过程中，学生须认真记录实验结果，最后由授课教师进行归纳小结，课后学生提交实验报告。

【注意事项】

1. 人体跑步实验中，应量力而行，避免意外。身体不适者，可不参与跑步运动，但需全程参与实验的观察和记录。

2. 实验中进行各项测量时应动作迅速，在最短的时间内完成测量，避免对受试者造成额外的身体负担。

【思考题】

1. 实验设计的基本原则是什么？如何减少实验测量的误差？

2. 运动后，呼吸运动如何变化？其机制如何？

（何　佟）

实验二　热带植物（果实）提取物对离体心脏功能的影响

随着社会经济的发展，国民生活方式发生了深刻的变化。中国心血管病危险因素流行趋势明显，导致心血管病的发病人数居高不下，与此同时，心血管病的疾病负担日渐加重，加强心血管病防治工作刻不容缓；热带植物在热带、亚热带特殊的生态环境和气候条件下生长，这就赋予了热带植物特殊的药理活性。现有研究表明，热带植物中的很多成分具有多种保健和预防疾病的功能，能有效降低心血管疾病的患病率。本实验应用 Langendorff 离体心脏灌流模型，观察动物离体心脏心功能的影响，并探讨其部分机制。

【实验目标】

1. 技能目标

（1）掌握 Langendorff 离体心脏灌流模型的复制方法。

（2）掌握 Langendorff 离体心脏灌流的技术要点。

（3）掌握热带植物提取物干预离体心脏灌流模型。

（4）掌握实验结果的正确记录和表述方法。

2. 知识目标

掌握 Langendorff 离体心脏灌流技术，利用热带植物提取物对健康 SD 大白鼠进行心脏灌流实验，观察心肌收缩力、左心室的生理功能等指标。

3. 素质目标

（1）激发学生对科学研究的兴趣、养成严谨的科学态度。

（2）培养学生自主学习、仔细观察并客观记录实验结果、科学分析实验结果的综合能力。

【实验对象】 大白鼠、豚鼠、兔、猫、犬等动物（离体心脏）。

【实验药品和器材】 热带植物提取物、NaCl 118mmol/L；KCl 4.7mmol/L；$CaCl_2$ 1.5mmol/L；$MgSO_4$ 1.2mmol/L；KH_2PO_4 0.93mmol/L；$NaHCO_3$ 24mmol/L；葡萄糖 10mmol/L；1% 肝素；3% 戊巴比妥钠。Langendorff 灌流装置，95% O_2+5% CO_2 钢气瓶，压力换能器，BL-420N 生物机能实验系统，计算机，注射器，剪刀，镊子，弯盘。

【实验操作和观察】

1. 离体大白鼠心脏灌流溶液配制

（1）灌流 Krebs-Henseleit（K-H）液的配制：NaCl 118mmol/L；KCl 4.7mmol/L；$CaCl_2$ 1.5mmol/L；$MgSO_4$ 1.2mmol/L；KH_2PO_4 0.93mmol/L；$NaHCO_3$ 24mmol/L；葡萄糖 10mmol/L 加水至 1000ml，调节 pH 为 7.4，经 0.22μm 滤膜抽滤，备用。

（2）肝素钠配制：用生理盐水充分溶解肝素钠，配制成 2000U/ml。

（3）麻醉剂配制：用生理盐水充分溶解戊巴比妥钠，配制成 3% 溶液。

2. 离体大白鼠心脏灌流

（1）实验当日新鲜配制 K-H 液，倒入灌流装置的储液桶中，以 5% CO_2 和 95% O_2 的混合气体充分饱和 30min。打开恒温水浴加热装置，控制温度为 37℃，并让 K-H 液充满整个系统管路。将 SD 大白鼠称重，腹腔注射肝素钠（2000USP/ 只）以防止大白鼠血液凝固，15min 后腹腔注射麻醉剂戊巴比妥钠（30mg/kg）进行麻醉，待大白鼠进入麻醉状态后迅速开胸取出心脏，放入 4℃预冷的 K-H 液中，降低心脏代谢，减小心脏的损伤。

（2）经主动脉插管，迅速将心脏悬挂于 Langendoff 灌流装置上，用 3 号手术线结扎固定，进行恒温、恒压逆向灌流，灌流压力为 75mmHg。在左心耳上剪一个小口，将充水 0.1 ～ 0.2ml 的球囊经左心耳和二尖瓣插入左心室内，并调节左室舒张末压（LVEDP）在 8 ～ 10mmHg。小囊经导管与压力换能器相连，将左心室内压输入 BL-420N 生物机能实验系统自动采集、记录。心功能指标包括：左心室收缩压（LVSP）、左心室发展压（LVDP）、LVEDP、左心室压力最大变化速率（±d*t*/d*t*）和心率（HR）。

（3）心脏经 K-H 液平衡 30min 后，加入热带植物提取物于 K-H 液中，每一次灌注 10min。

【注意事项】

1. 必须在液面下将主动脉悬挂于 Langendorff 离体心脏灌流器上，避免气泡灌入冠状动脉循环。

2. 系紧固定主动脉根部后，检查插管深度，避免插管进入左心室腔或抵住冠状动脉的入口。若过深，应轻轻后退插管，插管深度以刚能挂上心脏即可。

3. 从开胸取出心脏至心脏复搏应迅速、轻柔。在 2 ～ 3min 内完成，一般规律是：此过程越短，复跳越好。

4. K-H 液配制时，$CaCl_2$ 单称、单溶，然后缓慢加入已溶有其他试剂的溶液中，边加边搅拌，以避免生成沉淀。生成沉淀者则不能用。

5. 灌流压力应保持在 80 ～ 100mmHg（水柱高 1m 左右亦可），灌流压力过低，复搏亦较差。

【思考题】 Langendorff 离体心脏灌流实验与整体心脏实验相比，其优势和局限性表现在哪些方面？

（虞道锐）

实验三 热带植物(果实)提取物对消化道平滑肌功能的影响

胃肠道是人体所需营养物质摄取、消化及吸收的器官，为人体提供足够的养分。胃肠道对食物的消化功能主要依靠包括胃肠运动的机械性消化及消化酶的化学消化 2 种方式来完成。人体胃肠道功能受神经、内分泌系统协同支配及调节的。海南省是中国唯一的一个海陆域全热带省份，被称为“南药之乡”，全省药用植物多达 2500 余种，类型多种多样，有原生植被、次生植被和海洋植物等。本实验通过观察热带植物有效成分对消化道平滑肌功能的影响，进一步利用热带植物的药理活性，开发热带植物保健和预防疾病等多种药用价值；探讨其作用的部分机制。

【实验目标】

1. 技能目标

(1) 掌握观察动物消化道平滑肌功能的方法。

(2) 掌握热带植物有效成分的提取方法。

(3) 科研实验研究的基本方法

2. 知识目标 掌握消化道平滑肌功能的影响因素。

3. 素质目标

(1) 结合探索性实验研究的过程，培养学生严谨求实的科学态度和精益求精的工作作风。

(2) 培养学生敬畏生命，善待动物的职业素养。

【实验对象】 豚鼠。

【实验药品和器材】 热带植物(果实)提取物、台氏液等。恒温水浴箱、BL420 生物机能实验系统。

【实验操作和观察】

将探索性设计题目“热带植物（果实）提取物对消化道平滑肌功能的影响”提前 2 周通知学生，让其以实验小组为单位分别查阅文献、立题、自主设计实验方案、交给指导教师评阅并修改、预实验、完善实验设计、进行实验研究、整理资料、撰写论文。

1. 通过文献检索确定观察消化道平滑肌功能的方法和指标。

2. 通过文献检索探索某些热带植物会影响消化道平滑肌功能。

3. 文献检索有效提取物的提取方法、相关试剂和溶液的配制。

4. 完成实验设计，确定研究内容，制定实验技术路线。

5. 准备其他实验药品、实验仪器和器材，进行预实验，论证实验方案的可行性和科学性，为正式实验做好准备。

6. 进行正式实验，收集记录实验原始数据和实验结果，整理实验结果并进行分析和讨论，完成实验论文。

【注意事项】

1. 实验环境如温度等要前后保持一致。

2. 减少实验的非特异性因素干扰，如采集消化道平滑肌时位置需一致。

【思考题】

1. 在观察胃肠道消化功能的动物实验中，常选用哪种实验动物进行实验？观察的常用指标有哪些？

2. 如何避免提取物的无效成分对实验结果的影响？

（吉丽敏）

实验四 热带植物(果实)提取物对缺铁性贫血的影响

贫血是世界上最常见的营养缺乏症之一，在营养性贫血中，缺铁性贫血（iron deficiency anemia,

IDA）占 70% ～ 80%，是临床上最常见的疾病之一，也是贫血中常见的类型，缺铁性贫血是指由于体内储存铁消耗耗尽而影响正常红细胞生成的需要，机体携氧量下降，影响组织和器官供血、供氧量，而发生的小细胞低色素性贫血，能够对人体造成一定程度的危害，严重影响人体健康。IDA 贫血的产生与血红蛋白合成有密切关系，在许多血液疾病中，影响血红蛋白合成障碍的关键往往是由于血红素形成受阻，常用诊断 IDA 的实验室指标有血红蛋白（Hb）、血清铁蛋白（SF）、总铁结合力、运铁蛋白饱和度、红细胞内游离原卟啉（FEP、FEP/Hb）等，而其中以 SF、FEP、FEP/Hb 更敏感可靠。IDA 已成为世界各国一个重要而普遍的健康问题，据世界卫生组织（WHO）的统计显示，IDA 具有较高的发病率，其中在发展中国家、经济不发达地区儿童和妇女群体的发病率明显增高。我国有近 1 亿人患有不同程度的贫血，属发病率较高的国家之一，其中我国农村发病率高于城市，南方高于北方。因此，IDA 的预防和治疗一直备受国内外科研工作者的关注。

临床治疗 IDA 主要以口服铁剂为主，但是单纯补铁，铁剂的吸收并不是很理想。因此，能研究出一种与铁相结合的药物或食物的配方，可以更好地促进铁剂的吸收，达到改善 IDA 的症状，是人们最关注研究的领域。近年来国内有研究表明，杞枣颗粒、大枣提取物、玫瑰茄提取物等对改善 IDA 具有良好的效果。

海南地处热带季风区，盛产热带果实，甘甜飘香，味道独特，堪称绝对的“水果之岛”。热带水果含有丰富的天然色素、有机酸、多种微量元素、多种矿物质、酚类物质及多糖，营养价值丰富，能益气补血、安神定气、养血安胎。海南许多水果都含有大量的葡萄糖、蛋白质和铁质，这些成分能促进骨髓对血红蛋白的合成，增加血液总含量，有促进造血的作用，对血虚、气虚有很好的治疗效果。

【实验目标】

1. 技能目标

（1）掌握大白鼠（或其他动物）IDA 模型的建立。

（2）熟悉热带果实或植物提取物的制备。

（3）熟悉常用诊断 IDA 的实验室指标。

2. 知识目标

（1）以热带果实或植物提取物对缺铁性贫血动物模型的干预，进行多功能学科（血液生理病理及药理）的整合性拓展性实验，自主设计某些因素对 IDA 的影响，并观察实验动物的正常生理、病理变化及提取物的药理疗效。

（2）加深理解 IDA 的发病机制及了解其治疗的研究进展。

（3）分析某热带果实或植物提取物对 IDA 的作用。

（4）了解 IDA 治疗的研究进展。

3. 素质目标

（1）培养团队协作精神及合理分工，养成严谨求实的科学态度和勇于求实的创新思维。

（2）科学使用实验动物，关爱实验动物，注重实验动物福利与伦理，体现“3R”原则。

（3）培养自主学习能力并综合地运用有关理论知识和所学的实验基本技能，科学地规划实验设计总体方案。

（4）了解地中海贫血的研究进展，结合海南独特的地理环境，提高健康人口的出生率，为医学发展做贡献。

【实验对象】 大白鼠（或其他动物）。

【实验药品和器材】 果实提取物，缺铁饲料，血清铁蛋白（SF），总铁结合力等试剂盒以及瑞氏染料等。红细胞分析仪，离心机，恒温箱等。

【实验操作和观察】 将探索性设计题目“热带植物（果实）提取物对缺铁性贫血的影响”提前 2 周通知学生，让其以实验小组为单位分别查阅文献、立题、自主设计实验方案、交给指导教师评阅并修改、预实验、完善实验设计、进行实验研究、整理资料、撰写论文。

1. 自主配制相关的实验试剂（包括缺铁饲料配方）和购买试剂盒。
2. 海南热带果实提取物的制备。
3. IDA 动物模型的建立。
4. 动物分组及给药方法等实验设计。
5. 对 IDA 大白鼠（或其他动物）的体重及一般状况观察。
6. 常用诊断 IDA 的实验室指标的检测。
7. 整理实验资料、分析统计实验结果并得出结论。
8. 撰写实验研究论文。

【注意事项】

1. 科学选取热带果实，需有文献支持，即立论依据要充足。
2. 正确选取实验动物，应考虑年龄、性别对实验随机分组的影响。
3. 注重使用实验动物时的“3R”原则，在实验过程中充分体现实验动物福利与伦理学，真正做到善待实验动物。
4. 在实验室现有实验条件下，正确选择 IDA 的观察指标。

【思考题】

1. 为什么人体会缺铁？缺铁一定会引起贫血吗？长期 IDA 会引起什么后果？
2. 孕妇 IDA 会传染给胎儿吗？为什么？
3. IDA 会引起哪些症状？常用诊断缺铁的实验室指标有哪些？
4. 在本研究过程中，如何提高实验动物的福利？

（王丹妹）

实验五 失血性休克的抢救拓展性实验

休克是指在严重失血失液、创伤、感染等强烈致病因素的作用下，机体的有效循环血量急剧，组织血液灌流量严重不足，引起细胞缺血、缺氧，各重要生命器官的功能、代谢障碍或结构损害的全身性危重病理过程。休克是临床常见的急、危、重症。根据病因可将休克分为失血性休克、烧伤性休克、创伤性休克、脓毒性休克、过敏性休克、心源性休克等。各种休克的发生发展机制不尽相同，但共同的病理生理学机制是有效循环血量急剧减少及组织灌流严重不足。快速大量失血超过了机体的代偿能力，导致心排出量和平均动脉压下降而发生失血性休克。失血性休克的治疗原则包括：止血、扩容、纠酸、凝血病的处理、血管活性药与正性肌力药的应用、保温及抗炎治疗等。

【实验目标】

1. 技能目标

（1）掌握家兔失血性休克模型的复制。
（2）熟悉家兔动脉血压、尿量等的测量方法。
（3）熟悉家兔静脉输液的方法。
（4）了解休克的常用检测指标。

2. 知识目标

（1）以家兔失血性休克为模型（见第十六章实验三），通过查阅和学习相关文献、教材和指南，自主和创造性设计抗休克实验，完成从实验设计到亲自动手操作全过程，观察失血性休克和抗休克时动物的血流动力学变化和机体功能、代谢及结构变化，分析休克的发生机制和治疗措施的机制。
（2）加深理解失血性休克的发病机制及了解其治疗的研究进展。

3. 素质目标

（1）培养对所学知识的综合运用能力。

（2）培养提出问题、分析问题和解决问题的能力。

（3）熟悉实验研究的基本过程和要求，提高科研素养和创新能力。

【实验对象】 家兔。

【实验药品和器材】 生理盐水，3% 戊巴比妥钠（10% 苯巴比妥钠），0.3% 肝素生理盐水，1% 普鲁卡因溶液，以及设计所需的药品、试剂等。BL-420F/N 生物机能实验系统，BI-2000 显微系统，压力换能器，呼吸换能器，中心静脉压检测装置，恒温灌流盒，输液装置，动脉插管，导尿管，气管插管，婴儿秤，三通阀，注射器，温度计，输液瓶等。

【实验操作和观察】

1. 将实验设计题目“失血性休克的抢救拓展性实验”提前 2 周通知学生，让其以实验小组为单位分别查阅文献、立题、自主设计实验方案。学生进行实验设计时应注意以下几点问题：

（1）应考虑家兔的体重、性别等对实验操作和结果的影响。

（2）应考虑实验观测指标的合理性和可操作性。

（3）实验设计需同时兼顾创新性和可行性（包括实验室的现有条件和实验时长）。

2. 课中由每个实验小组逐一将各自设计的实验方案进行汇报（PPT 形式，汇报时间 3 ～ 4min），此后授课教师对每组设计方案逐一点评其优缺点。

3. 授课教师根据学生所提交的设计方案，选择其中较好的设计方案进行修改、预实验、完善并作为本次实验的最终方案，在课中实施。

4. 实验过程中，学生须认真记录实验结果，撰写研究报告。

【注意事项】

1. 要注意实验设计的科学性、目的性、创新性以及考虑自身现有实验条件下的可操作性。

2. 必须是急性实验，实验操作时间控制在 1 天内。

3. 注重使用实验动物时的“3R”原则，在实验过程中充分体现实验动物福利与伦理学，真正做到善待实验动物。

【思考题】

1. 对实验中出现的各种检测指标变化及现象进行分析，讨论其变化的发生机制。

2. 如果实验结果不够理想，分析失败的原因和提出改进的措施。

（郑奕迎）

实验六　运动和咖啡因对人体功能的影响

在运动过程中，人体将发生一系列的规律性功能变化，通过体液、神经等调节，对人体各器官与系统的形态、结构和功能水平都会产生影响，如循环系统、消化系统、心血管系统、骨骼、肌肉和关节等将发生一系列的适应性变化。

咖啡作为现代社会人们常饮用的一种饮料，所含的营养物质相对较多，如咖啡因、多酚类化合物、类黑色素、葫芦巴碱等物质。咖啡因是中枢神经系统兴奋性物质，小剂量使用可以兴奋大脑皮质，提高认知能力，减轻疲劳。根据研究，咖啡对人体具有提高精力、思维、警觉性、记忆力、集中力的作用，同时其还有抗氧化、促进新陈代谢、燃烧脂肪的效果，适量饮用咖啡因对中枢神经系统、心脏和呼吸系统有兴奋作用、促消化、利尿等作用。

海南福山地区，富含硒红土地，其产的福山咖啡，具有热带特色食品，长期以来享誉海内外。当地农民以传统手工炒制咖啡，香味浓郁，色泽纯正，为咖啡之上品。以在静息状态下，剧烈运动或摄入咖啡对人体功能的影响，自行设计人体实验平台，在一定的实验条件和范围内，自行设计不同类型状态下，运动和咖啡因对人体功能的影响，探讨应激时交感神经与副交感神经的调节作用以及对心脏、血管系统、呼吸系统、消化系统、感觉器官、肌肉、关节等及其他功能的影响。

【实验目标】

1. 技能目标

（1）掌握人体机能各项指标的测量方法。

（2）掌握实验结果的正确观察、记录和表述方法。

（3）养成仔细观察、客观记录实验结果的严谨的科学态度。

2. 知识目标

（1）加深理解实验设计的基本原则及方法。

（2）掌握实验数据的处理、统计、分析及结论。

（3）理解应激时人体血液循环系统、心血管系统、神经系统、泌尿系统、呼吸系统、消化系统、感觉器官等功能的影响。

3. 素质目标

（1）引导实践实验设计的全部过程，为日后的科研工作增加感性认识并奠定良好的基础。

（2）培养独立完成实验设计全部内容的能力，增强实用型人才的创新意识。

（3）培育创新的科学思维。

（4）激发学生热爱科学研究。养成良好的饮食习惯及强身健体，关爱生命，注重提升生命质量，更注重实现生命价值。

【实验对象】 身体健康（或无咖啡过敏既往史）的学生志愿者，年龄20～25岁，每组10～15人。

【实验药品和器材】 跑步机，跳绳，自行车，电子血压计，瞳孔测量尺，海绵垫，握力器，计算能力测试题，咖啡机，一次性纸杯，福山咖啡豆粉，采血管，量筒，肺功能仪，生化分析仪等（本实验室具备血糖、血压、心率、肺活量、肌电图、瞳孔直径、计算能力测定，坐位体前屈、俯卧撑、仰卧起坐、肌肉耐力等运动条件）。

【实验操作和观察】 按照实验要求以及提供的实验器材与药品等条件，自主设计不同类型状态下人体应激功能的影响变化（含原理和观察指标确定）。

以实验小组为单位，根据以往学的知识和预习相关章节的内容或查阅有关文献资料，开展集体酝酿、讨论确立运动和咖啡因对人体功能影响的实验方案（包括观察指标和测量条件、措施等）。但是，一定要注意人体实验立题的伦理学、科学性、现实性和可操作性以及实验思路的新颖和独特性。

每实验小组在运动和咖啡因对人体功能影响的基础上，依据实验目的编制出人体实验的设计方案。实验设计方案的内容应详细和具可操作性，具体的内容和格式要求如下：①题目；②立题依据（实验的目的、原理）；③男女比例与数量；④实验器材（型号、规格和数量）与药品（规格、剂型和使用量），包括特殊仪器与药品（器材号、规格和数量与药品规格、剂型和使用剂量）；⑤实验内容（方法和操作步骤）以及观察指标；⑥实验观察结果记录表格制作；⑦预期结果；⑧注明参阅的文献资料。

1. 咖啡的配制　将15g海南福山咖啡粉溶于100ml的热矿泉水中，待温度降至25～30℃时备用。

2. 实验分组　每个实验小班健康志愿者的学生用抽签法随机分成A、B两个实验组及C对照组，共三个组，A组（运动组：跳绳、跑步或骑自行车组）；B组（咖啡组）；C组（矿泉水组）。进行随机分组时应考虑性别对实验结果的影响，尽量做到各组男女均衡，另指定3～4位同学作为实验结果的记录员（一般为有特殊情况或不愿意喝咖啡者）。

3. 熟悉实验过程　熟悉观察指标的测量形式与方法。

4. 运动、咖啡对机体功能影响实验

（1）A组（运动组）：每位同学静坐5min后，测定跑步前设计好的各项观察指标，记录在个人结果记录表格中；在电动跑步机上跑中速挡（选5～7挡）（或跳绳1min，计数跳绳，1min跳绳多少圈），跑步运动3min结束时，即刻测量各观察指标并将结果记录在表格中；跑步运动结束，休息 10min 后，测量血压、心率，记录在个人结果记录表格中，将每位同学的结果填写在全班实验结果汇总表中。

（2）B（实验组）：喝咖啡前，先安静休息 5min，接着测量并记录设计好的各项观察指标；每人喝一杯咖啡（约 100ml）后静坐，分别于 5、15min 测量并记录血压、心率、瞳孔直径，随后测定和记录计算能力（方法同上）。

（3）C（对照组）：对照组喝矿泉水，不喝咖啡，不运动，各观察指标的测定及记录方法同实验组。

5. 讨论分析

（1）全班同学的结果数据进行统计分析。

（2）对实验目的、原理进行阐释，实验结果进行总结与归纳。

（3）对实验中出现的各种观察指标变化进行分析，探讨其变化的发生机制。

（4）若实验结果并不理想，请分析其原因并提出改进措施。

（5）以小组为单位撰写一篇论文。

6. 时间节点

（1）完整、详细的实验设计方案必须在实验课的前一周完成，设计方案不合格者将取消实验资格。

（2）实验操作原则上必须控制在规定时间内完成。

（3）一周后以小组为单位用多媒体汇报实验结果并进行讨论分析。

【注意事项】

1. 遵循随机分组原则，将健康志愿学生平均分为 3 组，男女比例尽量均衡。

2. 人体运动实验中应注意学习跑步机（或跳绳、自行车）的使用要领，并安排 1 位同学站在边上，注意观察运动同学，避免跌倒，确保安全。

3. 发出动作指令后计算时间，到达规定时间，立即停止运动或计算。

4. 计算测定时，一定尽全力进行计算。

5. 受试者为自愿原则。凡对确诊有心血管疾病的人员、咖啡过敏或不愿参加者，可以不作为受试对象。

6. 参加测试同学请注意在实验前 3 天，避免喝一切含咖啡因的饮料（咖啡、可乐、雪碧、茶等），否则将影响结果。

7. 运动 3min 结束时，应马上测量血压、心率，以避免影响真实结果的记录。

【思考题】 运动、咖啡因对人体功能（心血管系统、神经系统等）有何效应？其作用机制是什么？

（王丹妹）

第五篇　医学机能学虚拟仿真实验

第十八章　虚 拟 实 验

实验一　尿的生成过程及其影响因素

泌尿功能是肾脏的主要功能之一，尿生成的过程包括肾小球的滤过、肾小管和集合管的重吸收和分泌 3 个过程，凡是影响上述过程的任何因素，均可影响尿的生成并可引起尿量及尿的性质、成分的改变。本实验通过一系列神经、体液因素的调节，来观察血压及尿量的变化，加深对肾脏生理及其泌尿机制的理解。

【实验目标】

1. 技能目标

（1）掌握家兔耳缘静脉注射方法及家兔麻醉效果的指标。

（2）掌握家兔颈总动脉插管、气管插管、输尿管插管的规范操作。

（3）掌握实验结果的正确记录和表述方法。

2. 知识目标

（1）掌握尿生成的过程。

（2）熟悉尿生成的影响因素及作用机制。

（3）熟悉 VBL-100 医学机能虚拟实验系统的操作方法。

3. 素质目标

（1）引导学生能对相关研究内容进行实验设计，书写设计方案，初步培养学生的科研思维能力。

（2）培养学生养成无论何时何地都能自觉遵守规则的良好习惯，提升学生的公民素质。

【实验对象】 家兔，雌雄不拘，2.0 ～ 3.0kg。

【实验药品和器材】 10% 苯巴比妥钠，生理盐水，20% 葡萄糖溶液，1 ∶ 10 000 去甲肾上腺素，呋塞米，垂体后叶素。VBL-100 医学机能虚拟实验系统，家兔手术器械一套，兔手术台，膀胱插管，压力换能器。

【实验操作和观察】

1. 启动 VBL-100 医学机能虚拟实验系统　进入 VBL-100 医学机能虚拟实验室，在电脑的左侧选择点击“生理学实验”，选择点击“泌尿系统”，再点击实验模块“尿生成的影响因素”。

2. 在实验模块中选择“模拟实验”按钮中的“模拟”按钮，进入模拟实验操作窗口（图 18-1）。

3. 在实验操作模拟窗口右侧的工具栏中，用鼠标左键选择并拖动相应的实验动物、材料等进入主窗口中，模拟真实的实验手术操作的相关内容。如模拟过程中，对实验操作步骤不清楚，则可点击主窗口左下角的“！”按键，显示下一步的实验操作提示。

4. 实验操作模拟结束后，则点击“波形”按钮，进入实验观察指标的模拟窗口，按照本次实验观察指标依次进行模拟实验（图 18-2）。

（1）记录正常血压、尿量。

（2）按 10ml/kg 静脉快速输入生理盐水，观察血压和尿量变化。

（3）静脉注射抗利尿激素 2U，观察血压和尿量变化。

（4）静脉注射 20% 葡萄糖溶液（4ml/kg），5min 内注完，观察血压和尿量变化。在尿量明显增多时，取尿做尿糖定性实验。

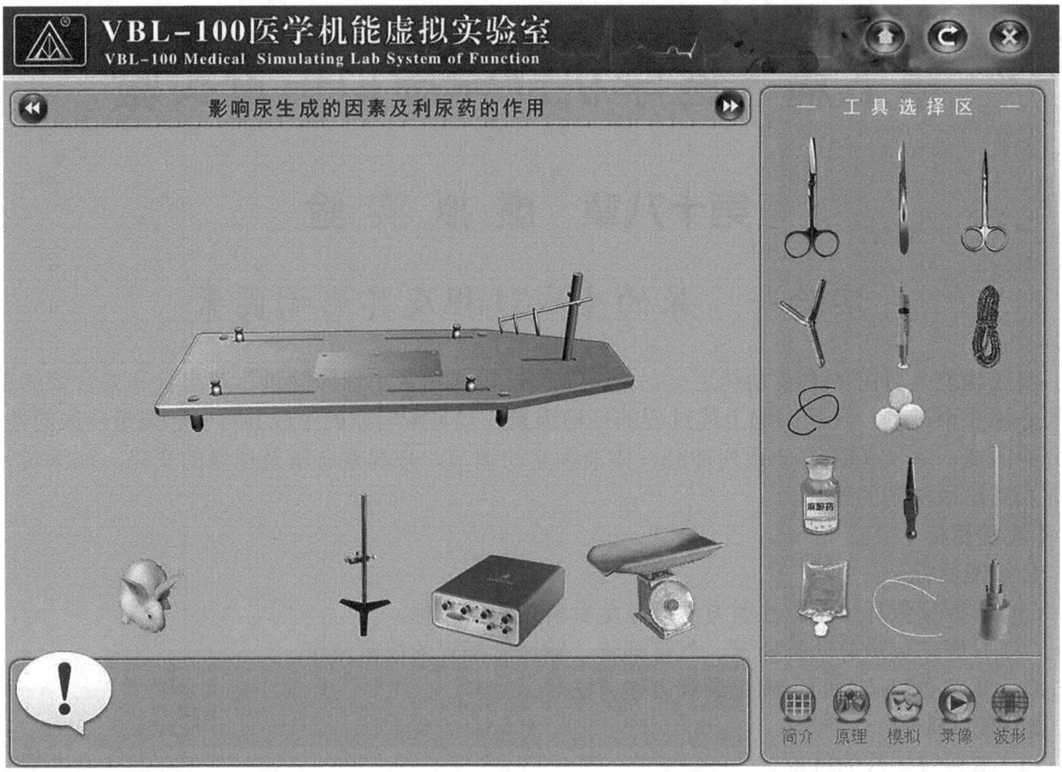

图 18-1 VBL-100 医学机能虚拟实验系统实验操作模拟窗口

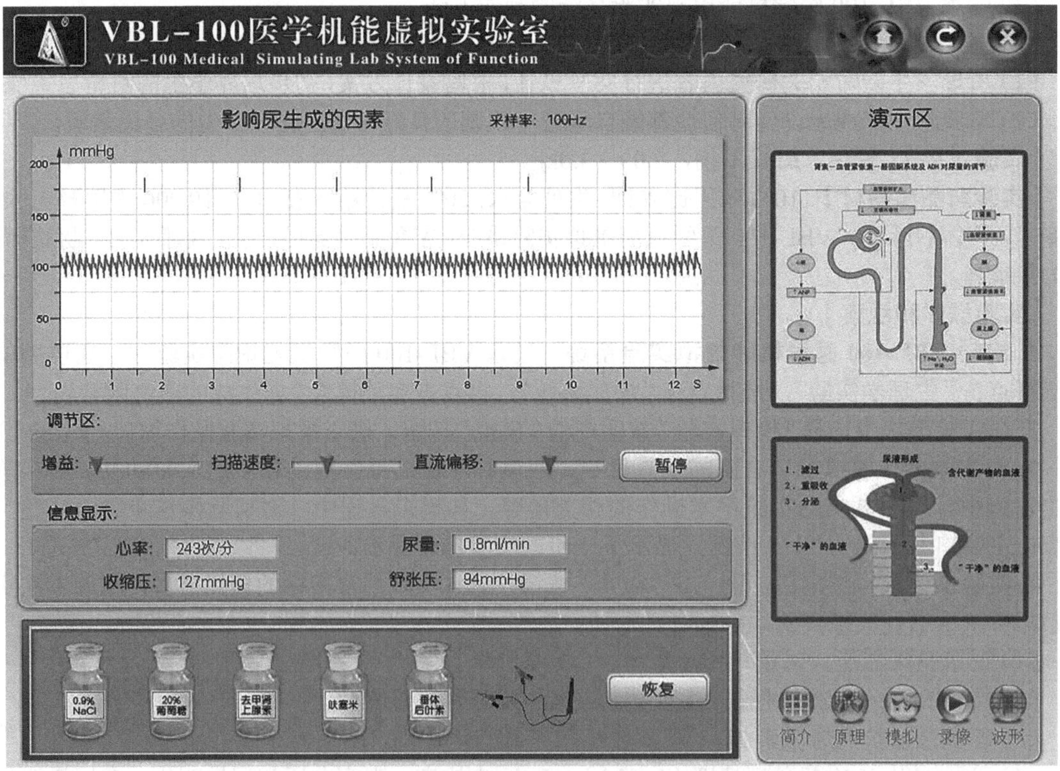

图 18-2 VBL-100 医学机能虚拟实验系统实验观察指标模拟窗口

（5）静脉注射 1 ∶ 10 000 去甲肾上腺素 0.2 ～ 0.3ml，观察血压和尿量变化。

（6）静脉注射呋塞米 5mg/kg，观察血压和尿量变化。

（7）切断右侧迷走神经，用阈上刺激连续刺激其外周段，使血压降至 50mmHg 左右，观察血压和尿量变化。

【注意事项】

1. 进行虚拟实验操作过程中，应严谨、细致，切勿因其为虚拟实验而随意地进行不规范操作，努力将自身置于真实实验环境中。

2. 注意每进行一项实验，均应等待血压和尿量基本恢复到对照值后再进行下一项实验。

【思考题】

1. 本实验中各因素如何影响尿的生成？其机制如何？

2. 除了本实验介绍的尿量记录方法，还有什么方法可以记录尿量？

3. 虚拟实验和实体动物实验相比，其优缺点如何？

（何 佟）

实验二 镇痛药实验

疼痛是机体受到伤害性刺激后产生的情绪反应、行为反应及生理功能障碍，是某些疾病的一种症状，是机体的一种保护性反应。本实验通过热板法和化学刺激法，观察哌替啶和阿司匹林 2 种药物的镇痛作用，分析 2 种药物的作用机制。

热板法的原理是通过一定的温度刺激动物的某一部位以产生一定的疼痛反应。即筛选雌性小白鼠并放置在 55℃的热板仪中，以舔后足出现的时间为疼痛指标，以产生痛反应所需的时间为痛阈值。

化学刺激法的原理是小白鼠腹腔注射一定浓度和剂量的化学物质（强酸、强碱、缓激肽、钾离子），腹膜会受到刺激导致短时间内小白鼠发生扭体反应，表现如下：臀部抬高、腹部收缩内陷、躯干与后肢伸张等。镇痛药可以抑制这些反应。

【实验目标】

1. 技能目标

（1）掌握 2 种疼痛模型的复制方法。

（2）熟悉机能学虚拟实验系统的操作方法。

（3）掌握实验结果的正确记录和表述方法。

2. 知识目标

（1）掌握哌替啶、阿司匹林的药理作用。

（2）掌握 2 种药物在临床上的应用及不良反应有何不同。

3. 素质目标

（1）培养学生遵守实验室安全与生物安全等规则要求。

（2）培养学生认真完成实验操作，仔细观察实验变化并如实全面记录实验结果。

（3）培养学生关爱实验动物，遵守“3R”原则。

【实验操作和观察】

1. 双击桌面上的“VBL-100 医学机能虚拟实验室”按钮，进入该系统的主界面。

2. 点击右下角的“开始”按钮后进入虚拟实验大厅。

3. 点击“模拟实验室”，在电梯的左侧依次选择“药理学实验室”→“镇痛类药物”→“镇痛药的镇痛作用——扭体法”，进入实验项目。

4. 在出现的页面右下角处，点击选择“模拟实验”按钮中的“模拟”按钮，进入模拟操作实验部分。图 18-3 为模拟操作窗口。

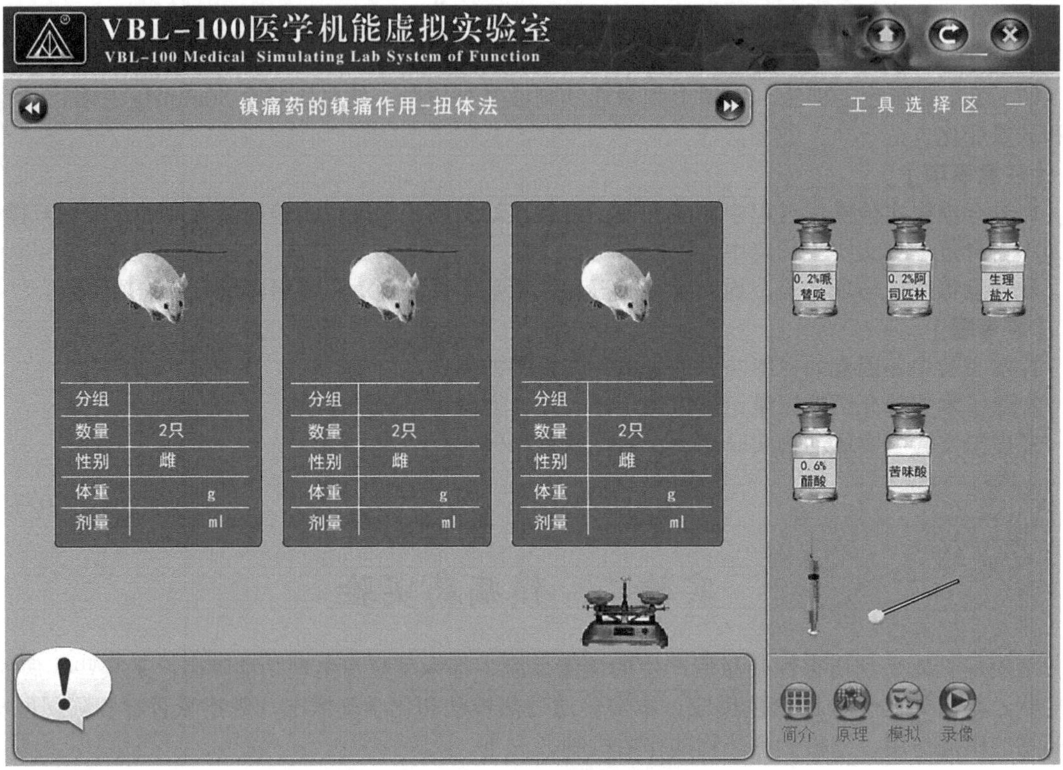

图 18-3 VBL-100 医学机能虚拟实验室模拟操作窗口

5. 在模拟操作窗口中，用鼠标左键选择并拖动相应的实验动物、材料、仪器进行模拟真实的实验操作步骤，完成实验手术操作的内容。点击左下角的“！”按钮可显示实验操作提示。

6. 查看实验结果并记录实验结果一。

7. 点击屏幕右上方“返回上页”按钮，在电梯门右侧依次选择“药理学实验室”→“镇痛类药物”→“镇痛药的镇痛作用——热板法”，进入下一个实验项目。

8. 点击选择“模拟实验”按钮中的“模拟”按钮，进入模拟操作实验部分。

9. 查看实验结果并记录实验结果二。

10. 观察项目

（1）镇痛药的镇痛作用——扭体法：本实验动物分 3 组进行实验。根据记录结果一中哌替啶、阿司匹林、生理盐水 3 组动物的小白鼠数量及扭体次数，按下列公式计算各药物的镇痛百分率。

$$\text{药物镇痛百分率} = \frac{\text{对照组扭体次数} - \text{实验组扭体次数}}{\text{对照组扭体次数}} \times 100\%$$

（2）镇痛药的镇痛作用——热板法：根据记录结果二中哌替啶、阿司匹林、生理盐水 3 组动物的小白鼠数量及平均痛阈值，按下列公式计算各药物的镇痛百分率。

$$\text{药物镇痛百分率} = \frac{\text{给药后平均痛阈值} - \text{给药前平均痛阈值}}{\text{给药前平均痛阈值}} \times 100\%$$

11. 结束 如果完成本次实验项目，点击界面右上角的“返回首页”按钮，即可回到系统大厅界面。如果点击“退出系统”按钮，即退出软件。

【思考题】

1. 除了本实验介绍的 2 种疼痛模型的复制方法，你还能设计其他的疼痛复制方法进行镇痛药的实验吗？

2. 不同方法建立的动物疼痛模型，其观察指标不同，为了更进一步观察药物的镇痛效果，还可以设计增加哪些观测指标？

3. 临床上给患者使用镇痛药时应注意哪些问题？

（吉丽敏）

实验三 传出神经系统药物对血压的影响

血压是血管内的血液作用于单位面积血管壁的侧压力，形成动脉血压的主要影响因素有心室射血、血管外周阻力及循环血量充盈，主要受交感神经和肾素 - 血管紧张素 - 醛固酮的调节。传出神经系统药物能通过影响肾素的分泌从而调节血压。本实验通过学习哺乳类动物动脉血压的直接测量方法，观察传出神经系统药物（拟肾上腺素、抗肾上腺素药及抗胆碱药物）对血压和心率的影响，分析传出神经系统药物的作用机制和药物之间的拮抗作用。

【实验目标】

1. 技能目标

（1）了解动脉血压的直接测量方法。

（2）掌握血压曲线的观察方法。

（3）通过虚拟实验，加深对传出系统药物对血压和心率影响的理解。

（4）熟悉机能学虚拟实验系统的操作方法。

（5）掌握实验结果的正确记录和表述方法。

2. 知识目标

（1）掌握拟肾上腺素、抗肾上腺素药及抗胆碱药物影响心血管活动变化的原因和机制。

（2）掌握心脏和血管中不同受体激动剂与拮抗剂的相互作用。

3. 素质目标

（1）培养学生在利用现代信息技术融入医学实验教学中，发现和提出问题，并善于创造性地分析和解决问题的能力。

（2）培养学生认真完成实验操作，仔细观察实验变化，如实、全面地记录实验结果并进行分析。

【实验操作和观察】

1. 双击桌面上的“VBL-100 医学机能虚拟实验室”按钮，进入该系统的主界面。

2. 点击右下角的“开始”按钮后进入虚拟实验大厅。

3. 点击“模拟实验室”，在电梯的左侧依次选择“药理学实验室”→“传出神经系统药物”→“传出系统药物对血压和心率的影响”，进入实验项目。

4. 在出现的页面右下角处，点击选择“模拟实验”按钮中的“模拟”按钮，进入模拟操作实验部分。图 18-4 为模拟操作窗口。

5. 在模拟操作窗口中，用鼠标左键选择并拖动相应的实验动物、材料、仪器进行模拟真实的实验操作步骤，完成实验手术操作的内容。点击左下角的“！”按钮可显示实验操作提示。

6. 点击“波形”按钮，进入模拟实验观察项目及实验结果展示部分，见图 18-5。

7. 观察项目

（1）观察图形显示区家兔正常血压波形，记录信息显示区家兔心率、平均压、收缩压及舒张压等值。

（2）夹闭一侧颈总动脉。操作：点击并拖动药品区的动脉夹至演示区的颈总动脉处。观察图形显示区动脉血压和心率的变化，并记录下信息显示区各值。

（3）刺激迷走神经。操作：点击刺激电极并拖动至迷走神经处，将右侧迷走神经剪断，选择并拖动药品区的保护电极至演示区的迷走神经处启动刺激，观察图形显示区动脉血压和心率的变化，并记录下信息显示区各值。

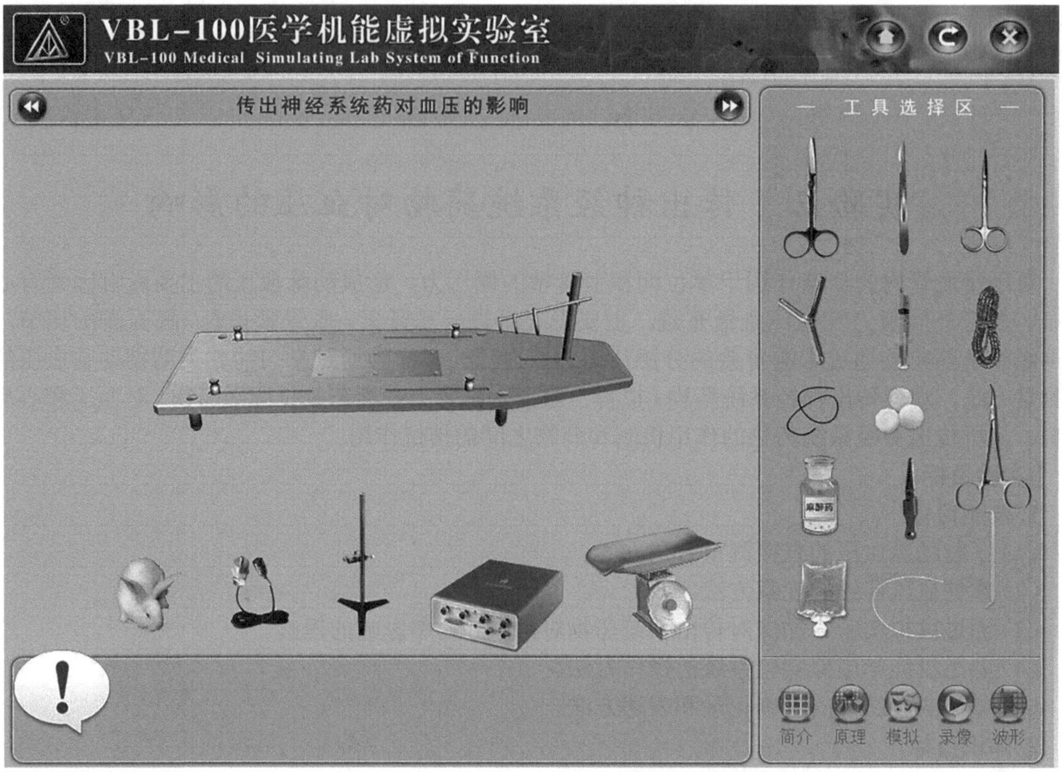

图 18-4　VBL-100 医学机能虚拟实验室模拟操作窗口

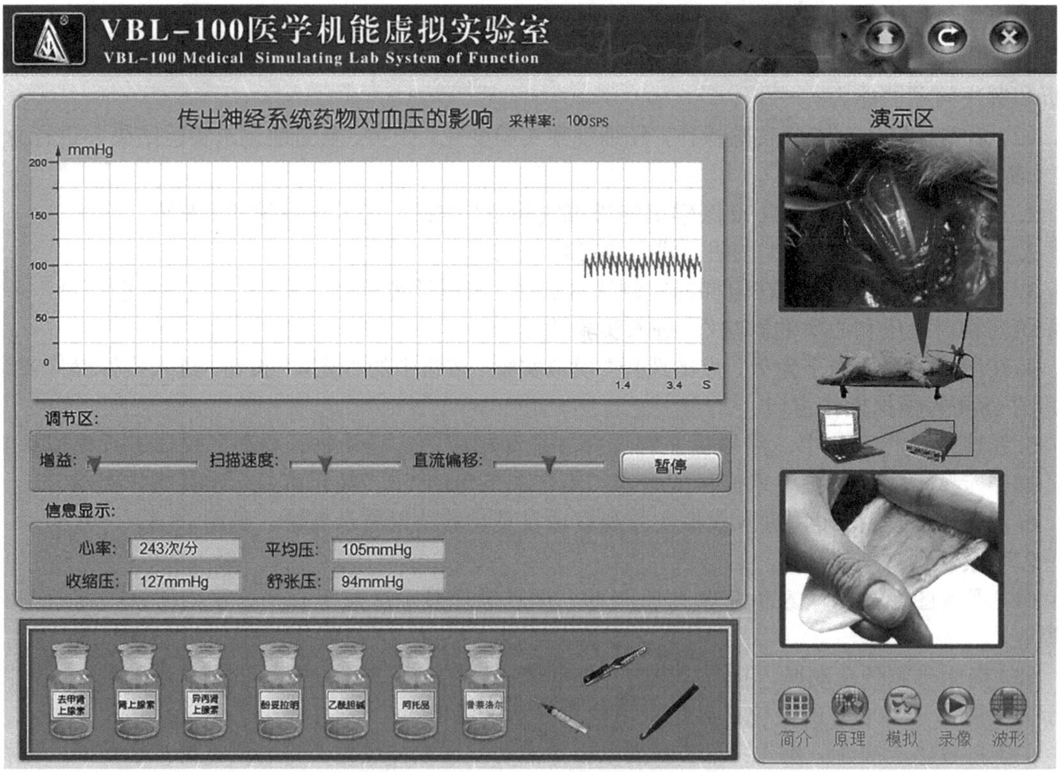

图 18-5　VBL-100 医学机能虚拟实验室模拟实验观察项目及实验结果展示图

（4）静脉注射去甲肾上腺素。操作：鼠标左键点击并拖动药品区的注射器至标有去甲肾上腺素的小口玻璃瓶处，吸取药液后，移动至演示区的家兔耳缘静脉处，给家兔静脉注射去甲肾上腺素。观察图形显示区动脉血压和心率的变化，并记录下信息显示区各值。

（5）静脉注射肾上腺素。操作：如前一步操作，选取注射器吸取肾上腺素溶液后，经家兔耳缘静脉注入体内。观察图形显示区动脉血压和心率的变化，并记录下信息显示区各值。

（6）静脉注射异丙肾上腺素。操作：如前操作，选取注射器吸取异丙肾上腺素溶液后，给家兔耳缘静脉注入体内。观察图形显示区动脉血压和心率的变化，并记录下信息显示区各值。

（7）静脉注射酚妥拉明。操作：如前操作，选取注射器吸取酚妥拉明溶液后，经家兔耳缘静脉注入体内。观察图形显示区动脉血压和心率的变化，并记录下信息显示区各值。

（8）1min 后重复 4、5、6 操作，分别观察图形显示区动脉血压和心率的变化，并记录下信息显示区各值。

（9）静脉注射乙酰胆碱。操作：选取注射器吸取酚妥拉明溶液后，经家兔耳缘静脉注入体内。观察图形显示区动脉血压和心率的变化，并记录下信息显示区各值。

（10）静脉注射阿托品。操作：选取注射器吸取阿托品溶液后，经家兔耳缘静脉注入体内。观察图形显示区动脉血压和心率的变化，并记录下信息显示区各值。待血压稳定后，重复（9）操作，观察图形显示区动脉血压和心率的变化，并记录下信息显示区各值。

8. 结束 如果完成本次实验项目，点击界面右上角的“返回首页”按钮，即可回到系统大厅界面。如果点击“退出系统”按钮，即退出软件。

【思考题】

1. 分析心血管活动中神经体液调节的作用。

2. 拟肾上腺素药、抗肾上腺素药、抗胆碱药分别作用于哪些受体影响血压变化？

3. 除了本实验介绍的影响血压和心率的不同方法，请思考别的能影响血压变化的因素。

（吉丽敏）

第十九章 仿真实验

实验一 过敏性哮喘实验

呼吸系统（respiratory system）是由呼吸道（鼻、咽、喉、气管、支气管）和肺等器官构成的系统。此外，借助胸膜、膈和胸廓等结构辅助，完成正常的呼吸运动过程。

呼吸是指机体和外界环境之间由呼吸系统完成气体交换的过程，包括外呼吸（肺通气、肺换气）、气体在血液中的运输和内呼吸（组织换气、细胞内氧化代谢）等3个环节，尤以外呼吸中肺通气过程为重要阶段。肺通气的原理即呼吸动力与阻力的相互作用。肺通气的阻力包括弹性阻力和非弹性阻力，非弹性阻力以气道阻力为主，受气流速度、气流形势和气道口径等因素影响。气管平滑肌的收缩、舒张可以引起气道口径的大小变化，气管平滑肌可受自主神经系统和化学因素等方面的调控。

哮喘（asthma）指支气管哮喘，是一类以气道发生慢性炎症改变为主要特征的疾病。常表现有反复发作的气喘、胸闷及咳嗽等临床症状，哮喘的发病机制尚未完全阐明，主要推断由气道免疫-炎症机制及神经调节机制等方面的相互作用引起。变应原（如青霉素、花粉颗粒，蛋白质、尘螨）是诱发支气管哮喘的主要因素。

【实验目标】

1. 技能目标 缜密观察模拟人的症状、体征的变化，积极思维推断及衔接临床的应对措施，培养医学生的基础知识理解及判断水平提升到临床应用。

2. 知识目标

（1）明确呼吸系统解剖学结构的组成。

（2）描述呼吸系统生理功能的正常调控过程。

（3）讲述变应原引发Ⅰ型超敏反应的免疫应答机制。

（4）初步学习过敏性哮喘患者应对的治疗措施。

3. 素质目标 利用模拟人设定的情景教学，以学习基础知识的理解应用为出发点培养医学生正确处理医患关系的方式，树立正确的医德素质观念。

【实验对象】 高端智能模拟人HAL。

【情景描述】 患者，女性，35岁。近3个月工作期间，反复有胸闷、呼吸困难等感觉，自认为是工作疲劳引起，休息半小时后能缓解。近日在家打扫卫生、清洁家务后，突感胸憋闷，呼吸不畅，呼叫“120”急救入院诊治。

【实验操作和观察】 调色板块的时间情景设定（以分钟设定过程变化，可手动或自动播放）；

01：00 患者，女性，35岁，胸闷，气促，自身感觉很不舒服，呼叫“120”救护车入院诊治。（提问：可能存在哪个系统发生疾病？——录音提示）

05：00 学生询问患者：“女士，您有哪里不舒服？”

患者自诉感觉胸闷、喘不过来气（患者语音——录音提示）。

08：00 （录音提示：需要哪些系统生命特征的常规检查？）

学生观察系统体征变化。

入院查体：血压（BP）120/82mmHg，脉搏（P）108次/分，呼吸（R）25次/分，体温（P）37.2℃（模拟人自带软件系统提示）。

15：00 面色苍白，口唇发紫，咳喘剧烈，已经喘不过来气了（模拟人自带软件系统提示，或者录音提示患者体征变化）。

呼吸（R）32次/分，脉搏（P）115次/分（模拟人自带软件系统提示）。

（录音提示：患者体征的变化，还需检查什么体征指标？）

血气分析：PaO_2 60mmHg，$PaCO_2$ 50mmHg。

胸部 X 线检查（胸片）：显示两肺纹理有改变（增粗）。

心电图（ECG）：未见异常。

15：01 ～ 25：00　10min 时长，让学生推理判断可能存在哪个系统器官发生疾病？采用怎样的正确的治疗方法（缓解患者急症的方法）？

（以上第 8min 和第 15min 的内容，可以反复循环提示）

26：00　（录音提示：如何缓解患者气促病症，并能改善口唇发紫症状？）

板块设定药物及剂量选择：（除正确药物，可设置无关药物）。

正确药物：

1. 激素药物（糖皮质激素） 抗过敏、对抗支气管哮喘激发因子的作用。

2. 扩张支气管药物 沙丁胺醇雾化吸入（β_2 受体激动剂），异丙托溴铵雾化吸入（抗胆碱药物）。

35：00　观察患者各系统的体征变化。

BP 110/82 mmHg，P 80 次/分，R 20 次/质分，P 37℃。血气分析示 PaO_2 95 mmHg，$PaCO_2$ 40 mmHg。

（模拟人自带软件系统提示，患者有转归变化）

（无）面色苍白，（无）口唇发紫，（无）咳喘。

（录音提示：患者体征变化有转归）

40：00　课程结束。

【注意事项】

1. 学习者需有耐心注意观察模拟人各系统的体征变化，及时做出有效的推理判断。

2. 以小组为学习单位分享学习操作模拟人的感受，并分析探讨模拟人出现系统特征变化的原因。

【思考题】

1. 为给患者营造良好的心理气氛，如何正确地进行言语性和非言语性的医患关系交流？

2. 患者胸闷、气促等发病症状是属于哪个解剖系统的疾病？

3. 此发病的解剖系统正常生理功能是如何完成的？

4. 是否能复述此系统疾病发生的诱因及致病机制或原理？

（翁启芳）

实验二　有机磷农药中毒与解救

有机磷农药属有机磷酸酯类化合物，是难逆性胆碱酯酶抑制剂，常见的有敌百虫、乐果、敌敌畏等。有机磷农药容易挥发，有蒜臭味，在酸性环境中稳定，遇碱易分解，可经呼吸道、消化道和皮肤吸收，迅速随血流分布到全身各器官组织，可在脂肪组织中储存。有机磷农药进入体内可与乙酰胆碱酯酶（acetylcholinesterase，AChE）结合，形成难以水解的磷酰化胆碱酯酶，使 AChE 失去水解乙酰胆碱（acetylcholine，ACh）的能力，ACh 在体内大量聚积，导致一系列毒蕈碱样、烟碱样和中枢神经系统症状，严重者出现昏迷和呼吸衰竭，甚至死亡。阿托品和解磷定是临床常用的有机磷农药急性中毒的解救药。本实验以高端智能模拟人 HAL 创建临床“有机磷农药中毒”患者，学生在教师的引导下，运用所学知识解释患者出现的问题并实施救治。

【实验目标】

1. 技能目标

（1）了解急性有机磷农药中毒的诊疗规范。

（2）掌握急性有机磷农药中毒的抢救措施和解毒药的使用原则。

2. 知识目标

（1）掌握有机磷农药急性中毒的机制和临床表现。

（2）掌握阿托品和解磷定解救急性有机磷中毒的效果与特点。

3. 素质目标

（1）培养学生将药理学理论知识和临床实际应用融会贯通的能力，建立基础联系临床，临床融合基础的医学思维。

（2）培养学生团队协作精神，提高临床分析和解决问题的能力。

（3）培养学生树立珍爱生命，善待自我的观念。

【实验对象】 高端智能模拟人 HAL。

【实验药品和器材】 氯解磷定注射液（2ml：0.5g），硫酸阿托品注射液（1ml：0.5mg）。高端智能模拟人操作系统，工作站电脑。洗胃机及其配套设备，除颤仪，心电图机，血氧饱和仪。病床 1 张，输液架 1 个，输液袋 2 个（生理盐水 1 个，装有模拟血液 1 个），注射器 5 个，留置针 2 个，氧气袋 1 个，给氧面罩 1 个，手电筒 1 个，听诊器，输氧管 1 条，胃管 1 条，生理盐水 5000ml。

【情景描述】 患者，女性，34 岁，因误服带有农药的食品，神志不清 2h 入院急诊，诊断为有机磷农药中毒，已行简单催吐，静脉滴注生理盐水。有陪同就诊的患者家属 1 人。

【实验操作和观察】

1. 设置模拟医学教学情景 连接高端智能模拟人 HAL 及其操作系统，模拟医院急诊室布置有机磷农药急性中毒就医情景。

2. 患者中毒症状观察 患者处于神志不清状态，双侧瞳孔呈针尖样，口周发绀，呼吸浅、快，30 ～ 40 次/分，血压 85/50mmHg，心率 42 次/分，吸氧状态下脉搏氧饱和度为 84%。

软件数据编辑设置：双眼闭合，口周发绀，瞳孔直径 1mm，呼吸 35 次 / 分，血压 85/50mmHg，心率 42 次/分，心电图为窦性心律，双肺呼吸音闻及湿啰音，氧饱和度 84%。

3. 解救处理措施

（1）连接心电图机和血氧仪。

（2）加大流量吸氧。

（3）用生理盐水冲洗胃部，用 1% ～ 3% 碳酸氢钠溶液洗胃（敌百虫中毒除外）。

（4）早期、足量、反复使用阿托品使迅速达到阿托品化。

（5）使用足量解磷定。

4. 患者解救效果观察 抢救结束时血压上升至 110/70mmHg，心率 100 次/分，心电图为窦性心律。双肺呼吸音闻及正常，氧饱和度 96%。

软件数据编辑设置：双眼眨动，双侧瞳孔直径 9mm，呼吸 20 次/分，血压 105/65mmHg，心率 100 次/分，心电图为窦性心律，双肺呼吸音闻及正常呼吸音，氧饱和度 96%。

5. 后续处理措施

（1）清除污物。

（2）吸氧、保暖。

（3）1 ～ 3 天后改维持量阿托品。

（4）纠正水电解质失衡，补充能量。

【注意事项】

1. 操作过程不要在模拟人躯干组件内部泼洒液体，以免损坏部件。

2. 操作结束后要及时对模拟人进行清洁保养。

【思考题】

1. 如果遇见喝敌敌畏中毒的患者，你会如何解救？

2. 阿托品和解磷定为什么能用于有机磷农药的中毒解救？如何正确使用？

（林明琴）

实验三 青霉素过敏性休克

52 岁的丁先生因上呼吸道感染 2 天来医院就诊，诊断为扁桃体炎，无青霉素过敏史，皮试明显显示阴性。给予生理盐水 150ml 加青霉素 480 万 U 静脉滴注，约 20min 后，输入 40ml 药液时，丁先生感觉手背瘙痒，全身麻木、乏力，胸痛、胸闷，发冷汗。继而意识不清，躁动、面色苍白，口唇发绀、呼吸困难。测得血压 58/30mmHg，脉搏 90 次/分，呼吸 30 次/分，血氧饱和度 80%。

立即给予地塞米松 10mg、肾上腺素 1mg、盐酸氯丙嗪 25mg，吸氧。随机血压测不到，呼吸停止，心音弱呈单心音。立即给予心脏按压，进行人工呼吸，静脉滴注 5% 葡萄糖溶液 250ml 加多巴胺 40mg，洛贝林 3mg，尼可刹米注射液 0.375g。5min 后，血压 65/35mmHg，脉搏 30 次/分，呼吸 12 次/分，氧饱和度 90%，又加入多巴胺 40mg，同时另开一路静脉滴注 5% 葡萄糖溶液 250ml 加氢化可的松 100mg。1h 后，血压 110/60mmHg，脉搏 90 次/分，呼吸 26 次/分，血氧饱和度 96%，口唇发绀好转，心音较有力。2h 后，血压 130/80mmHg，心率 75 次/分，氧饱和度 100%，呼吸 20 次/分，口唇颜色恢复正常。停止升压药及氢化可的松静脉滴注，血压平稳。

本实验通过青霉素过敏性休克的病例，观察过敏性休克及抢救治疗过程中呼吸和血压、心率等的变化，并探讨其发生机制。

【实验目标】

1. 技能目标 熟悉临床场景。

2. 知识目标

（1）掌握青霉素过敏性休克的发病原因和机制。

（2）掌握青霉素过敏性休克的急救措施。

3. 素质目标

（1）培养学生临床思维和临床实践能力的职业素养。

（2）培养尊重患者的人文关怀素养。

【实验对象】 无线高端智能模拟人。

【实验操作和观察】

1. 观察模拟人模拟正常的呼吸、血压、心率和血氧饱和度等指标。

2. 青霉素过敏性休克抢救治疗的过程中呼吸、血压、心率和血氧饱和度等的变化。

【思考题】

1. 除了本例患者的临床表现，发生青霉素过敏性休克的临床表现还有哪些？

2. 除了本实验学习的过敏性休克，你还知道哪些类型的休克？尝试设计一个休克模型复制方法。

3. 做青霉素过敏皮试时，有哪些注意事项？

（吉丽敏）

实验四 心力衰竭实验

机体血液循环的动力器官是心脏，主要是通过心肌节律性收缩、舒张的运动过程完成的。但在各种致病因素的作用下，心脏收缩和舒张功能发生障碍，表现出心泵血量和血液充盈量均减少以致不能满足机体代谢需要的病理生理过程，称为心力衰竭（heart failure）。按心肌受损的部位可分为左心衰竭、右心衰竭及全心衰竭。心力衰竭的发病机制与心肌收缩性、心室前后负荷及心室舒张充盈能力等因素相关。左心衰竭时，因左心室舒张末期的压力增加使肺静脉血液回流受阻，临床上表现为肺淤血、肺水肿及呼吸困难等症状和体征。右心衰竭和全心衰竭主要表现为体循环淤血，即出现颈静脉怒张、肝脾大及腹水形成等一系列症状。临床上主要的防治措施：利用血管扩张药物减轻心室前、后负荷以增加心泵血量（心输出量）；强心药物或钙拮抗剂的使用可以改善心肌的收缩和舒张功能；钠水摄入的限制和利尿剂的使用可以缓解水电解质和酸碱平衡紊乱引起的水肿及腹水。

【实验目标】

1. 技能目标 观察模拟人出现心力衰竭的症状和体征变化，积极思考及衔接临床的应对措施，培养医学生对基础知识的理解，将其判断水平提升到临床应用。

2. 知识目标

（1）明确书写出生理条件下的心脏泵血过程。

（2）掌握心力衰竭的定义、分类及发病机制。

（3）通过模拟人情景实验的观察和分析，初步理解心力衰竭的治疗措施。

3. 素质目标 利用模拟人设定的情景教学，培养学生正确处理医患关系的方式，树立正确的医德素质观念。

【实验对象】 高端智能模拟人 HAL。

【情景描述】 患者，男性，65 岁。因心悸、呼吸急促入院。3 年前患者曾在劳动后突感心悸、气短，入院后治疗有好转。近 3 个月来，下肢出现肿胀不适感，未作任何处理。在 2 天前，感冒受凉后，心悸、气短加重且出现下肢明显的水肿。

【实验操作和观察】 调色板块的时间情景设定（以分钟设定过程变化，可手动或自动播放）；

01：00 患者，男性，65 岁，因心悸、呼吸急促并伴有发热收入院诊治。（提问：可能存在哪个系统发生疾病？——录音提示）

05：00 学生询问患者（模拟人 HAL）：“先生，您有哪里不舒服？”

患者自诉感觉心跳快、全身不舒服。（患者语音——录音提示）

08：00 学生观察系统体征变化。

入院查体：血压（BP）110/70mmHg，脉搏（P）130 次/分，呼吸（R）36 次/分，体温（P）39.2℃（模拟人自带软件系统提示）。

15：00 面色苍白，口唇发紫，颈静脉怒张（录音提示患者体征变化）。

15：03 （录音提示：依据患者目前的变化，还需检查什么指标？）

查体：心肺听诊，肝腹触诊，下肢检查。

二尖瓣听诊区：闻及舒张期隆隆样杂音；胸背部听诊：闻及两肺明显的湿啰音。

肝扪及在右肋下 4cm，腹部膨隆，移动性浊音（+），两下肢凹陷性水肿（+）。

胸部 X 线检查（胸片）：显示两肺纹理有增粗。

心电图（ECG）：异位节律，ST 段下移。

实验室检查：血细胞数量、尿蛋白及血钾含量等。

15：00 ～ 25：00 10min 时长，让学生推理判断可能存在哪个系统器官发生疾病？采用怎样的正确的治疗方法（缓解患者急症的方法）？

（以上第 8min 和第 15min 的内容，可以反复循环提示）

26：00 （录音提示：如何缓解患者危急症状？）

吸氧、输液（能量合剂）——改善心肌代谢作用。

板块设定药物及剂量选择：（除正确药物，可设置无关药物）。

选择正确药物：①强心药物（强心苷）——加强心肌收缩性；②利尿剂——调节水电解质平衡，缓解水肿；③抗感染药物。

35：00 观察患者各系统的体征变化。

BP 120/80mmHg，P 90 次/分，R 20 次/分，P 38℃（模拟人自带软件系统提示，患者有转归变化）。

选择无关药物：（录音提示：患者死亡）

40：00　课程结束，课后小组反馈学习。

【注意事项】

1. 学生需仔细观察模拟人出现心力衰竭的各系统的病理变化，教师可以辅助引导学生及时做出有效的推理判断。

2. 以小组为学习单位分享学习操作模拟人的感受，并分析探讨模拟人出现心力衰竭系统特征变化的原因。

【思考题】

1. 利用所学的知识分析患者心力衰竭产生的致病因素有哪些？

2. 心力衰竭发生时的机体功能代谢改变有哪些？

3. 左心力衰竭与右心力衰竭的发生机制有何区别？

4. 中心静脉压升高的变化出现在上述心力衰竭分类的哪一类型？原因是什么？

5. 为什么左心衰竭时会出现肺淤血、肺水肿？

6. 强心苷治疗心力衰竭的药理作用是什么？

（翁启芳　王丹妹）

参考文献

白波 . 2008. 基础医学机能学实验 . 青岛：中国海洋大学出版社 .

陈世民，莫燕娜，赵善民 . 2011. 实验生理科学 . 2 版 . 上海：上海科学技术出版社 .

崔淑芳，陈学进 . 2013. 实验动物学 . 4 版 . 西安：第四军医大学出版社 .

龚永生，陈醒言 . 2012. 医学机能学实验 . 北京：高等教育出版社 .

龚永生，薛明明 . 2015. 医学机能学实验 . 北京：高等教育出版社 .

郭健，杜联 . 2017. 生理学实验 . 2 版 . 北京：人民卫生出版社 .

贺耀德，况炜 . 2014. 人体机能学基础理论与实训 . 北京：人民军医出版社 .

胡还忠，牟阳灵 . 2016. 医学机能学实验教程 . 4 版 . 北京：科学出版社 .

胡建华，姚明，崔淑芳 . 2009. 实验动物学教程 . 上海：上海科学技术出版社 .

蒋有绪 . 2002. 海南岛热带生物多样性及其形成机制 . 北京：科学出版社 .

金宏波，曹永刚 . 2015. 实验机能学教程 . 2 版 . 北京：人民卫生出版社 .

李韬 . 2012. 医学功能学科实验教程 . 2 版 . 北京：人民卫生出版社 .

李卓娅 . 2015. 医学科研课题设计、申报与实施 . 北京：人民卫生出版社 .

梁兴东，韦廷安，黎华连 . 2012. 一种改良的红细胞渗透脆性试验方法 . 国际检验医学杂志，33（10）：1237-1238.

林建荣，喻格书，张国栋 . 2014. 人体机能学实验 . 北京：科学出版社 .

卢艳花 . 2005. 中药有效成分提取分离技术 . 北京：化学工业出版社 .

陆源，孙霞，饶芳 . 2016. 机能学实验教程 . 3 版 . 北京：科学出版社 .

栾希英，金昌洙 . 2017. 基础医学实验教程—基础医学“器官 - 系统”教学实验操作技术 . 北京：北京大学医学出版社 .

马丽杰，龚延萍 . 2016. 医学机能学实验指导 . 北京：北京大学医学出版社 .

彭芳 . 2017. 生理学实验指导 . 西安：西安交通大学出版社 .

秦川 . 2010. 实验动物学 . 北京：人民卫生出版社 .

秦川，魏泓 . 2015. 实验动物学 . 2 版 . 北京：人民卫生出版社 .

石任兵 . 2012. 中药化学 . 北京：人民卫生出版社 .

宋小妹，唐志书 . 2009. 中药化学成分提取分离与制备 . 北京：人民卫生出版社 .

孙敬方 . 2014. 动物实验方法学 . 2 版 . 北京：人民卫生出版社 .

王建枝，钱睿哲 . 2019. 病理生理学 . 9 版 . 北京：人民卫生出版社 .

王建枝，殷莲华 . 2013. 病理生理学 . 8 版 . 北京：人民卫生出版社 .

王廷槐 . 2018. 生理学 . 9 版 . 北京：人民卫生出版社 .

王庭槐，杨惠玲，王雪兰 . 2014. 实验生理科学 . 北京：高等教育出版社 .

王向玲，王春杰 . 2016. 基础医学实验基本技术与指导 . 北京：人民卫生出版社 .

王迎伟 . 2013. 基础医学常规实验准备与操作技术 . 北京：科学出版社 .

项辉，龙天澄，周文良 . 2008. 生理学实验指南 . 北京：科学出版社 .

肖献忠 . 2018. 病理生理学 . 4 版 . 北京：高等教育出版社 .

杨芳炬，王玉芳 . 2016. 机能学实验室 . 3 版 . 北京：高等教育出版社 .

殷国荣，郑金平 . 2015. 医学科研方法与论文写作 . 北京：科学出版社 .

詹起敏，王杉 . 2015. 医学科学研究导论 . 北京：人民卫生出版社 .

郑先科，李国华，黄碧兰 . 2005. 机能实验科学 . 北京：北京大学出版社 .

周岐新 . 2013. 人体机能学实验 . 北京：科学出版社 .

朱大诚 . 2009. 生理学实验教程 . 2 版 . 北京：人民军医出版社 .

朱大年，王庭槐 . 2013. 生理学 . 8 版 . 北京：人民卫生出版社 .

附　　录

附录一　常用生理溶液配制、浓度换算及动物与人之间药物剂量的换算

内环境稳态是细胞、器官进行正常生命活动的前提，在进行机能学实验时，为了尽可能使离体组织或器官标本所处的环境因素与体内环境相近似，必须配制生理溶液。这些生理溶液的电解质成分、酸碱度、渗透压等须接近于生理情况的体液。因此，生理溶液的配制是影响机能学实验成败的重要因素之一。

一、常用生理溶液的配制

每种生理溶液均有各自的适用对象，在进行机能学实验时应根据实验对象选择相应的生理溶液。常用的生理溶液有生理盐水、林格液、拜氏液、台氏液等，其配制方法如附表1所示。

附表1　机能学实验常用生理溶液的成分及配制

成分	林格液	乐氏液	台氏液	克氏液	拜氏液	豚鼠支气管液	大白鼠子宫液
NaCl（g）	6.50	9.20	8.00	6.600	6.50	5.590	9.00
（20%/ml）	32.50	46.00	40.00	33.000	32.50	27.950	45.00
KCl（g）	0.14	0.42	0.20	0.350	0.14	0.460	0.42
（10%/ml）	1.40	4.20	2.00	3.500	1.40	4.600	4.20
$CaCl_2$（g）	0.12	0.12	0.20	0.280	0.12	0.075	0.03
（10%/ml）	2.40	2.40	4.00	5.600	2.40	1.500	0.60
$NaHCO_3$（g）	0.20	0.15	1.00	2.100	0.20	0.520	0.50
（5%/ml）	4.00	3.00	20.00	42.000	4.00	10.400	10.00
$MgCl_2$（g）	—	—	0.10	—	—	0.023	—
（5%/ml）	—	—	2.00	—	—	0.450	—
NaH_2PO_4（g）	0.01	—	0.05	—	0.01	0.100	—
（1%/ml）	1.00	—	5.00	—	1.00	10.000	—
KH_2PO_4（g）	—	—	—	0.162	—	—	—
（10%/ml）	—	—	—	1.620	—	—	—
$MgSO_4·7H_2O$（g）	—	—	—	0.294	—	—	—
（10%/ml）	—	—	—	2.940	—	—	—
葡萄糖（g）	—	1.00	1.00	2.000	21.00	—	0.50
pH	—	7.50	8.00	—	—	—	—
加蒸馏水至（ml）	1000.00	1000.00	1000.00	1000.000	1000.00	1000.000	1000.00
pH		7.50	7.50	7.50	7.50	7.500	7.50
用途	两栖动物	哺乳动物	哺乳动物小肠	哺乳动物	离体蛙心	豚鼠支气管	大白鼠子宫

注：此数值在不同的书籍里并不完全一致，因此这些数值仅供参考。

1. 根据用量按附表1所示计算出各成分的量，用天平称取各成分溶解于蒸馏水（$CaCl_2$ 必用另

外容器单独溶解)，将溶液用蒸馏水稀释至配制量的 80% 左右，再将氯化钙溶液一边搅拌一边缓慢加入，否则将会生成钙盐沉淀。

2. 为了配制方便，亦可事先将各成分分别配成一定浓度的基础溶液，然后按附表 1 所示分量混合，氯化钙溶液在其他成分混合稀释后再一边搅拌一边缓慢加入。

3. 葡萄糖应在临用时加入，因为葡萄糖溶液不能久存。蒸馏水要用新配制的，因为蒸馏水放置过久，其 CO_2 的含量可能会增高。

二、常用生理溶液浓度及剂量的换算

1. 溶液浓度的表示方法 单位容积的溶液中所含溶质的量称为该溶液的浓度。常用以下几种表示法:

(1) 百分浓度:指每 100ml 溶液中所含溶质的克数或毫升数,用符号“% (g/ml)”或“% (ml/ml)”来表示。

(2) 比例浓度：指用 1g 或 1ml 的溶质，加蒸馏水至 *x* ml，用“1 ∶ *x*”比例式来表示。

(3) 摩尔浓度：指 1L 溶液中所含溶质的克分子数，用符号“mol/L”来表示。

2. 溶液浓度的换算方法 溶液的配制，无论用何种方法，都应遵循“配制前后溶质的量不变”的原则。

(1) 用纯药物配制溶液，求所需药量。

计算公式：所需药量 = 所需溶液量 × 所需浓度

如：配 1 ∶ 5 000 的氯化钠溶液 1000ml，需要氯化钠的量，代入公式得：1000×(1/5000)=0.2(g)

(2) 用浓溶液配制稀释溶液时，求所需的浓溶液量。

计算公式：所需浓溶液量 = (稀溶液浓度 / 浓溶液浓度) × 稀溶液量

例：配制 70% 溶液 500ml，需要 95% 的溶液的量，代入公式得：(75%/95%)×500=368(ml)。

三、动物与人之间药物剂量的换算

在机能学实验中，由于种群不同，动物与人对同一药物的耐受性相差较大，动物用药的种类及数量不如人，而且可查资料较少，因此，需要将人的用药量换算成动物的用药量，一般有这几种方法。

1. 按照体重进行换算 依据参考资料，可用以下比例进行换算：按人每千克体重用药量为 1，大白鼠、小白鼠为 25 ～ 50，兔、豚鼠为 15 ～ 20，犬、猫为 5 ～ 10。

2. 按照体表面积进行换算 依据不同种属动物体内的血药浓度、作用与动物体表面积成平行关系，可按照体表面积进行换算，见附表 2。

附表 2 医学机能学实验常用动物与人体表面积比值表

类别	小白鼠 (0.02kg)	大白鼠 (0.02kg)	豚鼠 (0.4kg)	兔 (1.5kg)	猫 (1.5kg)	犬 (12kg)	成人 (60kg)
小白鼠 (0.02kg)	1.000	7.000	12.250	27.80	29.70	124.20	332.40
大白鼠 (0.02kg)	0.140	1.000	1.740	3.90	4.20	17.30	48.00
豚鼠 (0.4kg)	0.080	0.570	1.000	2.25	2.40	10.20	27.00
兔 (1.5kg)	0.040	0.250	0.440	1.00	1.08	4.50	12.20
猫 (1.5kg)	0.030	0.230	0.410	0.92	1.00	4.10	11.10
犬 (12kg)	0.008	0.060	0.100	0.22	0.24	1.00	2.70
成人 (60kg)	0.003	0.021	0.036	0.08	0.09	0.37	1.00

注：此数值在不同的书籍里并不完全一致，因此这些数值仅供参考。

如某药品成人每次口服10g有效，拟换算犬的该药有效药量应为多少？查附表2，人与犬体表面积比值为0.37，那么犬的有效用量为10g×0.37=3.7g。

说明：由于动物与人之间存在个体差异，上述换算方法只能提供大致的参考值，具体的用药量仍需通过实验摸索方能确定。

（何　佟）

附录二　人体检验新旧参考值

人体检验新旧参考值对照见附表3。

附表3　人体检验新旧参考值对照表

项目	性别	新参考值	旧参考值
血红蛋白	男	120～160g/L	11～15g/dl
	女	110～150g/L	11～15g/dl
红细胞	男	（4.0～5.5）×10^9/L	（4.0～5.5）×10^6/mm^3
	女	（3.5～5.5）×10^9/L	（3.5～5.5）×10^6/mm^3
血细胞比容	男	0.40～0.54	40%～54%
	女	0.37～0.47	37%～47%
血容量	男	66～97ml/kg	66～97ml/kg
	女	46～85ml/kg	46～85ml/kg
血浆容量	男	39ml/kg	39ml/kg
	女	40ml/kg	40ml/kg
血细胞容量	男	25～32ml/kg	25～32ml/kg
	女	23～30ml/kg	23～30ml/kg
全血比重	男	1.055～1.066	1.055～1.066
	女	1.050～1.056	1.050～1.056
红细胞沉降率	男	0～15mm/h	0～15mm/h
	女	0～20mm/h	0～20mm/h
血浆比重	—	1.025～1.029	1.025～1.029
红细胞平均体积	—	75～95fl	75～95fl
红细胞平均血红蛋白量	—	27～32pg	27～32pg
红细胞平均血红蛋白浓度	—	320～350g/L	32～35g/dl
白细胞总数	—	（4.0～10.0）×10^9/L	4000～10 000/mm^3
中性杆状核粒细胞	—	0～0.05	0～5%
中性分叶核粒细胞	—	0.07～0.50	50%～70%
嗜酸性粒细胞	—	0.005～0.050	0.5%～5.0%
嗜碱性粒细胞	—	0～0.01	0～1%
淋巴细胞	—	0.2～0.4	20%～40%
单核细胞	—	0.03～0.08	3%～8%
血小板直接计数	—	（100～300）×10^9/L	（100～300）×10^9/L

注：此数值在不同的书籍里并不完全一致，因此这些数值仅供参考。

（何　佟）

附录三　正常人部分生理、生化指标参考值

正常人部分生理、生化指标参考值见附表 4。

附表 4　正常人部分生理、生化指标参考值表

序号	指标	单位	参考值
1	温度	℃	36 ～ 37
2	心率	次 / 分	60 ～ 100
3	血压	mmHg	90 ～ 140/60 ～ 90
4	总血量	ml/kg	65 ～ 90
5	红细胞数	μl	男：（4.0 ～ 5.5）$\times 10^{12}$/L（4.0 ～ 5.5$\times 10^{6}$） 女：（3.5 ～ 5.0）$\times 10^{12}$/L（3.5 ～ 5.5$\times 10^{6}$）
6	白细胞数	μl	（4 ～ 10）$\times 10^{9}$/L（4000 ～ 10000）
7	中性粒细胞	%	0.5 ～ 0.7（50% ～ 70%）
8	嗜酸粒细胞	%	0.005 ～ 0.03（0.5% ～ 3.0%）
9	嗜碱粒细胞	%	0.00 ～ 0.0075（0 ～ 0.75%）
10	淋巴细胞	%	0.2 ～ 0.4（20% ～ 40%）
11	单核细胞	%	0.01 ～ 0.08（1% ～ 8%）
12	血小板数	万 /μl	10 ～ 30
13	总胆红素（TBIL）	μmol/L	5.1 ～ 19.0
14	直接胆红素（DBIL）	μmol/L	1.7 ～ 6.8
15	总蛋白（TP）	g/L	60 ～ 80
16	白蛋白（ALB）	g/L	35 ～ 55
17	谷丙转氨酶（ALT）	U/L	5 ～ 50
18	谷草转氨酶（AST）	U/L	8 ～ 40
19	γ - 谷氨酸转肽酶（γ -GT）	U/L	5 ～ 54
20	乳酸脱氢酶（LDH）	U/L	104 ～ 245
21	胆碱酯酶（CHE）	U/L	男：5400 ～ 13200 女：4300 ～ 11500
22	尿素氮（BUN）	μmol/L	2.3 ～ 7.8
23	肌酐（CR）	μmol/ L	男：79.6 ～ 132.60 女：70.7 ～ 106.0
24	尿酸（UA）	μmol/L	男：149 ～ 416 女：89 ～ 357
25	血清总胆固醇测定（TC）	mmol/L	＜5.17
26	甘油三酯测定（TG）	mmol/L	0.34 ～ 1.71
27	高密度脂蛋白（HDL-C）	mmol/L	男：1.03 ～ 1.42 女：1.16 ～ 1.55
28	低密度脂蛋白（LDL-C）	mmol/L	＜3.36

续表

序号	指标	单位	参考值
29	葡萄糖（Glu）	mmol/L	空腹：3.89～6.11 餐后 2h：＜7.8 任意时间：＜11.1
30	糖化血红蛋白（HbAlc）	%	＜6%

（虞道锐）

附录四　常用实验动物各种参考

常用实验动物各种参考值见附表 5～附表 14。

附表 5　常用实验动物一次给药的最大耐受剂量（ml）

实验动物	灌胃	皮下注射	肌内注射	腹腔注射	静脉注射
小白鼠	0.9	1.5	0.2	1	0.8
大白鼠	5.0	5.0	0.5	2	4.0
兔	200	10	2.0	5	10
猫	150	10	2.0	5	10
猴	300	50	3.0	10	20
犬	500	100	4.0	—	100

附表 6　常用实验动物与人按体表面积折算的药物等效剂量比值

类别	小白鼠（20g）	大白鼠（200g）	豚鼠（400g）	兔（1.5kg）	猫（2.0kg）	猴（4.0kg）	犬（12kg）	人（70kg）
小白鼠（20g）	1.0000	7.000	12.250	27.8	29.000	64.10	124.20	387.9
大白鼠（200g）	0.1400	1.000	1.740	3.90	4.200	9.20	17.80	56.0
豚鼠（400g）	0.0800	0.570	1.000	2.25	2.400	5.20	10.20	31.5
兔（1.5kg）	0.0400	0.250	0.440	1.00	1.080	2.40	4.50	14.2
猫（2.0kg）	0.0300	0.230	0.410	0.92	1.000	2.20	4.10	13.0
猴（4.0kg）	0.0160	0.110	0.190	0.42	0.450	1.00	1.90	6.1
犬（12kg）	0.0080	0.060	0.100	0.22	0.240	0.52	1.00	3.1
人（70kg）	0.0026	0.018	0.031	0.07	0.076	0.06	0.32	1.0

附表 7　常用动物非挥发性麻醉药的用法和用量表

药名	动物	给药途径	给药剂量（mg/kg）	常配浓度（%）	给药量（ml/kg）	维持时间	备注
戊巴比妥钠	犬、猫、兔	iv	30	3	1.0	2～4h	中途加 1/5 量，可多维持 1h 以上
		ip	40～50	3	1.4～1.7		
	豚鼠	ip	40～50	2	2.0～2.5		
	大白鼠、小白鼠	ip	45	2	2.3		

续表

药名	动物	给药途径	给药剂量（mg/kg）	常配浓度（%）	给药量（ml/kg）	维持时间	备注
氨基甲酸乙酯（乌拉坦）	犬、猫、兔	ip、iv	750 ～ 1000	25	3 ～ 4	2 ～ 4h	适用于小动物，有降低血压的现象
	豚鼠	im	1350	20	7.0		
	大白鼠、小白鼠	im	1350	20	7.0		
	蛙类	皮下淋巴囊内注射	2000 或 400 ～ 600mg/ 只	20	2 ～ 3ml/ 只		
异物巴比妥钠	犬、猫、兔	iv	40 ～ 50	5	0.8 ～ 1.0		
		ip、im	80 ～ 100	10	0.8 ～ 1.0	4 ～ 6h	
	鼠类	直肠内给药	100	10	1.0		
硫喷妥钠	犬、猫、兔	ip、iv	25 ～ 50	2	1.2 ～ 2.5	15 ～ 30min	效力强，宜缓慢注射
	大白鼠	ip、iv	50 ～ 100	1	5.0 ～ 10.0		

注：iv 为静脉注射，ip 为腹腔注射，im 为肌内注射。

附表 8　常用实验动物重要脏器的重量表（占体重 %）

动物种类	平均体重（g）	肝脏	脾脏	肾脏	心脏	肺	脑	甲状腺	肾上腺	下垂体	眼球	睾丸	胰脏
小白鼠♂	20	5.18	0.38	0.88	0.5	0.74	1.42	0.01	0.0168	0.0074		0.5980	0.34
大白鼠	201 ～ 300	4.07	0.43	0.74	0.38	0.79	0.29	0.0097	♂ 0.015 ♀ 0.023	0.0025 0.0041	0.12	0.87	♂ 0.34 ♀ 0.39
豚鼠	361.5	4.48	0.15	0.86	0.37	0.67	0.92	0.0161	0.0512	0.0026		0.5255	
家兔♂ ♀	2900 2975	2.09 2.52	0.31 0.30	0.25 0.25	0.27 0.29	0.60 0.43	0.39 0.35	0.0310 0.0202	0.011 0.0089	0.0017 0.0010	0.210 0.171	0.174	0.106 ～ 0.171
金黄地鼠	120	5.16	0.46	0.53	0.47	0.61	0.88	0.006	0.02	0.003	0.18	0.81	
犬	13000	2.94	0.54	0.30	0.85	0.94	0.59	0.02	0.01	0.0007 0.0008	0.10	0.2	0.2
猫	3300	3.59	0.29	1.07	0.45	1.04	0.77	0.01	0.02		0.32		
猕猴♂ ♀	3300 3600	2.66 3.19	0.29	0.61 0.70	0.34 0.29	0.53 0.79	2.78 2.57	0.001	0.02 0.03	0.0014		0.5422	
山羊	28000	1.90		0.35			0.41				0.11		

（吉丽敏）

附表 9　常用实验动物一次最大灌胃量表

动物种类	体重（g）	最大灌胃量（ml）
小白鼠	20 ～ 24	0.8
	25 ～ 30	0.9
	＞ 30	1.0
大白鼠	100 ～ 199	3.0

续表

动物种类	体重（g）	最大灌胃量（ml）
大白鼠	200 ～ 249	4 ～ 5
	250 ～ 300	6.0
	＞ 300	8.0
豚鼠	250 ～ 300	4 ～ 5
	＞ 300	6.0
家兔	2000 ～ 2400	100
	2500 ～ 3500	150
	＞ 3500	200
猫	2500 ～ 3000	50 ～ 80
	＞ 3000	100 ～ 150
犬	10 000 ～ 15 000	200 ～ 500

附表 10　常用实验动物的食料量、饮水量、排尿量及排便量表

动物种类	食料量（g/d）	饮水量（ml/d）	排尿量（ml/d）	排便量（g/d）
小白鼠（成）	2.8 ～ 7.0	4 ～ 7	1 ～ 8	1.4 ～ 2.8
大白鼠（50g）	9.3 ～ 18.7	20 ～ 45	10 ～ 15	7.1 ～ 14.2
豚鼠（成）	14.2 ～ 28.4	85 ～ 150	15 ～ 75	21.2 ～ 85.0
兔（1.36 ～ 2.26kg）	28.4 ～ 85.1	60 ～ 140	40 ～ 100/kg	14.2 ～ 56.7
猫（2 ～ 4kg）	113 ～ 227	100 ～ 200	20 ～ 30/kg	56.7 ～ 227
犬（4.5kg）	300 ～ 500	250 ～ 350	65 ～ 400	113 ～ 340
猕猴（成）	113 ～ 907	200 ～ 950	110 ～ 550	110 ～ 300
猪（成）	1800 ～ 3600	3800 ～ 5700	1900 ～ 3800	2700 ～ 3200
绵羊（成）	900 ～ 2000	500 ～ 1400	900 ～ 1900	1400 ～ 2700
山羊（成）	700 ～ 4500	1000 ～ 4000	700 ～ 2000	1400 ～ 2700

注：动物种类一列括号中“成”指成年，数字指一只动物的体重。

附表 11　常用实验动物的采血量表

动物种类	最大安全采血量（ml）	最小致死采血量（ml）
小白鼠	0.1 ～ 0.2	0.3
大白鼠	1.0	2.0
豚鼠	5.0	10.0

续表

动物种类	最大安全采血量（ml）	最小致死采血量（ml）
家兔	10.0	40.0
犬	50.0	300.0
猴	14.0 ～ 15.0	60.0

附表 12　常用实验动物的血液温度、pH、黏稠度、比重和肛温表

动物种类	血液温度（℃）	pH	黏稠度	比重			肛温（℃）
				全血	血浆	红细胞	
小白鼠							38.7（37.7 ～ 38.7）
大白鼠	38.2	7.35（7.26 ～ 7.44）					39.0（38.5 ～ 39.5）
豚鼠	38.6	7.35（7.17 ～ 7.55）		1.060			38.6（37.8 ～ 39.5）
金黄地鼠	38.0	7.39（7.37 ～ 7.44）					38.0（37.0 ～ 39.0）
兔	39.4	7.35（7.21 ～ 7.57）	4.0（3.5 ～ 4.5）	1.050			39.0（38.5 ～ 39.5）
鸡	41.7	7.54（7.45 ～ 7.63）	5.0（4.5 ～ 5.5）	1.064	1.029 ～ 1.034	1.090	41.7（41.6 ～ 41.8）
犬	38.9	7.36（7.31 ～ 7.42）	4.6（3.8 ～ 5.5）	1.059	1.029 ～ 1.034	1.090	39.0（38.5 ～ 39.5）
猪		7.57（7.36 ～ 7.79）	4.5（4.0 ～ 5.0）		1.005 ～ 1.060	1.090	39.0（38.0 ～ 40.0）

附表 13　常用实验动物血压参考值表

血压	兔	大白鼠	小白鼠	豚鼠	犬	猴
收缩压（kPa）	12.66 ～ 17.33	10.93 ～ 15.99	12.67 ～ 18.40	10.67 ～ 12.53	12.66 ～ 18.15	18.60 ～ 24.30
舒张压（kPa）	8.00 ～ 12.00	7.99 ～ 11.99	8.93 ～ 11.99	7.33 ～ 7.73	6.39 ～ 9.59	12.20 ～ 14.50

附表 14　常用实验动物不同给药途径的最大注射量表

给药途径	小白鼠（20 ～ 25g）	大白鼠（250g）	豚鼠（350g）	家兔（2.5kg）	犬（20kg）	猫（4kg）
皮下注射最大量（ml）	0.4	1.0	1.0	2.0	10.0	20.0
腹腔注射最大量（ml）	1.0	2.0	4.0	5.0	15.0	5.0
静脉注射最大量（ml）	0.8	4.0	5.0	10.0	15.0	10.0
肌内注射最大量（ml）	0.4	0.4	0.5	2.0	5.0	2.0

（吉丽敏　邓加艾　高凌峰　李　霜）